지금 우리의 세계는 악으로 가득하다. 인종 학살, 고문, 테러, 성폭력, 생태계 파괴로 인한 지구 온난화, 여론조작, 정치적 포퓰리즘 등의 도덕적인 악, 허리케인, 지진, 지진해일, 백혈병, 코로나 바이러스 19 감염병 등의 자연적인 악이 세계를 위협하고 있다. 선하고 자애로운 하나님, 전지전능한 하나님이 있다면 어떻게 이런 악이 있을 수 있는가? 하나님은 없는 것이 아닌가? 그는 죽은 것이 아닌가? 기독교 신앙의 존립을 위협하는 이 문제, 곧 신정론의 문제에 대해 이 책은 하나님과 악의 문제에 관한 다섯 명의 지도적 기독교 사상가들의 다섯 가지 관점들과 이 관점들에 대한 답변을 제시한다. 이 책을 통해 우리는 신정론의 다양한 논증들과 주요 쟁점들을 볼 수 있는 동시에, 하나님과 악의 관계에 대한 권위 있는 학자들의 대답을 들을 수 있다. 한 마디로 이 책은 신정론에 관한 뛰어난 역작이다.

김균진 연세대학교 연합신학대학원 명예교수

악의 문제는 고대 시대부터 현대에 이르기까지 항구적인 철학적·신학적 주제다. 하지만 반종교적, 반기독교적 무신론이 과거에 비해 훨씬 더 공격적이고 공개적으로 영향력을 행사하는 오늘날, 악의 문제는 많은 현대인이 종교를 떠나는 결정적인 계기가 되고 있다. 미국의 대표적인 기독교 철학자 다섯 명이 악의 문제에 대해 토론하는 내용을 담고 있는 이 책은 하나님께서 악을 허용하시는 이유를 설명하는 다양한 관점과 더불어, 악을 근거로 신의 무능이나 사악함을 추론하는 반기독교적 논증의 결정적인 문제를 보여준다. 독자들은 이 책을 통해 자신이 악의 문제에 관한 다양한 철학적·신학적 관점 중 어떤 입장에 있는지 확인할 뿐 아니라, 자신의 입장에 대한 다른 관점의 비판을 경청하면서 스스로 성찰할 수 있는 좋은 계기를 갖게 될 것이다. 나아가 이 책에서 소개하는 다섯 가지 관점 사이의 관계를 상호 배타적으로 보지 않고 상호 보완적으로 읽어내는 독자는 악의 문제에 관한 충분히 성숙한 견해에 도달하게 될 것이다.

김정형 장로회신학대학교 조직신학 교수

『신정론 논쟁』은 악의 문제와 선하신 하나님의 섭리를 이해하는 다섯 가지 관점을 엮어놓은 책인데, 순차적인 흐름은 창조의 구속을 주권적으로 이끌어 가시는 큰 틀 안에서 하나님께서 악과 고난을 실제로 허용하신다는 입장을 대변하는 "고전적 관점"을 제시하고, 한 걸음 더 들어가서 나머지 네 관점으로 재해석하는 내용으로 엮어 있다. "몰리나주의 관점"은 하나님께서 인격적 피조물이 자유를 잃어버리지 않은 채 이 세상에서 선악 간에 하고자 하는 일을 사안별로 구체적으로 아시고 이에 대처하는 방식으로 신실하게 섭리하신다는 사실을 강조함으로써 고전적 관점을 순화하려는 시도를 전개한다. "열린 유신론 관점"은 고전적 관점이 결정론적 경향을 갖는다고 생각하고 그것을 비판하면서 하나님께서는 미래에 어떤 일이 일어날지에 대하여 구체적인 지식을 갖고 있지 않으며, 바로 그 상태에서 오히려 피조물의 선택으로 인하여 제기될 위기를 껴안으면서 피조물과 협력적으로 일을 수행하신다는 입장을 드러낸다. "본질적 케노시스 관점"은 하나님께서 피조물을 통치할 수 있는 능력을 아예 갖고 있지 않으며, 따라서 일방적으로 악을 막아설 수 없다는 입장을 드러낸다. 마지막으로 "회의적 유신론 관점"은 구체적인 신정론을 제안하는 것 자체를 회피하면서 선하신 하나님이 존재하는 것이 확실하다면, 구체적인 사건에 대한 하나님의 목적이 무엇인지 굳이 이해하려는 시도를 전개할 필요가 없지 않느냐는 소극적인 입장을 드러낸다. 시시각각 일어나는 사건 사고와 전염병이 창궐하는 이런 시점에서 하나님의 섭리에 대한 자세한 논의를 파악하고자 하는 독자들에게 일독을 권하며, 이를 통해 성경적 관점을 잘 찾아내고 구체적으로 형성하는 기회로 삼으면 좋겠다는 마음이 든다.

유태화 백석대학교 신학대학원 조직신학 교수

코로나 19 난국이나 천재지변과 같은 자연적 악의 한가운데서 전능한 하나님은 어디에 계시는가? N번방이나 인종 학살, 테러와 같이 인간의 자유 의지가 개입된 도덕적 악이 무참하게 자행되고 있을 때, 무한한 사랑의 하나님은 무엇을 하고 계실까? 하나님은 이런 악들을 허용하실까, 아니면 막을 힘이 없을까? 다수의 기고자들은 무신론의 공격 앞에서 악의 허용을 하나님의 존재와 속성의 관점에서 변호하는 신정론을 전개하거나, 소수는 하나님이 악을 막지 않는 것을 직접 답하지 않고 하나님의 지혜와 선함 등을 거론하는 방식으로 변호한다. 본서는 시의적절하게 우리 믿음의 정당성과 합리성을 고민하는 데 큰 도움을 줄 것이다.

유해무 고려신학대학원 은퇴교수

1755년 11월 1일, 건물의 80%를 붕괴시키고 수십만 명의 사상자를 낸 리스본 대지진은 유럽 사회에 엄청난 충격이었다. 교회의 신실한 딸 포르투갈에서, 많은 신자가 모인 만성절 미사 시간에! 최선의 세계, 최선의 상태를 논했던, 신의 사랑에 근거한 라이프니츠의 '신정론'은 볼테르의 매서운 공격의 대상이 되었다. 라이프니츠로서는 전에 죽은 게 다행이라고 생각될 정도였다. 그렇게 해서 신정론은 근대 세계에 다시 뜨겁게 떠오른 신학적이고 철학적인, 그리고 문학적인 주제였다. 현대 무신론 철학에서는 신의 존재를 부인하기 위해 단골로 삼는 주제가 악의 실재다. 그러나 악에 대한 이런저런 담론들을 보면 의문에 대한 대답은 언제나 또 다른 의문을 불러일으킨다. 자기 꼬리를 문 뱀 우로보로스 같다고 할까? 그러나 순환을 끊고 해법을 찾아야 한다. 악 자체도 힘든데 그것이 무엇인지 몰라 더욱 답답하다! 채드 마이스터와 제임스 듀 주니어가 편집한 이 책은 신정론을 오래 연구해온 현대 미국 학자들의 성찰 다섯 편을 담고 있다. 저자들은 아우구스티누스를 비롯한 신학의 고전적 관점으로부터(캐리) 예수회 철학자 몰리나의 악에 대한 지적이고 감정적인 관점(크레이그), 악의 실재들에서도 하나님을 정당화하는 신정론의 관점(해스커), 신에 대한 변호를 넘어 더 적극적으로 악에 대한 해법을 제공하는 본질적 케노시스 관점(오어드), 그리고 비교적 최근에 등장한 회의적 유신론의 관점(위크스트라) 등 다양한 관점들을 통해 신과 악의 문제를 설명해준다. 뿐만 아니라 저자들은 각각 다른 네 명의 저자들의 성찰에 대해서 토론하고 답변함으로써 문제를 더욱 다양한 각도에서 보게 해주고, 읽는 재미와 이해를 더해준다.

이오갑 케이씨대학교 조직신학 교수

악은 무신론자에게는 신의 비존재를 지시하는 결정적인 증거이며, 그리스도인에게는 신앙의 기반을 흔드는 가장 치명적인 도전이다. 전능하고 선한 신이 세계를 통치한다는 믿음과 무고한 이들이 고통당하는 악한 현실을 그럴듯하게 연결지어 설명하는 것은 사실상 거의 불가능한 과제다. 따라서 신정론적 시도는 언제나 불만족스럽게 종결되게 마련이다. 정직하게 말하자면, 이 책의 공동저자들도 그 운명으로부터 비껴가지는 못했다. 하지만 이 책은 우리에게 악의 현실을 외면하지 않으면서도 하나님을 어떻게 진지하게 사유할 수 있는지, 그리고 그 시도들이 얼마나 다채로울 수 있는지를 보여준다. 악의 문제에 대한 간단명료한 대답을 기대한다면 이 책을 읽어서는 안 된다. 반면 그러한 피상성을 넘어 악의 한복판에서도 하나님에 대한 신뢰가 가능한지를 질문하는 사람이라면 이 책은 펼쳐볼 만한 가치가 있다. 하나님과 악의 관계에 대한 서로 충돌하는 의견들의 미로를 헤매다 보면 오히려 하나님에 대한 지적인 신뢰 쪽으로 한걸음 더 나아가 있는 자신을 발견하게 될 것이다. 마치 욥이 하나님을 향한 탄식과 질문 가운데에서 하나님을 만났던 것처럼.

이용주 숭실대학교 기독교학과 교수

본서가 다루는 하나님과 악의 문제는 인류의 궁극적 질문으로서 변증학에 있어서 항상 중요한 논제였지만, 특별히 현재 세계적인 팬데믹의 고통의 상황에서는 더더욱 절실한 실존적인 문제로 다가온다. 이러한 때 시의적절하게 이 주제에 대한 다양한 관점들을 명쾌하게 제시하며 비교 논의한 이 책이 번역 출판된 것을 열렬히 환영하며 해답을 찾기 위해 고민하는 모든 독자에게 강력히 추천하는 바이다.

한상화 아세아연합신학대학교 조직신학 교수

God and the Problem of Evil

Five Views

Phillip Cary / William Lane Craig / William Hasker /
Thomas Jay Oord / Stephen Wykstra

edited by
Chad Meister
James K. Dew Jr.

신정론 논쟁

기독교 신앙과 악의 문제에 관한 다섯 가지 관점

필립 캐리 / 윌리엄 레인 크레이그 / 윌리엄 해스커 /
토머스 제이 오어드 / 스티븐 위크스트리 지음

채드 마이스터 / 제임스 K. 듀 주니어 편집

이용중 옮김

Holy
WavePlus

► 차례 ◄

▶ 서론

▶ 채드 마이스터, 제임스 K. 듀 주니어

악이 넘쳐나고 있다. 언제 어디를 바라보든―중세 봉건 체제에서든 21세기의 사이버 세상에서든, 대도시의 번화한 교외 지역에서든 세상 곳곳에서 발견되는 가난한 빈민촌에서든, 조직범죄의 관행에서든 조직화된 종교의 타락에서든―시대와 장소를 막론하고 우리는 고통을 발견하고 괴로움을 발견하며 악을 발견한다. 악은 현대 세상에서도 여느 때와 마찬가지로 실재하고 해로우며 당혹스럽다. 이 점은 완벽하게 선하고 자애로우며 무한히 현명한 하나님을 믿는 사람들에게 지속적인 문제를 제기한다. 선하고 자애로운 하나님이라면 확실히 이 세상에 고통과 고난이 편만하기를 원치 않을 것이기 때문이다. 그리고 전지전능한 하나님이라면 확실히 그런 세상이 존재하지 않게 할 수 있을 것이다. 그러나 그런 세상이 실제로 존재한다. 우리가 사는 세상 말이다.

우리가 사는 세상처럼 하나님과 악이 공존하는 세상에서 전통적인 유신론 지지자들은 이 악의 문제에 대해 논리 정연한 답변을 제시하려고 시도하는 부담에 직면한다. 최소한 이 책의 편집자들과 기고자들은 유신론자들이 그런 부담에 직면해 있다고 믿으며 그것이 바로 우리가 이 책을 기획한 이유다. "전통적 유신론"이란 유대-기독교 신앙 안에서 역사적으로 신봉해온 전통적인 신관을 가리킨다. 이 견해에서는 하나님은 일반적으로 인격적이고(또는 최소한 마음과 의지, 목표와 계획 및 목적 등을 지니는 인간보다 덜 인격적이지 않고), 궁극적인 실재(만물의 원천이자 근거)이며, 세상과 구별되면서도 세상에 적극적으로 관여하고(세상의 창조자이자 유지자), 예배받기에 합당한 존재(전적으로 선하며, 내재적인 도덕적 완벽함을 갖고 있고 권능이 탁월한 존재)로 이해된다. 이러한 유신론적인 하나님 개념은 일련의 속성들을 포함하는데, 악에 대한 우리의 논의와 가장 관련이 있는 속성들은 무한한 사랑과 전능 및 전지다. 이 속성들의 의미에 대해 기독교적인 유신론 내부에 논쟁이 있다는 점에 주의할 필요가 있다. 이러한 논쟁 중 몇몇은 이 책의 기고문들에 반영되어 있다. 그러나 기고자들은 모두 역사적인 기독교에서 말하는 하나님의 위대한 지혜, 지식, 선함과 능력을 인정한다.

우리 편집자들은 "악의 문제"라고 불리는 문제에 대해 서로 다른 관점을 취하고 있는 다섯 명의 지도적인 기독교 사상가들을 선정해서 그들로 하여금 자신이 이 문제에 대해 대답할 수 있는 가장 좋은 방법이라고 생각하는 바를 명확하고 이해하기 쉬운 문장으로 제시하도록 했다. 이 문제에 대한 그들의 답변을 살펴보기 전에 관련이 있는 몇몇 배경 자료 및 이 주제에 대한 오늘날의 논의와 관련된 주요 용어와 개념을 다루면 유익할 것이다.

우선 **악**(evil)이라는 용어는 어떤 의미를 함축하는가? 악을 정확하고 포괄적으로 정의하기는 쉽지 않다. 이 단어는 너무나 다양하게 사용되어서 그 모든 용례를 포착하는 하나의 의미가 과연 있는지 의문이 들 수도 있다. 예를 들어 우리는 이오시프 스탈린은 악한 사람이었고, 2004년에 일어난 인도네시아의 쓰나미는 악한 사건이었고, 이시스 감옥은 악한 장소이고, 동물 왕국의 진화(시인인 알프리드 테니슨을 인용하자면 "인정사정 봐주지 않는 자연")는 악한 과정이라고 말할 수도 있다. 그러나 이 각각의 예들과 포함될 수 있는 수많은 다른 예들을 포괄하는 '악하다'라는 용어의 정확한 의미는 무엇인가? 예를 들어 악은 "선의 반대"라거나 "도덕적으로 비난받을 만한 것"이라고 말하는 사전들은 별로 도움이 되지 않는다. 다른 많은 예에서와 마찬가지로 여기서도 이 용어에 대한 사전의 표준적인 정의는 이 용어가 실제로 사용되는 방식의 깊이와 복잡성 및 다양성을 포착하기에 부족하다. ('선'이라는 단어에도 비슷한 문제가 존재한다. 선한[착한] 애완동물, 선한[좋은] 저녁 식사, 선한[좋은] 관계, 선한[좋은] 직업, 선한 하나님 등이 있을 수 있기 때문이다.)

'악'이라는 용어에 대한 유용하고 구체적인 정의를 내리기 어려울 수는 있지만, 그래도 우리는 다양한 문맥에서 이 단어를 사용할 때 우리가 무슨 말을 하고 있는지 감을 잡을 수 있다. 앞에서 언급한 묘사와 같은 일반적인 묘사가 도움이 될 수 있다. 데이비드 흄은 몇 가지 예를 더 제시한다. "어떤 낯선 사람이 갑자기 이 세상에 방문한다면 나는 그 사람에게 세상의 재난[즉 세상의 악]의 표본으로서 질병으로 가득한 병원, 악인들과 채무자들로 가득한 감옥, 송장들이 널브러져 있는 전쟁터, 바다에서 침몰하고 있는 선단, 폭정이나 기근이나 전염병에 시달리고 있는 나라를 보여줄 것이다."[1] 악의 목록은 끝이 없으며, 악은 고통(사람이 자신이 처한

1_David Hume, *Dialogues Concerning Natural Religion* (London: Penguin, 1990), 106.

상황이 지금과 달라지기를 바라는 물리적 상태), 괴로움(자신이 처한 상황이 지금과 달라지기를 바라는 정신적 상태), 부당함(불공평, 타인의 권리 침해, 학대가 시정되지 아니함, 태만, 또는 위법 행위)과 같은 넓은 개념들을 포함한다.

이러한 일반적인 범주와 예들 외에 악에 대한 분류도 있다. 표준적인 분류 중 하나는 악을 도덕적인 악과 자연적인 악이라는 두 유형으로 나눈다. **도덕적인 악**은 어떤 의미에서는 결과로 빚어진 악에 대해 도덕적으로 비난받을 만한 사람이 초래한 악이다. 사건의 배후에 의도가 있었고 그 사람의 자유 의지가 개입되었다. 몇몇 도덕적인 악은 아동 학대의 참상처럼 거대하다. 다른 예로는 인종 학살, 고문, 인간이 다른 인간(또는 다른 동물)에게 가하는 기타 테러 행위가 포함된다. 도둑질이나 누군가에 대해 매우 부정적으로 말하기와 같은, 보다 덜 심각한 유형의 도덕적인 악도 있다. 더 나아가 부정직, 탐욕, 폭식 등과 같이 종종 도덕적인 악으로 간주되는, 성품 면에서의 특정한 결함도 있다.

악의 두 번째 범주는 도덕적 행위자와 관련이 있는 것이 아니라 자연적으로 발생하는 사건이나 재해와 관련이 있다. **자연적인 악**의 예에는 허리케인, 토네이도, 지진, 쓰나미, 기근, 백혈병이나 알츠하이머병과 같은 질병, 청각장애나 시각장애와 같은 장애, 사람이나 다른 생물에게 해를 끼치지만 어떤 인간도 그에 대한 책임이 없는 기타 끔찍한 사건들이 포함된다. 위에서 언급한 인도네시아에서 발생한 쓰나미를 생각해 보라. 그 사건 때문에 25만 명이 넘는 사람이 죽었다. 수없이 많은 사람이 집을 잃거나 부모, 형제자매, 기타 사랑하는 사람을 잃었다. 과거에는 그와 같은 통제할 수 없는 자연력의 사례를 (특히 보험금 청구에서) 흔히 "불가항력"(acts of God)이라고 불렀지만 근래에는 그런 사건들을 "자연 작용"(acts of nature)이라고 부른다. 어쨌건 그런 사건들은 어떤 인간도 그에 대해 비난할 수 없다는 의미에서 자연적이며, 인간이나 다른 동물에게 해를 끼쳤다는 의미에서 악하다.

이 책에서 우리는 악을 근거로 한 논증—하나님에 대한 믿음은 불합리하다는 것을 보여주려는 논증—에 대한 답변에 관심이 있다. 그런 논증은 일반적으로 먼저 몇몇 넓은 광범위한 악이나 어떤 특정한 악, 또는 일련의 악을 지적하고 나서, 선하고 지혜로우며 전능한 하나님은 그런 악이 존재하도록 허용하지 않을 것이라는 최종 결론 바로 앞 단계의 결론을 가리키는 전제들을 제시한다. 이는 그러한 악이 실제로 존재하므로 하나님은 존재하지 않는다는 (또는 최소한 하나님은 존재할 것 같지 않다는) 최종 결론으로 이어진다.

문헌에서 사용되고 있는 "악의 문제"라는 어구에는 다양한 형태가 있다. 따라서 악의 실재를 고려할 때 우리가 다양한 어려움에 직면하므로 아마도 **악의 문제들**이라고 말하는 것이 더 정확할 것이다. 그러나 일반적으로 이 문제의 핵심이라고 여겨지는 내용은 다음과 같은 표준적인 논리적 형태로 표현될 수 있다.

> 만일 하나님이 존재한다면 악은 존재하지 말아야 한다.
> 악은 실제로 존재한다.
> 따라서 하나님은 존재하지 않는다.

문제는 하나님의 본성과 악의 실재 사이에 모순이 있는 듯하다는 것이다. 고대 그리스의 철학자인 에피쿠로스(기원전 341-270년)가 말한 바와 같이 "하나님은 악을 없애기를 원하지만 그럴 수가 없거나, 악을 없앨 수는 있지만 그러기를 원치 않는다. 만일 하나님이 악을 없애기를 원하지만 그럴 수 없다면 하나님은 무능하다. 만일 하나님이 악을 없앨 수 있지만 그러기를 원치 않는다면 하나님은 사악하다. 만일 하나님이 악을 없앨 수 있고 정말로 없애기를 원한다면 왜 세상에 악이 존재하는가?"[2]

악을 근거로 한 논증에 답변하는 데는 두 가지 중요한 접근법이 있다. ("하나님에 대한 변호"를 의미하는 고대 그리스어 단어에서 나온) **신정론**(theodicy)이라는 한 가지 접근법은 하나님이 악으로 보이는 것을 허용하거나 막지 않는 데는 어떤 타당한 이유나 일련의 이유들이 있음을 보여주는 설명을 제시하려 한다. 일반적으로 **변호**(defense)라고 일컬어지는 두 번째 접근법은 하나님이 악을 허용하거나 막지 않는 데 대한 어떤 실제적인 이유나 일련의 이유들을 제시하지 않는다. 대신 이 방식에서는 악을 근거로 한 논증의 한 가지 이상의 전제를 반박하는 것과 같은 방식으로 이 논증을 논박하려 한다. 변호는 악의 문제에 대한 해법을 제안하거나 어떤 특정한 악이나 일련의 악들에 대한 정당화를 제시하지 않으므로 신정론보다 부담을 덜 진다. (비록 크레이그의 글도 변호로 해석될 수 있지만) 스티븐 위크스트라를 제외하면 이 책의 기고자들은 신정론을 제시하고자 한다. 달리 말하자면 그들은 단지 악의 문제를 반박하기만 하려는 것이 아니다. 그들은 하나님이 악을 허용하거나 방지하지 않는 이유를 정당화

2_*De Ira Dei*(하나님의 진노에 대하여)에 수록된 락탄티우스(기원후 240년경-320년경)에 따른 에피쿠로스의 말. Philip Schaff가 번역한 이 내용은 *Documenta Catholica Omnia*, 2006, www. documentacatholicaomnia.eu/03d/0240-0320,_Lactantius,_De_Ira_Dei_%5BSchaff%5D_ EN.pdf, 409에서 찾을 수 있다.

하는 근거를 제시하는 부담을 떠안고 있다.

위에서 우리는 악을 근거로 한 논증과 관련된 몇몇 주요 쟁점들을 개관하였고, 그 윤곽을 그렸으며, 몇몇 핵심 용어들을 명확히 하였고, 이어지는 논의와 관련된 몇몇 전반적인 주제와 화제를 소개했다. 이 책의 저자들은 하나님과 악에 관한 오늘날의 선도적인 사상가들이다. 각 저자는 먼저 악의 문제에 관한 자신의 견해를 옹호하는 글을 제시하고 나서 이 문제에 관한 네 명의 다른 저자들의 견해에 답변할 것이다.

첫 번째 글은 필립 캐리가 썼다. 그는 이스턴 대학교 템플턴 아너스 칼리지의 철학 교수이자 연구원이다. 그는 아우구스티누스 학자이며 모두 옥스퍼드 대학교 출판부에서 출판된 3부작 『아우구스티누스가 창안한 내적 자아: 한 기독교적 플라톤주의자의 유산』(Augustine's invention of the Inner Self: The Legacy of a Christian Platonist, 2000), 『내적 은혜: 플라톤과 바울의 전통에 나타난 아우구스티누스』(Inner Grace: Augustine in the Traditions of Plato and Paul, 2008), 『외부의 표지: 아우구스티누스의 사상에서 외부 요인들의 무력함』(Outward Signs: The Powerlessness of External Things in Augustine's Thought, 2008)을 포함한 여러 논문과 책을 저술했다. "고전적 관점"이라는 장에서 그는 우리가 이 책에서 하나님과 악에 대한 고전적 관점이라고 부르는 관점을 설명하고 변호한다. 이 관점의 전반적인 내용은 일반적으로 초창기 서구 기독교에서 가장 영향력 있는 신학자로 여겨지는 중세 초기의 사상가에게까지 거슬러 올라갈 수 있다는 점에서 고전적인데, 그 신학자는 바로 5세기의 아프리카 주교인 히포의 아우구스티누스(기원후 354-430년)다. 캐리 교수가 지적하듯이 그가 전개하는 입장의 특징들은 아우구스티누스뿐만 아니라 토마스 아퀴나스, 노리치의 율리아나, 마르틴 루터, 장 칼뱅, C. S. 루이스, 요한 바오로 2세와 같은 후대의 권위자들도 지니고 있었다. 아우구스티누스 및 고전적 관점을 유지한 그 밖의 인물들에게 현안은 위에서 기술한 "악의 문제"라기보다는 '하나님은 전능하고 무한히 자애롭다는 등의 **가정 아래서** 어떻게 악이 존재할 수 있는가'라는 질문과 관련된 문제다. 이에 대한 고전적인 답변은 악은 하나님이 허용하기 때문에 발생하며, 하나님은 그로부터 더 큰 유익을 끌어내기 때문에 악을 허용한다는 것이다.

고전적 관점은 세상 역사의 거대한 서사를 아담의 타락에서 시작해서 그리스도의 재림으로 막을 내리는 서사로 본다. 그 서사에는 하나님이 모든 것을 선하게 창조하는 자애로운 시작이 있고 그리스도가 (저주받은 것들을 제외하고) 만물을 완벽하게 회복하는 자애로운 결말이 있다. 처음과 끝 사이에 있는 것—세상에서 발현되는 죄, 고난, 부패—은 아무런 의미나 목적 또는 목표가 없는 것처럼 보일 수도 있지만, 우리에게는 그리스도의 복음을 통해 그 모든 것으로부터 더 큰 유익이 나올 것이라는 소망이 있다.

두 번째 글은 윌리엄 레인 크레이그가 썼다. 크레이그는 탈보트 신학교의 철학 연구 교수이자 휴스턴침례신학 대학교의 철학 교수다. 그는 『만유 위의 하나님: 신의 자존성과 플라톤주의의 도전』(God Over All: Divine Aseity and the Challenge of Platonism, Oxford University Press, 2016), 『시간과 영원: 하나님과 시간의 관계에 대한 탐구』(Time and Eternity: Exploring God's Relationship to Time, Crossway, 2001), 『유일하게 현명한 하나님: 신의 예지와 인간 자유의 양립 가능성』(The Only Wise God:The Compatibility of Divine Foreknowledge and Human Freedom, Baker, 1987) 등 많은 책을 썼다. 크레이그

는 "몰리나주의 관점"이라는 글에서 예수회 신학자인 루이스 데 몰리나 (1535-1600년)의 저작과 그의 신적 섭리 이론에 기반을 둔 몰리나주의 관점을 설명한다. 16세기 스콜라 철학 부흥의 선도적인 인물인 몰리나는 창조 질서에 대한 하나님의 포괄적인 섭리는 자유로운 인간의 행동과 조화를 이루며, (자유로운 인간의 행동을 포함하여) 세상에서 벌어지는 사건들에 대해 하나님이 미리 다 알고 있고 인과 관계상의 영향력을 끼친다고 해서 하나님이 반드시 그 사건들이 어떻게 될지를 결정하는 것은 아니라고 주장했다.

몰리나주의 관점의 핵심은 창조세계에 관한 하나님의 심사숙고에서 신의 중간 지식이다. 논리적으로 하나님은 세상을 창조하겠다고 천명하기 전에 다양한 종류의 지식을 갖고 있다. 자연적 지식은 가능한 모든 세상에 대한 하나님의 지식이다. 자유로운 지식은 실제 세상에 대한 하나님의 지식이다. 그 둘 사이에 중간 지식—가능한 세상 중 하나님이 실제로 어떤 세상을 만들지를 포함해서, 가능한 모든 자유로운 피조물이 가능한 일련의 특정 상황에서 어떻게 행동할지에 대한 하나님의 지식—이 있다. 이 지식은 하나님께 (다음번 총선의 결과가 어떻게 될 것인지와 같은) 피조물의 자유에 관하여 참된 모든 허위 조건(counterfactual) 명제들에 대한 지식을 제공한다. 그렇다면 몰리나주의는 악의 문제를 다루는 데 어떻게 도움이 되는가? 크레이그는 몰리나주의가 다양한 형태의 악의 문제—확률론적인 형태의 악의 내적인 문제(여기서는 세상에 악과 고통이 있는 것으로 미루어볼 때 하나님이 존재할 가능성이 아주 없지는 않을지라도 그 개연성이 매우 낮다고 주장한다), 악의 외적인 문제(이는 무의미하고 불필요해 보이는 세상의 악이 하나님의 존재를 반박하는 **증거**를 구성한다는 입장이다), 악의 정서적인 문제(이는 사람들이 그런 악을 허용하는 하나님을 향해서 느끼는 감정적 반감을 제거하는 방법과 관련이 있다)―와 관련이 있다고 주장한다.

세 번째 글은 윌리엄 해스커가 썼다. 해스커는 헌팅턴 칼리지의 명예철학 교수다. 그는 『악에 대한 하나님의 승리』(The Triumph of God over Evil, IVP Academic, 2008), 『섭리, 악 그리고 하나님의 개방성』(Providence, Evil, and the Openness of God, Routledge, 2004), 『하나님, 시간 그리고 지식』(God, Time, and Knowledge, Cornell University Press, 1998) 등과 같은 많은 저서와 논문을 발표했다. "열린 유신론 관점"에서 그는 열린 유신론과 일치하는, 즉 위험을 무릅쓰는 역동적이고 관계적인 하나님 개념의 틀 안에서 설명하는 신정론을 제시한다.

해스커는 그가 일반 정책(general-policy) 신정론이라고 부르는 신정론, 즉 전지하고 무한히 자애로운 하나님이 택할 수도 있는 일반 정책의 결과인 특정한 악을 하나님이 허용하는 것을 정당화하는 신정론과 구체적 유익(specific-benefit) 신정론, 즉 각각의 구체적인 악의 사례가 더 큰 유익으로 이어지거나 그것과 동등하거나 더 큰 악을 방지할 것을 요구하는 신정론을 구별한다. 그는 두 가지 형태의 일반 정책 신정론을 전개하는데, 그중 자연 질서 신정론은 자연적인 악을 설명하고 자유 의지 신정론은 도덕적인 악을 설명한다. 이 두 신정론들은 각각의 경우에 있어서 세상이 선하고 현명한 창조자가 선택했을 법한 종류의 특징들로 이루어져 있을 뿐만 아니라 그러한 특징들이 자연적인 악과 도덕적인 악이라는 결과로 이어진다는 점에서 서로 유사하다. 그는 그렇더라도 이 세상의 창조는 충분히 가치가 있었다고 주장한다.

그다음 글은 토머스 오어드가 썼다. 오어드는 노스웨스트나사렛 대학교의 신학 및 철학 교수다. 오어드도 『하나님의 통제하지 않는 사랑: 섭리에 대한 개방적·관계적 설명』(The Uncontrolling Love of God: An Open and Relational Account of Providence, IVP Academic, 2015), 『사랑의 정의: 철학적· 과학적·신학적 관여』(Defining Love: A Philosophical, Scientific, and Theological Engagement, Brazos, 2010), 『사랑의 본질: 사랑에 관한 신학』(The Nature of Love: A Theology, Chalice Press, 2010) 등 많은 논문과 책을 썼다. "본질적 케노시스 관점"이라는 제목의 글에서 오어드는 자기가 '악의 문제에 대한 본질적 케노시스 해법'이라고 부르는 관점을 제시한다. 케노시스라는 말은 문자적으로는 "비어 있음"이라는 뜻을 가진 그리스어 단어로서 이 단어는 신약의 다양한 곳에서 발견된다. 이 문제와 가장 관련이 있는 성경 구절은 빌립보서 2:3-7이다. 오어드에 의하면 이 케노시스 구절에서 예수는 하나님의 능력이 강요의 힘이 아닌 설득의 힘이라는 사실을 드러내는 분으로 나타난다. 예수는 "종의 본성을 취함으로써 자신을 아무것도 아닌 존재로 만들었다[자기를 비웠다]." 예수의 능력은 타자 지향적이며 통제하는 사랑이 아닌 섬기는 사랑을 보여준다. 우리에게 악의 문제에 대한 해법을 제공하는 것은 바로 자애로운 하나님의 이 본성이다.

오어드의 해법은 공감적·교훈적·치유적·전략적·주권적 차원이라는 다섯 가지 차원을 포함한다. 오어드가 그의 글에서 가장 자세하게 설명하는 마지막 차원에 따르면 하나님이 악을 일방적으로 방지하기 위해서는 하나님이 자신의 자애롭고, 자기 희생적이고, 남에게 권한을 부여하고, 필연적으로 지배하지 않는 본성을 부인해야만 했을 것이다. 그런 본성을 지닌 하나님이라면 타자의 자유와 존재를 뒤덮지 않을 것이고 자신이 창조한 자연 세계의 자유와 규칙성도 번복하지 않을 것이다. 다시 말해서 지배하지 않는 하나님의 사랑 때문에 하나님은 진정한 악을 일방적으로 방지할 수 없다.

마지막 글은 스티븐 위크스트라가 썼다. 위크스트라는 캘빈 칼리지의 철학 교수다. 그는 「국제 종교 철학 저널」(International Journal for the Philosophy of Religion), 「신앙과 철학」(Faith and Philosophy), 「필론」(Philo), 옥스퍼드 대학교 출판부, 코넬 대학교 출판부 등 선도적인 철학 학술지와 저명한 대학 출판사들을 통해 여러 논문을 발표했다. 그의 글의 제목은 "회의적 유신론 관점"이다. **회의적 유신론**이라는 용어는 하나님이 존재한다는 믿음에 관한 회의적인 태도를 의미하는 것으로 보일 수도 있어서 유감스러운 용어다. 이 용어는 이 글에서 그런 뜻으로 사용되지 않는다. 위크스트라가 설명하듯이 회의적 유신론에는 여러 형태가 있지만, 그 모든 행태를 통합하는 두 가지 요소가 있다. 첫째, 유신론의 하나님이 정말로 존재한다 하더라도, (대다수 회의적 유신론은 이 점을 긍정한다) 우리는 세상에서 하나님의 목적이나 행동에 대해 많은 것을 이해할 것으로 기대하지 말아야 한다. 둘째, 첫 번째 요점이 사실이라면 유신론에 반하는 강력한 증거처럼 보이는 것이 사실은 그다지 강력하지 않다. 위크스트라는 그의 글에서 회의적 유신론을 옹호하는 철학적 논증을 제시하고 그 강점과 한계를 제시하는 데서 더 나아간다. 그는 이야기들―이 주제의 핵심을 잘 포착하며 문제의 "더 깊은 뿌리"를 드러내는 실제적인 이야기들―을 제시한다.

그는 먼저 세 개의 간략한 이야기를 제시하고 나서 회의적 유신론이 출현하도록 동기를 부여한 "증거에 입각한 악의 문제"(The Evidential Problem of Evil)라는 제목의 고전적인 논문에 대해 자세히 설명한다.

그다음에 그는 회의적 유신론의 핵심을 제시하고─증거에 입각한 악의 문제에서 제시된 것과 같은─특정한 종류의 주장들을 평가하기 위한 (지금은 유명한) 자신의 기준을 설명한다. 그는 자신의 기준을 '코르네아'(CORNEA)─"합리적인 인식론적 접근 조건"(Condition of ReasonNable Epistemic Access)의 약자─라고 부르며 이 기준이 증거에 입각한 악의 문제에 적실성이 있음을 보여준다. 그는 자신의 논증은 최소한 제안되고 있는 증거에 입각한 몇몇 논증에서 독소를 제거한다고 주장한다. 그는 이어서 회의적 유신론을 위한 새로운 방향─전통적으로 이해되어온 회의적 유신론의 본질과 모순되는 것처럼 보일 수도 있는 몇 가지 새로운 길─을 제안한다.

우리는 각 기고자─필립 캐리, 윌리엄 레인 크레이그, 윌리엄 해스커, 토머스 오어드, 스티븐 위크스트라─의 소중한 기고문들과 이 책을 발간하는 과정에서 그들이 보여준 일치와 협력에 감사한다. 우리는 IVP의 편집자인 데이비드 콩던에게도 사의를 표한다. 그는 이 기획이 시작될 때부터 도움과 통찰력을 제공해 주었다. 우리는 각자의 아내인 태라 듀, 태미 마이스터, 그리고 가족들에게 확고한 격려와 인내 그리고 지지라는 신세를 졌다.

이제 기고자들의 주장을 살펴보자!

1

악의 문제에 대한
다양한 관점의 설명

1장
고전적 관점
필립 캐리

기독교 전통에서 **악에 대한 고전적 관점**은 교부들이 성경을 해석한 방식에서 유래한다. 5세기의 아프리카 주교인 히포의 아우구스티누스가 특히 중요한 교부인데, 그는 성경 자체를 제외하면 서양에서 가장 영향력 있는 신학자다. 이 장에서는 폭넓은 아우구스티누스주의 전통에서 널리 공유된 고전적 관점의 특징을 제시할 것이다. 아우구스티누스주의자에는 토마스 아퀴나스, 노리치의 율리아나, 마르틴 루터, 장 칼뱅, C. S. 루이스, 요한 바오로 2세 등 다양한 사상가들이 포함된다. 아우구스티누스가 이러한 사상가들에게 성경 신학과 고대 철학의 정교한 조합이라는 유산을 남겼는데 그 견해는 오늘날에도 영향력이 있지만 거기에 논란의 여지가 없는 것은 아니다.

고전적 관점은 그 뿌리가 교부들이 활동하던 고대까지 거슬러 올라가기 때문에 언제나 현대 사상가들과 똑같은 질문을 제기하는 것은 아니다. 예를 들어 악의 문제를 진술하는 전형적인 현대의 방식 하나는 세상에 이토록 악이 많은데도 선하고 전능한 하나님의 존재를 믿는 것이 어떻게 합리적일 수 있는지 질문하는 것이다. 전능한 하나님이라면 모든 악을 제거할 수 있지 않겠는가? 만일 하나님이 선하다면 그가 실제로 악을 제거하려 하지 않겠는가? 이와 대조적으로 악에 대한 고전적 관점은 대개 반대 방향의 질문으로 시작한다. 예를 들어 하나님이 선하고 전능하다고 가정하면 도대체 어떻게 악이 존재할 수 있는가? 물론 이 질문에 대답하는 것은 현대의 질문에 대답하는 데 도움이 될 것이다. 그것은 또한 '세상에는 우리가 사랑하는 사람들이 겪는 끔찍한 고통을 포함해서 이토록 많은 악이 존재하는데, 우리가 어떻게 전능한 하나님이 선하다고 믿을 수 있는가?'와 같은 어려운 목회적 질문에 대답하는 데도 도움이 될 것이다. 이 질문은 성경의 기도와 깊이 공명하기 때문에 여러모로 가장 중요한 질문이다.

고전적 관점에서 제시하는 악의 문제에 대한 기본적인 대답은 '하나님이 허용하지 않으면 어떤 악도 발생하지 않으며, 하나님께는 각각의 악을 허용하는 타당한 이유—하나님이 악을 사용해서 더 큰 유익을 가져오기 위함이다—가 있다'라는 형태를 취한다. 물론 흔히 더 큰 유익 원리라고 불리는 이 원리는 악의 문제에 대한 완벽한 해답과는 거리가 멀다. 이 원리는 우리가 겪는 특정한 악들 각각에 의미를 부여하는 더 큰 유익이 무엇인지를 알아내는 방법을 우리에게 말해주지 않는다. 그러나 이 원리는 주기도문에서 말하듯이 하나님 나라가 하늘에서 이루어진 것 같이 땅에도 임할 때 우리가 발견하기를 소망하는 특정한 해답을 포함해서 기독교적 소망의 구조에 대해 중요한 무언가를 말해준다.

부패로서의 악

고전적 관점이 어떻게 그 해답에 도달하는지 알려면 우리는 고통과 도덕적 악의 문제에 초점을 맞추는 경향이 있는 현대의 대다수 신정론과는 다른 지점에서 출발할 필요가 있다. 고전적 관점에서 악은 그보다 훨씬 더 폭넓은 것을 의미한다. 이는 부분적으로는 1000년이 넘는 기간 동안 아우구스티누스와 거의 모든 아우구스티누스주의 사상가들에게 있어서 라틴어 "악"에 해당하는 단어(malum)는 "악하다"뿐만 아니라 "나쁘다"도 의미했기 때문이다. 그래서 영어를 사용하는 독자들은 현대 이전에는 악의 본질에 대한 질문들은 나쁜 모든 것 —모든 잘못된 것, 모든 결함, 모든 실패—과 관련이 있었다는 점을 알 필요가 있다. 아우구스티누스의 사상에서 이것을 가리키는 핵심 용어는 **부패**(라틴어 corruptio)인데, 이 단어는 상황이 나빠지는 일체의 방식을 가리킬 수 있다.[1] C. S. 루이스는 "나쁨(badness)은 단지 손상된 좋음(spoiled goodness)일 뿐"이라는 말로 이 개념을 잘 표현했다.[2] 상한 사과, 망가진 집, 사악한 영혼, 분열된 공동체는 모두 각자의 방식으로 부패하거나 망친 좋은 것들이다.

'코룹티오'(corruptio)라는 용어는 성경의 라틴어 번역에서 사용되었고 고린도전서 15:53의 흠정역(KJV)에 반영되어 있다. "이 썩을 것

1_ 아우구스티누스의 글에서 부패로서의 악에 대한 핵심적인 논의는 다음과 같다. *Confessions* 7.11.17-7.13.19; *Enchiridion* 3.11-4.14; *On the Nature of the Good* 1-23. 처음 두 텍스트는 다양한 판본을 구할 수 있고 세 번째 텍스트는 Library of Christian Classics 시리즈에 속한 *Augustine: Earlier Writings*, John H. S. Burleigh 역(Philadelphia: Westminster, 1953)이라는 좋은 번역본에서 찾아볼 수 있다.

2_ C. S. Lewis, *Mere Christianity* (New York: Macmillan, 1960), 2권 2장("The Invasion").

(corruptible)이 반드시 썩지 아니할 것(incorruption)을 입겠고 이 죽을 것이 죽지 아니함을 입으리로다." 바울은 죽음을 영원히 무력화하기 위해서는 영생의 선물이 우리의 부패할 수 있는 몸을 부패하지 않도록 보호해주어야 한다고 말하고 있다. 따라서 그리스도 안에서의 부활은 우리 몸에 질병, 기형, 잘못되는 것이 전혀 없음을 의미한다. 고전적 관점에 따르면 부패로부터의 그러한 항구적인 자유는 악에 대한 그리스도의 승리가 인간의 삶의 모든 측면에서 나타나는 모습이다. 그것은 몸과 영혼을 변화시키며 죄의 부패와 죄의 모든 악영향을 뒤집어놓는 승리다. 부활한 주님이 우리를 모든 부패에서 해방함으로써 마침내 모든 고난, 몸의 질병, 마음의 고통, 또는 공동체의 불화를 극복한다.

따라서 고전적 관점은 죄와 고통에 대해 할 말이 많지만, 그것들을 근본적으로 존재론적인 더 큰 맥락 안에 둔다. 부패는 형태의 상실을 의미하며 이는 존재의 상실, 즉 썩고 파괴되고 죽어가는 경향에 해당한다. 어떤 집이 완전히 부패하면 그 집은 집의 형태나 구조를 상실하고 집으로서 **존재**하지 못한다. 그 집은 폐허가 되고, 더 이상 집이 아니라 단지 돌과 나무와 흩어진 재료들이 어지럽게 쌓인 무더기가 된다. 마찬가지로 어떤 생물이 부패하면 그 생물은 생명을 잃는다. 죽은 말이 말의 형태를 잃고 썩어가는 말고기 더미가 되면 말로서 **존재**하기를 그친다. 그것이 바로 썩을 것이 썩지 아니할 것을 입는 날이 올 때까지 모든 육체의 운명이다.

악의 문제는 아우구스티누스의 말로 표현하자면 '만물이 완전히 선하시며, 나쁘거나 부패한 것은 아무것도 창조하지 않으시는 전능하신 한 하나님에 의해 창조되는데 어떻게 부패가 존재할 수 있는가?'라는 질문으로 요약할 수 있다. 이 질문에 대답하는 데 있어서 첫 번째 단계는 부패란 존재의 한 형태가 아니라 언제나 '무언가가 되지 못하는 것'이라는 점에 주목하는 것이다. 그것은 반쯤 폐허가 된 집의 파멸과 같다. 집 자체는 아직 존재하는 한 좋은 것이지만, 그 안의 무질서와 구조의 결여는 나쁘다. 따라서 악 그 자체, 즉 파멸 또는 부패는 그 집에 결여된 어떤 것 — 즉 그 집에 없는 구조와 형태 — 으로서의 존재를 제외하면 존재가 없다. 그러므로 우리는 악이 존재하지만, 그것은 결여나 부재(不在)가 존재하는 방식으로 존재한다고 말할 수 있다. 악은 실재하지만 무언가가 참으로 부재할 수 있는 방식으로만 실재한다.

　악 자체의 존재가 없다는 것은 창조자의 순전한 선함을 지지하기 때문에 중요한 존재론적 요점이다. 하나님은 존재를 가진 만물을 창조하기 때문에 본래 나쁘거나 악한 종류의 존재는 없다. 아우구스티누스가 매우 직설적으로 표현한 것처럼 "존재하는 것은 모두 선하다."[3] 그의 말은 물론 세상에 악이 없다는 뜻이 아니라 악은 언제나 부패, 형태와 존재의 결여라는 측면이 있다는 뜻이다. 따라서 아우구스티누스는 세상에 악한 것들이 있다고 말할 수 있지만, 그는 모든 악한 것에는 "악한 선", 또는 (그의 표현을 달리 번역하자면) "나쁜 좋은 것"이라는 특성이 있다고 덧붙인다.[4] 이 표현에는 심오한 역설이 없다. 이 말은 단순히 모든 나쁜 것은 원래는 좋은 것인데 그것이 어느 정도 부패했고 그 좋은 점이 부분적으로 망가진 것임을 의미한다. 완전히 파괴되지 않고 여전히 존재하는 한, 그것은 마치 수리할 필요가 절실한 집처럼 좋은 것이다. 집은 좋은 것이지만 그

3_ Augustine, *Confessions* 7.12.18, Henry Chadwick 역(New York: Oxford University Press, 1992).
4_ Augustine, *Enchiridion* 4.13.

집은 나쁜 집이다. 그런 의미에서 그것은 나쁜 좋은 것이고 악한 선이다.

　　우리는 여기서 한 걸음 더 나아갈 수 있다. 심지어 완전히 폐허가 된 집에서도 여기저기 흩어진 목재와 돌은 집으로서는 더 이상 좋은 점이 없지만, 그 자체로는 좋은 것들이다. 좋음은 이런 식으로 일차적이고 필연적이다. 당신이 무엇을 보고 있든, 설사 그것이 가질 수 있거나 가져야 하는 완전한 좋음을 다 가지고 있지는 않더라도 그것은 어떤 면에서는 좋은 것이다. 우리가 폐허가 된 집을 보며 슬퍼하는 이유는 우리가 보고 있는 어수선한 돌들이 더 이상 그 돌들이 한때 속했던 그 집이 아니기 때문이다. 그러나 바로 그 돌들과 먼지는 폐허가 된 예루살렘처럼(시 102:14) 우리에게 소중할 수도 있다.

두 명칭

이것이 악의 본질에 대한 유일한 사고방식은 아니다. 어쨌든 악은 선과 반대되는 자체의 존재가 있다고 생각하기가 쉽다. 그렇다면 검은색이 흰색의 반대인 것처럼 악은 선의 반대 개념일 것이다. 그러나 고전적 관점은 이런 식의 흑백 논리를 피한다. 이를 정교한 중세 논리의 용어로 표현하자면 악은 선의 **반대**가 아니라 선의 **결핍**이다.[5] 이 용어는 어떤 것에 그와 같은 종류의 존재에 적절한 어떤 선이 **결여**되어 있는 상태를 가리

5_ 논리학의 용어(단순한 **없음**[negation]뿐만 아니라 **반대**[contrary]와도 대비되는 **결핍**)와 예시(흑과 백이라기보다는 어둠과 빛) 모두 Thomas Aquinas, *Summa Theologica*, 1부, 문 17, 4항에서 찾아볼 수 있다. 이 용어는 *Summa Theologica*, 문 48, 3항에서 악의 개념에 적용된다.

킨다. 악이 결핍이라면 악은 검은색이 흰색과 관련된 방식이 아니라 어둠이 빛과 관련된 방식으로 선과 관련이 있다. (예를 들어 화가의 팔레트에 짜둔 검정 물감과 같이) 실재하는 색깔인 검은색과 달리 어둠은 그 자체로 실재하는 뭔가가 아니다. 어둠은 단지 빛의 부재일 뿐이다. 또는 빛이 존재하지 않는 것이라고 말할 수 있다. 그리고 빛이 있어야 할 때 빛이 결여된 것이 나쁜 것이다. 따라서 이러한 중세의 용어에서 나온, 고전적 관점을 가리키는 한 가지 일반적인 명칭은 악의 본질을 결핍으로 설명하는 **결핍설**(privative account)이다. 이는 악은 (터무니없게도 존재하지 않는 것은 무엇이든 악이라는 듯이) 순전한 없음이라는 뜻이 아니라 어떤 사물이 그것이 지녀야 할 좋은 점을 결여할 때 발생한다는 뜻이다.

흑백 논리적인 사고방식은 오늘날 일반적으로 **이원론**이라고 불린다. 그러나 여러 종류의 이원론이 있기 때문에 이 용어는 오해를 불러일으킬 수 있다. 아우구스티누스의 신학이 배척하는 이원론으로는 마니교 이단이 대표하는 이원론이 가장 유명하며, 아우구스티누스는 마니교 이단을 반박하는 많은 책을 썼다. 이 이원론은 세상이 선과 악이라는 두 종류의 존재로 구성되어 있다는 우주론적인 이원론이다. 이를 영혼과 몸은 서로 다른 두 종류의 존재라고 보는 견해인 영-육 이원론과 혼동하지 말아야 한다. 전부는 아니더라도 아우구스티누스주의 신학자 대다수는 수백 년 동안 영-육 이원론자들이었다. 한편 마니교도들과 같은 우주론적 이원론자 대다수도 영-육 이원론자인데 이들은 일반적으로 몸을 악한 종류의 존재와 동일시하고 영혼을 선한 종류의 존재와 동일시함으로써 이 두 종류의 이원론을 결합한다. 아우구스티누스주의 신학은 이러한 동일시를 단호히 배척한다. 그런 의미에서 고전적인 아우구스티누스주의의 악에 대한 관점은 강력하게 반(反)이원론적이다.

여기서도 혼동이 발생할 수 있다. 아우구스티누스는 주저하지 않고 몸은 영혼보다 열등하다고 말하기 때문에 현대인들에게는 그의 말이 이원론적으로 들릴 수 있다. 그러나 아우구스티누스 사상의 배경을 형성하는, 세상에 대한 위계적 개념에서는 '**열등하다**'가 '악하다'를 의미하지 않는다. 꼭대기부터 밑바닥까지 존재의 위계 전체가 선하다. 따라서 이 위계 구조의 아랫부분에 있는 열등한 존재들은 열등한 **선**이다. 예를 들어 돌이 나쁜 것은 아니지만, 생명은 돌보다 더 높은 수준의 선이기 때문에 돌은 생물보다는 덜 좋다. 마찬가지로 야생 동물들이 본래 나쁜 것은 아니지만, 그것들은 짐승에게는 없는 이성이라는 더 큰 선이 부여된 인간보다는 덜 좋다. 따라서 아우구스티누스주의의 영-육 이원론자가 보기에는 우리의 몸이 비록 몸에 생명을 부여하는 영혼보다는 열등하지만 그렇다고 해서 몸이 악한 것은 아니다.

하나님이 악을 창조할 필요가 없는 이유

악은 그 자체의 존재를 지니고 있지 않기 때문에 그것은 하나님이 창조한 존재가 아니다. 고전적 관점에서는 이 점이 매우 근본적이기 때문에, 사람들이 이와 다르게 생각하고 하나님이 악을 창조해야 한다고 믿는 세 가지 이유를 살펴볼 가치가 있다. 처음 두 가지 이유는 철학 문헌에서 흔히 발견되지는 않지만, 일반적인 논의에서 상당한 혼동을 낳기 때문에 살펴볼 가치가 있다.

첫째, 사람들은 때때로 우리가 악을 알지 못하면 선한 것이 무엇인지 알거나 이해할 수 없으므로 하나님이 악을 창조해야 한다고 말한다. 아우구스티누스의 관점에서 보면 이는 완전히 거꾸로 된 논리다. 그것은 빛을 보기 위해서는 어둠이 필요하다고 말하는 격이다. 그러나 사실은 우리가 그림자 주변의 빛을 봄으로써 그림자를 볼 수 있고 그것을 그림자로 인식하는 것이다(빛은 그림자에 그것이 가진 형태나 모양을 부여한다). 요점은 선은 그 자체로 그 형태와 구조 및 아름다움이 알려질 수 있는 반면에, 악은 오직 그것이 결여하고 있는 선에 비추어서만 알려질 수 있다는 것이다. 악에 어떤 종류의 선이 빠져 있으며 그것이 어디서 어떻게 빠져 있는지를 앎으로써 다양한 종류의 악의 형태나 구조를 이해하는 것이 지혜의 요체다. 당신이 어떤 집이 망가져 있다는 것을 아는 이유는 당신이 집의 형태가 어떠하며 또 어떠해야 하는지에 대해 무언가 알고 있기 때문이다. 그리고 당신이 어떤 사람이나 사회가 부패해 있다는 것을 아는 이유는 당신이 그 사람이나 사회가 위반하고 있는 정의의 기준을 어느 정도 파악하고 있기 때문이다.

둘째, 사람들은 때때로 우리에게 자유 의지를 주기 위해 하나님이 우리가 선택할 수 있는 악한 것들을 창조해야 한다고 말한다. 아우구스티누스의 설명에 의하면 이러한 개념은 두 가지 점에서 잘못되었다. 첫 번째 잘못은 자유 의지가 선을 선택하는 것과 악을 선택하는 것 사이에 똑같이 균형을 이루고 있는 중립적인 힘이라고 가정하는 것이다. 이것은 때때로 "무차별의 자유"(liberty of indifference)라고 불리는데, 이 말은 선과 악의 차이가 의지의 자유에 아무 영향을 주지 않는다는 뜻이다. 이와 반대로 아우구스티누스의 신학은 의지가—하나님이 창조한 모든 것과 마찬가지로—본래 악이 아닌 선을 지향한다고 가르친다. 그러므로 의지가 선한 것을 사랑하고 선택할 능력이 바로 의지의 자유다. 눈은 보기 위해 존재하는 것처럼 선한 것을 사랑하고 선택하는 것이 바로 자유 의지가 존재하는 이유다. 물론 악을 사랑하거나 선택할 수도 있지만, 마치 근시가 눈의 구조의 변질로 인해 잘 보지 못하는 것이듯이 그것은 자유 의지의 힘이나 능력이 아니라 의지의 실패와 부패다. 그래서 루터와 같은 아우구스티누스주의 신학자들이 의지의 속박에 대해 말하는 것이다. 본래 볼 수 있는 눈이 시각장애가 발생하여 시력을 잃을 수 있는 것처럼, 본래 자유로이 선을 사랑할 수 있는 의지가 죄에 속박될 수 있다.

두 번째 잘못은, '악을 선택하기'가 '악한 것을 선택하기'를 의미한다고 생각하는 것이다. 아우구스티누스의 설명에 따르면 도덕적인 악은 일반적으로 악한 것을 선택하기가 아니라 악한 방식으로 선택하기를 의미한다. 따라서 "악을 선택한다"는 어구의 문법적인 형식이 오해를 일으킨다. 아우구스티누스의 담론에서 도덕적인 악은 말하자면 우리의 선택 대상과 관련이 있는 것이 아니라 우리의 선택 방법과 관련이 있다. 우리는 악을 선택한다기보다 악하게 선택한다.[6] 도둑이 어떻게 훔칠 차를 선택하는지 생각해보라. 도둑은 아마도 나쁜 차가 아닌 좋은 차를 노리겠지만 절도는 불의이기 때문에 그가 그 차를 취득하려는 방법이 악한 것이다. 따라서 도둑은 어떤 악한 것을 선택하는 것이 아니라 좋은 것을 악

6_ 아우구스티누스의 말처럼 "의지가 더 고상한 것을 떠나 더 저급한 것을 향할 때 의지가 나빠지는 것은 그것이 향하는 대상이 나쁘기 때문이 아니라 그 대상을 향하는 것 자체가 사악하기 때문이다. 결과적으로 악한 선택을 초래하는 것은 열등한 대상이 아니라 열등한 것을 사악하고 과도하게 욕망하는…의지 자체다." *City of God* 12.6, Henry Bettenson 역(New York: Penguin, 1984).

한 방법으로 취득하기로 결정하는 것이다. 악은 그가 선택한 사물에 놓여 있는 것이 아니라 그 자신의 영혼의 부패, 즉 인간의 모든 행동 구조의 일부여야 할 정의가 결여된 그의 의지의 파멸에 놓여 있다.

하나님이 악을 창조해야 한다고 생각하는 세 번째 이유는 악에 관한 결핍설의 설명에 대한 철학적 비판에서 비롯된다. 이 비판은 악은 사물에 실제적인 영향을 주는데, 만일 우리가 실제적인 존재만 실제적인 인과 관계상의 영향을 줄 수 있다고 가정한다면 악은 실제적인 존재여야 한다고 주장한다. 따라서 만일 하나님이 실제적인 존재 모두를 창조했다면 하나님이 악을 창조한 것이 분명하다는 것이다. 고전적 관점도 실제적인 존재만이 실제적인 인과 관계상의 영향을 줄 수 있다고 가정하기 때문에 이는 심각한 비판이다. 토마스 아퀴나스가 말한 바와 같이 "선만이 원인이 될 수 있다. 어떤 것도 그것이 존재가 아니라면 원인이 될 수 없고 모든 존재는 선하기 때문이다."[7] 하지만 이는 악에는 어떤 인과 관계상의 효과도 없다는 뜻이 아니다. 결핍설이 악에는 아무런 실체도 없다고 주장하지 않듯이 말이다. 오히려 이는 악에는 그 자체의 실제적 존재가 없는 것과 마찬가지로 그 자체의 인과 관계상의 효과도 없다는 뜻이다.

이 점을 인식하려면 결핍설에 따르면 어떤 의미에서 순전한 악과 같은 것은 존재할 수 없다는 점을 주목하라. 악의 실재는 셔츠에 난 구멍처럼 부재(不在)의 실재다. 셔츠가 없다면 구멍이 날 수도 없다. (구멍이 뚫릴 셔츠가 없다면) "순수한 구멍"은 말이 되지 않는다. 그것은 아무것도 의미

7_Aquinas, *Summa Theologica*, 1부, 문 49, 1항, 영국 도미니칸 프로빈스 교부들 역(Westminster, MD: Christian Classics, 1981).

하지 않는다. 특히 그것은 세상에서 인과 관계상의 역할을 하는 어떤 것도 의미하지 않는다. 당신의 셔츠에 난 구멍과 달리 "순수한 구멍"은 당신이 발견할 수도 없고 그것에 관해 아무것도 할 수 없다. 그것은 아무 해도 끼치지 않고 아무것도 망쳐놓지 않으며 세상에서 아무 존재가 없고 심지어 부재의 존재도 없다. 마찬가지로 "순전한 악"도 말이 되지 않으며 아무 해도 끼치지 않고 세상에서 아무 존재가 없고 어떤 것에도 아무런 영향을 끼치지 않는다.

실제적인 악은 이처럼 언제나 "순수하지 않다." 그것은 선이 없으면 아무런 실재나 인과 관계상의 영향이 없다. 악은 그 실재가 언제나 본래 선한 것들에서 결여되어 있거나, 결함이 있거나, 기형적인 어떤 것의 실재라는 점에서 선에 기생한다. 따라서 악의 인과 관계상의 영향은 적절한 안식처를 제공하지 못하는 반파된 집이나 자기 일을 잘하지 못하는 알코올 중독자처럼 어떤 좋은 것이 손상이나 기형으로 인해 할 일을 잘하지 못하는 데서 기인하는, 결함이 있는 영향이다. 악은 실제적인 영향을 지닌 실제적인 결함의 모습을 취하지만, 그것이 망쳐놓는 선한 것들의 실재로부터 무언가를 할 수 있는 능력을 얻는다. 아퀴나스는 악을 다리를 저는 사람에 비유한다. 그의 보행 능력은 좋은 것이지만 그가 잘 걷지 못하게 만드는 그 기형은 그렇지 않다. 마찬가지로 도덕적으로 악한 행동의 경우 행동할 수 있는 능력은 인간의 몸뿐만 아니라 인간의 의지 역시 만드신 창조자 하나님께로부터 나오지만, 그 행동을 악하게 만드는 악덕은 의지의 기형인데 이는 하나님이 하시는 일이 아니다.[8]

8_Aquinas, *Summa Theologica*, 1부, 문 49, 2항, 답변 2.

부패할 수 있는 피조물

악은 부패의 형태를 취하기 때문에 우리는 이렇게 질문할 수 있다. 하나님은 왜 애초에 부패할 수 있게 했는가? 하나님은 왜 부패할 수 있는 피조물을 만들었는가? 아우구스티누스의 대답은 모든 피조물은 본래 부패할 수 있기에 창조가 존재하려면 부패할 수 있는 것들에 대한 대안은 존재하지 않는다는 것이다. 이는 피조물이 필연적으로 부패했다는 뜻이 아니라 내재적으로 **부패할 수 있다**, 또는 (더 낮게 표현하자면) 부패에 **취약하다**는 뜻이다. 피조물은 창조되었다는 바로 그 점 때문에 부패할 수 있다. 피조물은 없다가 생겨났고 따라서 더 이상 존재하지 않을 수도 있으므로 피조물은 언제나 부패하거나 존재하지 않게 될 수 있다. 지어진 집은 모두 망가질 수도 있는 집이다. 하나님은 결코 없다가 생겨난 존재가 아니고 따라서 존재하지 않게 될 수 없으므로 오직 하나님만이 부패할 수 없는 선한 존재다. 교부들이 애용하던 용어를 사용하자면 하나님은 창조되지 않았다.

따라서 하나님은 창조되지 않은 어떤 것을 창조할 수 없으므로 부패할 수 없는 존재를 창조할 수 없다. 달리 말하자면 하나님은 하나님을 창조할 수 없다.[9] 하나님이 할 수 있는 일은 창조된 존재들에게 영생의 선물을 주고 본질상 부패할 수 있는 것을 부패하지 않도록 보존하는 일이다.

9_ 이는 삼위일체 신학의 중요한 함의다. 참된 하나님이신 영원한 하나님의 아들은 창조된 것이 아니라 성부 하나님이 영원히 낳으셨다. 니케아 신조의 표현에 따르면 그분은 "창조된 것이 아니라 낳으신 바" 되었는데, 이 말은 그가 성부에게서 비롯되었지만 언제나 존재했다는 뜻이다. 이것이 곧 니케아 공의회에서 "그분이 존재하지 않았던 때가 있었다"라는 가르침을 정죄한 근거다. Philip Schaff, *The Creeds of Christendom* (New York: Harper & Row, 1932), 1:29를 보라.

이것이 곧 바울이 "이 썩을 것이 반드시 썩지 아니할 것을 **입겠고**"(고전 15:53)라고 말할 때 명백히 염두에 둔 것이다. 교부들의 표현처럼 **본질상** 썩을 수 있는 것이 **은혜로** 썩을 수 없는 생명을 받는다. 여기서 본성과 은혜를 구분하는 뿌리는 (신적인 존재에 있어서 본질상 하나님의 영원한 아들이신) 그리스도와 (입양의 은혜로 하나님의 자녀들이 된) 그리스도께서 구속한 사람들 사이의 차이다. 본질상 하나님이신 분이 본질상 부패와 죽음에 취약한 사람과 자신의 영생을 공유하기 위해 인간의 본성을 취하고 그것을 자신의 본성으로 삼았다. 그분은 계속해서 썩지 않을 하나님으로 존재하면서, 자신의 위격 안에 포함되어 있는 인성에 이제 모든 인간이 받을 수 있는 영광스러운 썩지 않음의 옷을 입힌다.

악의 기원

악은 언제나 피조물에게 하나의 가능성이지만, 왜 그 가능성이 실제가 되는지가 설명되어야 한다. 그리고 선한 것들만이 원인이 될 수 있으므로 악의 기원은 언제나 어떤 선한 것에 놓여 있다. 우리가 살펴본 것처럼 악은 종종 마치 다리를 저는 사람의 상한 몸이나 일을 잘 할 수 없는 알코올 중독자의 무질서한 삶처럼 이미 부분적으로 부패해 있는 어떤 선한 것에서 비롯된다. 그러나 자신의 역할을 잘 하는 선한 것들로 인해 초래될 수 있는 악에는 두 종류가 있다.

첫 번째 종류는 영어의 용례에서 보통 "악하다"기보다는 "나쁘다"고 불리는 것들과 관계가 있다. 불이 나무를 태우거나 소 떼가 풀을 먹을 때처럼 하나의 좋은 것이 다른 것에 대해서는 나쁜 것일 수도 있고 그 둘이 접촉할 때 다른 것을 부패시킬 수도 있다. 우리가 현재 **생태계**라고 부르는 전체 자연계에서 이러한 종류의 부패는 전체의 유익에 공헌한다.[10] 해마다 풀이 시들고 꽃이 바래야 이듬해에 새로운 풀과 꽃이 나올 수 있다. 우리는 산불들조차도 많은 생태계에서 자연적인 갱신 주기의 일부라는 점을 깨닫게 되었다. 더 큰 생태계 자체가 교란되지 않는 한 여기에 "악의 문제"는 존재하지 않는다.

부패하지 않는 것에 의해 초래될 수 있는 두 번째 종류의 악은 처벌의 성격이 있다. 정당한 처벌은 처벌 받을 만한 사람들에게 나쁜 일이 일어나게 하지만, 바로 그 처벌이 정당하기 때문에 그 처벌은 도덕적으로 선하다. 그래서 성경은 하나님이 사람들에게 나쁜 일이 일어나게끔 한다고 자유롭게 말할 수 있는데, 이는 사악한 사람들에게 그들이 받아 마땅한 나쁜 일들이 일어나도록 하는 것을 가리킨다.[11] 이것을 가리키는 히브리어 단어는 종종 **재앙**과 같은 단어로 번역되지만, 이 단어는 사실 나쁘거나 악한 것 일체를 가리키는 표준적인 포괄적 용어다. 영어에서는 이것들을 가리키는 단어가 둘이지만 히브리어에서는 라틴어에서와 마찬가지로 이를 가리키는 단어가 하나밖에 없기 때문이다. 따라서 고전적 관점에서는 신의 처벌을 어떤 의미에서는 악하지만, 또 다른 의미에서는 그렇지 않다고 해석한다. 그것은 나쁜 것이며 일종의 부패와 파괴(폐허가 된 도시

10_ Auinas, *Summa Theologica*, 1부, 문 49, 1항에서 선이 어떻게 악의 원인이 되는지에 대한 아퀴나스의 설명을 보라. Augustine, *City of God* 11.22; 12.4-5도 참조하라.

11_ 매우 빈번한 이러한 용법의 대표적인 사례는 예컨대 왕상 9:9; 사 31:2; 렘 19:15; 겔 14:22; 욘 3:10을 보라.

들, 살육당한 사람들, 역병과 기근)이지만, 그 처벌이 정당하기에 도덕적으로 선하다. 이런 의미에서 고전적 관점은 기꺼이 하나님이 직접 악을 초래한다고 말한다.[12] 그러나 영어 사용자들은 여기서 **악**이 도덕적으로는 악하지 않은 나쁜 것이라는 의미라는 점을 명심할 필요가 있다.

무질서한 사랑

그러나 악의 기원에 관해서는 더 심오하고 어려운 문제가 있는데, 이 문제는 최초의 도덕적인 악 또는 죄와 관련이 있다(고전적 관점에서 이 두 용어는 본질적으로 동의어다). 최초의 죄는 다른 것을 부패시키는 어떤 좋은 것에서 비롯된 것이 아니라 그것 자체를 부패시키는 어떤 좋은 것에서 비롯되었다. 도덕적인 악은 의지 안에서의 부패로서 자아의 내부에서 비롯되기 때문에 여기서는 자유 의지라는 개념이 핵심적이다. 여기서 우리는 아우구스티누스의 의지 개념과 의지가 어떻게 잘못될 수 있는지에 대해 더 자세히 살펴봐야 한다.

의지는 본질상 행복이라는 선을 지향하기 때문에 그것은 좋은 것이다. 우리는 모두 행복하기를 원하는데, 이는 우리가 우리에게 가장 좋은 것을 달성하려고 한다는 뜻이다.[13] 아우구스티누스의 철학에서 행복

12_ 예를 들어 Aquinas, *Summa Theologica*, 1부. 문 49, 2항을 보라.

13_ 아우구스티누스에게는 우리가 행복해지기를 원하는 것은 경박한 생각이 아니라 윤리학의 첫 번째 원리이자 의지의 본질적인 특성이다. 다음 문헌들에서 의지의 근본적인 역할을 보라. *City of God* 10.1; *Enchiridion* 28.105(이 책에서 훨씬 더 많은 구절을 인용할 수 있다); *On the Trinity* 13.4.7(여기서 그는 자신으로 하여금 철학자가 되게 한 텍스트인[*Confessions* 3.4.7-8]

은 고전 철학에서와 마찬가지로 어떤 감정을 의미하는 것이 아니라 한 사람의 삶의 본질적인 목적 ─우리가 자신을 위해 선택하는 자의적인 목표가 아니라 인간 본성에 내재한 목적 또는 목적인(目的因, telos), 즉 교리 문답의 표현을 사용하자면 "인간의 주된 목적"─의 달성을 의미한다.[14] 그것이 무엇이든 인생의 **참된** 성공이 행복이라고 말할 수도 있다. 우리가 행복을 잘못된 방식으로, 또는 잘못된 것에서 찾을 때 도덕적인 악을 초래하기 때문에 참으로 핵심적인 문제는 참된 성공 또는 행복이 과연 무엇이냐는 것이다.

아우구스티누스주의 전통에 의하면 결정적인 의미에서는 우리를 행복하게 만드는 것을 우리 자신이 선택하지 않지만, 또 다른 의미에서는 우리가 그것을 선택한다. 한편으로는 삶에서 참된 성공이 과연 무엇인지를 우리가 결정하지 않기 때문이다. 우리는 하나님의 형상으로 창조된 인간이기 때문에 우리에게 유일한 궁극적인 행복은 사랑 안에서 영원히 하나님과 연합하는 것을 의미하는 영생이다. 그러나 다른 한편으로 우리는 그것이 우리를 행복하게 만들어준다고 생각하는 것들을 선택한다. 여기서 요점은 이와 관련하여 우리의 선택이 잘못될 수도 있다는 것이다. 우리는 진실로 우리를 행복하게 만들 수 없는 것들에서 행복을 찾을 수 있다. 예를 들어 정욕과 탐욕의 행동에서 그런 일이 벌어진다. 우리는 하나님이 아닌 어떤 것이 우리를 진정으로 행복하게 만들어줄 수 있기라도 하는 양 그것을 사랑한다.

키케로의 *Hortensius*에서 이 원리를 인용한다).

14_ 웨스트민스터 소요리문답, 문 1, Schaff, *Creeds of Christendom*, 3,676에 실린 내용.

아우구스티누스의 신학에서는 모든 도덕적인 악은 일종의 사랑이다. 그것은 잘못된 방향으로 뒤틀린, 무질서하고 기형적인 사랑이다. 그 무질서의 본질은 더 고상한 것 대신 더 저급한 것에 대한 사랑이다. 존재의 위계 구조는 이런 식으로 도덕적인 의미를 지닌다. 우리가 위에서 살펴본 대로 열등한 것들의 본질에는 어떤 악도 없지만, 마치 그것들이 우리를 궁극적으로 행복하게 해줄 것처럼 그것들을 추구하는 것은 어리석은 일인 동시에 죄다. 예를 들어 돈은 좋은 것이지만 단지 도구적인 선일 뿐이다. 돈이 인간보다 더 소중한 것인 양 무조건 돈을 추구하는 것(예를 들어 부당하게 노동을 착취하여 이익을 얻는 것)은 돈이 타인에게 끼치는 해악 때문만이 아니라, 그 자체로 의지의 무질서이자 타락이기 때문에 악하다. 그것은 좋은 것을 순위가 그릇되게 사랑하며, 그 자체보다 더 나은 목적을 위해 사용해야 할 것을 궁극적인 목적으로 즐기려 한다. 마찬가지로 아우구스티누스주의 전통에서 세속적이거나 육체적인 사랑을 못마땅해하는 것은 음식이나 음료와 같은 물질적인 것들이 악하기 때문이 아니라, 그것들이 궁극적인 목적으로 추구되어서는 안 될 열등한 것들이기 때문이다. 그것들은 참으로 선하며 보통 우리의 생명에 꼭 필요하지만, 그것들이 우리를 궁극적으로 행복하게 해줄 수 있는 양 그것들을 추구해서는 안 된다.

올바른 사랑의 순위는 먼저 하나님을 사랑하고 그다음에 이웃을 사랑하라는 예수의 두 가지 명령 속에 주어져 있다. 아우구스티누스주의 전통에서 이 말이 의미하는 바는 하나님과의 연합을 궁극적인 선이자 영원한 행복의 원천으로 추구하고, 이웃을 위해 동일한 유익을 추구하라는 것이다. 모든 즐거움이나 물질적인 선을 포함한 다른 선들은 하나님 사랑

및 이웃 사랑보다 후순위다. 죄 또는 도덕적인 악은 의지가 최고의 선이
신 하나님으로부터 돌아서고 하나님 대신 다른 것을 더 좋아할 때 비롯
된다.

최초의 죄

서양의 전통에 큰 영향을 끼친 일종의 사고 실험에서 아우구스티누스는
세상의 도덕적인 악의 시초인 최초의 죄를 몇몇 천사들이 마치 자기들이
자신의 존재와 행복의 토대가 될 수 있을 것처럼 하나님이 아닌 자기 자
신을 지향함으로써 죄를 지은 교만한 행동으로 본다.[15] 그들의 죄는 어떤
좋은 것—자기 자신—을 사랑하되 잘못된 순서로 사랑하여 하나님보다
자신을 앞세운 것이었다. 그렇게 해서 그들은 타락한 천사, 즉 귀신들이
되었고 불행과 정죄에 빠졌다. 우리가 그것을 자기애(self-love)라고 부를
수도 있겠지만, 그것은 그들이 스스로에게서가 아니라 하나님에게서만
발견될 수 있는 그들의 최고선을 추구하지 않았음을 의미하기 때문에 그
런 이름을 붙일 자격도 없다.

   (여기서 말이 난 김에 아우구스티누스의 신학에서 **이기심**은 죄의 뿌리를 가리키
기에는 그다지 적절하거나 이해를 돕는 명칭이 아니라는 점을 언급해둘 가치가 있다.
순위가 제대로 된 사랑은 우리 자신의 유익 추구를 의미하기 때문이다. 그리고 행복은
본질상 사회적이기 때문에—궁극적으로 행복은 아우구스티누스가 "하나님의 도성"

15_ *City of God* 12.6.

이라고 부르는, 복 받은 이들의 공동체가 함께 나누는 삶이다—우리는 자신의 유익을 추구하려면 우리 이웃의 유익도 추구해야 한다.[16] 우리의 행복은 공동의 선인 최고의 선에 연합하는 것이기 때문에 우리 가운데 누구도 홀로 행복해질 수는 없다. 따라서 우리 자신의 행복에 대한 사랑은 우리 이웃의 행복도 바라는 것을 암시한다.)

아우구스티누스의 관점에서 볼 때 '도덕적인 악이 처음에 어떻게 세상에 들어왔는가?'라는 질문은 곧 '전적으로 선하고 부패하지 않은 세상에서 어떻게 악이 생겨날 수 있었는가?'라고 묻는 것이다. 타락한 천사들에 대한 아우구스티누스의 사고 실험은 이 문제를 다룬다. 세상에는 그들이 선택할 수 있는 악한 것은 없었지만, 그들은 하나님 대신 열등한 선—그들 자신—을 선택함으로써 악하게 선택했다. 그들은 그들이 자기들의 최고선으로 알고 있었던 것 대신 그들이 자기들의 최고선이 될 수 없다고 알고 있던 것을 사랑했다. 그 점만큼은 분명하다. 그러나 이 선택에서 큰 수수께끼는 그 선택이 완전히 비합리적이고 자기 파괴적이라는 점이다. 그것은 그들이 자기들의 최고선이 아니라고 알고 있는 것이 자기들의 최고선이 되어야 한다고 바라는 욕망을 따름으로써 의식적으로 자신의 행복을 거부한 것이다. 그들에게는 이해력이나 의지의 선천적인 결함도 없었고 주변에 그들을 타락시킬 악도 존재하지 않았는데, 그러한 피조물이 그렇게 선택한 원인은 무엇이었을까? 아우구스티누스의 추론은 여기서 멈춘다. 그는 이 대목에서 '하나님이 창조한 모든 좋은 것들과 마

16_ 아우구스티누스의 *City of God* 19.3에 나오는 중요한 대목을 보라. 거기서 그는 "행복한 삶은 사회적이며, 그러한 삶을 위해서는 자기의 유익처럼 친구들의 유익을 사랑하고, 자기에게 이루어지기를 바라는 것을 친구에게 이루어지기를 바란다"(Bettenson 역)고 말하는 철학자들에게 동의한다.

찬가지로 자유 의지도 부패할 수 있기에, 그들이 자신의 유익을 선택하지 않을 가능성은 언제든지 열려 있었다'고까지만 말할 수 있었다. 그러나 왜 이 가능성이 현실이 되었는지 —그들이 실제로 죄를 지은 이유 —에 대해서는 아우구스티누스가 설명할 수 있는 것이 아니었고, 그는 그 이유를 설명하려고 하지도 않는다.[17] 근원에 있어서 도덕적인 악은 터무니없으며, 존재의 실패뿐만 아니라 이해력의 실패와도 관련이 있음이 분명하다.

아담의 죄

아우구스티누스가 보기에 인간의 악은 그 핵심에서는 여전히 매우 불합리하지만, 사탄의 죄보다는 이해하기 쉽다. 그것은 사탄과 타락한 천사들에게서 시작된, 타락한 존재들이 이미 영향을 끼친 세상에서 발생하기 때문이다. 따라서 전통적인 아우구스티누스의 해석에서 에덴 동산의 뱀은 인간을 죄에 빠뜨리기 위해 유혹하는 마귀를 상징한다. 그러나 아우구스티누스는 (전통적인 해석에 따르면 변장한 마귀인) 말하는 뱀이나 (아우구

17_ "그러므로 아무도 악한 의지의 작용인(作用因, efficient cause)을 알려고 하지 마라. 악은 어떤 효과가 아니라 결함이기에 악한 의지는 어떤 효력이 있는 것이 아니라 결함이 있는 것이기 때문이다. 가장 높이 계시는 분을 버리고 열등한 대상으로 향하는 것은 악한 의지를 품기 시작하는 것이기 때문이다. 그런 결함—그것은 내가 말한 대로 어떤 효력이 있는 것이 아니라 결함이 있는 것이다—의 원인을 발견하기를 원하는 것은 마치 누군가가 어둠을 보거나 정적을 듣기를 원하는 것과 같다. 어둠과 정적은 우리의 눈과 귀를 통해서 우리에게 알려지지만, 그 형태 때문에 알려지는 것이 아니라 형태의 결여[privatione] 때문에 알려진다." *City of God* 12.7(Bettenson 역).

스티누스가 마술적인 힘을 갖고 있지는 않지만, 순종에 대한 시험으로서 금지된 것이라고 말하는) 지식의 나무 등과 같은 이 이야기의 문자적인 요소들을 그다지 강조하지 않는다. 그런 것들은 인간의 죄의 기원에서 참으로 핵심적인 요소가 아니다. 인간의 죄의 핵심에는 자신을 자기 존재의 근거이자 자신의 궁극적인 유익의 원천으로 삼으려는 시도에 바탕을 둔, 마귀의 죄와 매우 유사한 의지의 타락이 있다.[18] 이 또한 어떤 좋은 것─자기 자신─을 하나님 위에 두기로 선택하는 것이다. 자신의 최고선은 언제나 자기가 아닌 하나님이기 때문에 그것은 불순종일 뿐만 아니라 어리석음이다.

고전적 관점에서는 죄가 다른 여러 악의 기원이다. 무질서한 사랑은 피조물에 대한 오용 및 착취, 압제, 전쟁을 초래하며 그 결과 자연계에서의 모든 종류의 무질서를 초래한다. 나머지 창조세계를 다스려야 할, 하나님의 형상으로 창조된 인간(창 1:26)이 이 땅에 지혜와 정의 대신 무질서를 들여올 때 온 피조물은 악과 허무에 굴복한다. 그래서 바울은 피조물 자체가 "썩어짐(corruption)의 종노릇"(롬 8:21─킹제임스역은 여기서도 라틴어 *corruptio*를 반영하고 있다)에서 해방되어야 한다고 말한다. 바울이 주장하는 바와 같이(롬 8:20) 피조물은 **소망 가운데서** 악과 허무에 굴복했고, 따라서 하나님의 자녀들이 부패에서 해방될 때 맞이하게 될 그들의 영광스러운 자유(liberty)를 인간과 더불어 기다리고 있기 때문이다.

18_ *City of God* 14.11-13.

신의 허용

우리는 아담과 함께 시초의 부패와 죽음에서부터 그리스도 안에서 모든 선한 것들이 회복되는 때인 종말의 영광과 영생으로 옮겨가는 이야기 속으로 들어간다(롬 5:12-21; 참조. 행 3:21). 이 이야기를 성경 자체 안에서 및 아우구스티누스 전통 안에서 이야기하는 여러 방식이 있는데, 그중 몇몇은 에덴 동산에서 벌어진 애초의 사건의 문자적 요소를 아우구스티누스보다 한층 덜 강조한다. 나는 그 이야기의 특정한 형태는 이야기하지 않고 몇 가지 일반적인 특징만 제시할 것이다. 고전적 관점에서 가장 중요한 점은 더 큰 유익 원리다. 그것은 다음과 같은 이중적인 가르침이다. (1) 하나님의 허용이 없이는 어떤 악도 발생하지 않는다. (2) 하나님은 모든 악을 사용해서 더 큰 유익을 가져오기 때문에 하나님께는 언제나 발생하는 악을 허용할 타당한 이유가 있다.

더 큰 유익 원리는 오늘날 큰 논란거리다. 우선 이 원리의 첫 번째 부분은 신적 주권에 대한 매우 강력한 관점을 전제로 하는데, 최근 철학자들은 이를 "꼼꼼한 섭리"(meticulous providence)라고 불러왔다. 꼼꼼한 섭리라고 부르는 이유는 하나님이 모든 세부사항에 관여하기 때문이다. 섭리에 대한 이런 관점에서는 모든 특정한 악은 하나님이 막을 수도 있었지만 자유롭게 허용하기로 작정한 악이다. 그러므로 그것은 단지 하나님이 특정한 **종류**의 유익을 증진하거나 보호하기 위해 특정한 종류의 악을 허용하는 것이 아니다. 하나님이 이런 유익을 위해 이런 악을 허용**해야만 한다**는 뜻은 더더욱 아니다.

예를 들어 하나님은 우리의 자유 의지를 침해하지 않고서는 우리가 죄를 짓지 못하게 할 수 없으므로 우리가 죄를 짓도록 허용해야만 한다는 주장이 때때로 제기된다. 그러나 그와 달리 아우구스티누스의 은혜 교리는 하나님은 모든 죄를 방지할 수 있을 뿐만 아니라, 우리의 의지를 죄의 속박에서 회복시켜서 우리로 하여금 기꺼이 선한 일을 하도록 선택하게 할 수 있다고 가르친다. 만물이 회복되면 우리는 은혜로 말미암아 죄를 지을 수 없을 것이기 때문에[19] 고전적 관점에서는 이것을 기독교적 종말론의 본질적 특징의 하나로 본다. 우리의 썩을 자아가 썩지 않음을 입을 때 의지도 몸처럼 부패에서 해방될 것이기 때문이다. 우리 몸이 병들거나 죽을 수 없고 우리 눈이 멀 수 없게 되듯이 우리는 죄를 지을 수 없게 될 것이다. 그러한 "불능"은—설사 우리가 그것을 그렇게 부를 수 있다 하더라도—힘이나 능력의 결여가 아니라 오히려 우리의 능력의 완성, 힘과 자유의 충만함이다. 왜냐하면 그러한 "불능"은 그것이 없다면 우리의 본성이 쉽게 그 영향을 받았을 모든 악에서 우리를 건져내기 때문이다.[20] 은혜에 대한 그러한 관점에서는 하나님이 자유 의지라는 선을 보존하기 위해 허용해야만 하는 그런 종류의 악은 없으며 심지어 고의적인 죄도 없다. 오히려 우리로 하여금 영원히 죄지을 수 없게 만드는 은혜

19_ 이러한 죄지을 수 없음(non posse peccare), 그리고 그것이 자유 의지의 완성인 이유, 이 두 가지가 아우구스티누스가 그의 위대한 논문 City of God 22.30의 정점에서 다루는 주제들이다. Augustine, Enchiridion 28.105도 보라.

20_ 안셀무스는 Prologion 7에서 아우구스티누스와 같은 방식으로, 실제로는 죄를 짓고, 고통당하고, 죽을 수 있는 "능력"(ability)은 실상은 어떤 선을 달성할 수 없거나 달성하지 못함인데도 "할 수 있다"(can/be able to. 라틴어로는 posse인데, 이 단어는 어원적으로 스페인어의 poder, 프랑스어의 pouvoir뿐만 아니라 영어의 potency와 possibilty의 어근이다)는 말에 해당하는 조동사는 일종의 힘을 암시함으로써 종종 우리를 오도한다는 점을 지적한다. 악은 이처럼 하나의 가능성이지만 그 자체로는 결코 능력의 한 형태가 아니다. 그래서 하나님이 할 수 없는 일들이 많이 있는데, 달리 말하자면 하나님은 무능력이나 실패로 고통당할 수 없다.

는 바로 우리의 자유 의지의 완성이자 선을 사랑할 수 있는 자유 의지의 자연적인 능력이다.

따라서 일반적으로 하나님으로 하여금 악을 허용할 수밖에 없게 만들 정도로 강력한 선은 없다. 그런 것이 아니라 하나님은 자신의 지혜로 바로 이런 악으로부터 어떻게 더 큰 유익을 가져올 것인지 알기 때문에, 자신이 막을 수도 있는 악을 기꺼이 허용하기로 작정한다. 이는 사실상 고전적 관점에서는 하나님을 책임에서 면제해주기를 거부한다는 뜻이다. 어떤 심오한 의미에서는 하나님이 기꺼이 그것을 허용하기로 작정했기 때문에 모든 악에 대해 하나님께 책임이 있을 수 있다. 그래서 우리는 뭔가 나쁜 일이 일어날 때마다 왜 이 일이 일어났느냐고 물을 수 있다. 우리는 하나님이 왜 이 일이 일어나도록 허용했는지 물을 수 있다. 우리가 이 질문에 대한 답을 찾지 못할지도 모르지만, 질문 자체는 결코 어리석거나 금지된 것이 아니다. 그 이유가 우리에게는 숨겨져 있을지라도 하나님께는 이유가 있기 때문이다.

숨겨진 이유

더 큰 유익 원리의 두 번째 부분에 따르면 모든 악은 하나님의 섭리 안에서 선한 목적에 공헌한다는 점에서 의미가 있다. 이 점은 고전적 관점에서 많은 사람이 가장 받아들이기 어려워하는 부분이다. 어쨌든 어떤 악은 너무 끔찍하고 파괴적이어서 우리는 그런 악이 어떤 선한 목적에 기여하거나 그 악을 허용할 만한 어떤 타당한 이유가 있다고 생각할 수 없다. 그

런 악 중 몇 가지만 예를 들자면 아동 학대, 대규모 아사, 인종 학살 등이
있다. 고전적 관점은 우리로 하여금 하나님이 그런 일들을 허용하는 데는
이유가 있다고 믿게 만들려고 하지만, 그런 이유는 우리에게 위로가 되기
에는 너무나 심오하고 숨겨져 있다. 하나님이 사람들이 그토록 끔찍한 고
통을 당하도록 허용할 만한 타당한 이유가 있다고 생각한다면, 우리는 당
연히 어떻게 하나님이 선하다고 믿을 수 있는지 의아해할 수 있다.

따라서 현대 신학에서 고전적 관점에 대한 두드러진 도전은, 모든 악
은 하나님이 막을 수도 있었던 악이라는 점을 부인하는 것인데 이는 모
든 악은 하나님이 허락한 것임을 부인한다는 뜻이다. 사실상 그 목적은
하나님의 전능하심과 그분의 섭리는 고전적 관점에서 가르치는 것만큼
그렇게 광범위하지도 않고 꼼꼼하지도 않다고 주장하면서 하나님을 곤
경에서 빠져나오게 함으로써 하나님의 선하심에 대한 믿음을 회복시키
는 것이다. 하나님은 결국 악을 물리치겠지만, 이 이야기의 중간에는 우
리가 우리의 고난에 대한 아무런 이유도 발견할 수 없는 사건들이 존재
하는데, 이는 그 이유가 숨겨져 있기 때문이 아니라 아무 이유가 없기 때
문이다. 최근의 어떤 신정론에 따르면 하나님은 지금 교전 중인 악과의
전쟁에서 장기적으로는 승리할 테지만 피해자들이 없이는 승리할 수 없
는데, 피해자 중에는 그들의 특정한 고난이 어떤 구속적인 목적에도 공헌
하지 않는 사람도 많이 있다.[21] 이 관점에서는 궁극적으로 무의미한 많은

21_ Gregory Boyd, *Satan and the Problem of Evil* (Downers Grove, IL: InterVarsity Press, 2001); 특
히 161, 176-77, 371("우리나 우리가 사랑하는 사람에게 일어난 악한 사건에는 사실 더 높은
목적이 없었을지도 모른다"), 388-39("이 특정한 비극에 **모든 것을 아우르는** 이유는 없다.…
그녀는 단지 전쟁의 불운한 희생자였을 뿐이다")를 보라.

악이 존재한다. 그런 신정론에서는 하나님이 이런 악들을 우리만큼 증오한다는 점이 큰 위로가 된다. 하나님은 그런 악들을 너무도 미워해서 그것들을 허용하지 않지만 그럼에도 불구하고 하나님이 그 모든 악들을 막지 못하기 때문에 그런 일들은 일어난다. 그래서 하나님은 고난에 직면했을 때 우리의 무기력함을 어느 정도 공유한다. 훌륭한 장군이라면 사상자 없이 전쟁에서 이기고 싶겠지만, 실제 전쟁에서는 최고의 장군이라도 그런 일을 성취할 수 없다.

고전적 관점의 두 가지 형태 ─ 또는 내가 생각하기에는 이 관점에서 잘못 도출된 두 가지 함의 ─ 는 이런 종류의 도전에 잘 대응하지 못하고 우리 시대에는 점차 시야에서 사라졌다. 나는 둘 다 하나님이 특정한 악을 허용하는 이유가 숨겨져 있는 것을 충분히 고려하지 않는다고 생각한다.

첫째, 하나님께는 나름의 이유가 있으므로 우리는 자신의 고난을 받아들여야 한다는 생각이 존재한다. 이는 마치 하나님이 우리에게 악한 일이 일어나도록 허용하는 이유에 우리가 그 악을 극복하도록 도와주려는 그분의 의도는 포함될 수 없다는 듯이 허용과 지지를 혼동하는 것이다. 이런 생각은 주기도문에 나오는 "아버지의 뜻이 이루어지이다"라는 말을 우리가 우리의 삶에서 일어나는 모든 악을 우리를 향한 하나님의 뜻으로 체념하고 받아들여야 한다는 뜻으로 보는 해석과 관련이 있다. 여기서는 신약의 종말론을 간과하는 실수를 저지르고 있는데, 신약의 종말론에서 핵심적인 이동은 우리가 하늘로 올라가는 것이 아니라 (계 21:2에서 위에서 내려오는 하늘의 예루살렘처럼) 하늘나라가 땅으로 내려오는 것이다. "나라가 임하시오며"는 하나님이 하늘에서 이미 그렇게 하고 계신 것처럼 지상에서도 정의와 자비와 영광으로 다스려달라고 하나님께 요청하는 것이다. 따라서 "아버지의 뜻이 하늘에서 이루어진 것같이 땅에서도 이루어지이다"는 탄원 시편과 같은 장르에 해당하는데, "여호와여, 어느 때까지니이까?"가 이 장르에서 특징적인 기도다(예컨대 시 6:3; 13:1; 90:13; 참조. 합 1:2). 주기도문으로 기도한다는 것은 사실상 어느 때에야 하나님 나라가 정의와 자비로 땅에 임해서 고난이 끝날 것인지를 묻는 것이다. 바울식으로 표현하자면 그것은 곧 썩을 것이 썩지 아니함을 입을 날을 탄식하며 고대하는 것이다. 고전적 관점의 모든 옹호자가 이 점을 인식하는 것은 아니지만 이 관점에는 그런 탄식과 불평에 대한 여지가 많다. 하나님이 우리를 괴롭히는 악을 허용하는 이유가 무엇인지 묻는 것은 결코 어리석은 일이 아니기 때문에, 하나님이 왜 악을 더 빨리 끝내지 않는지 묻는 것도 결코 어리석은 일이 아니다. 이 질문에 대한 대답을 얻지 못할 수도 있지만, 끈질긴 기도에 대한 예수 자신의 비유가 보여주듯이 그것은 결코 질문을 멈춰야 할 이유가 아니다(눅 18:1-8).

둘째, 기독교 전통에는 고난과 재앙이 언제나 처벌의 한 형태이거나 다가올 더 큰 처벌에 대한 경고라고 가정하는 매우 오래된 습관이 있다. 이 가정은 아담에서 그리스도까지의 이야기를 아담의 자손은 언제나 죄가 있고 따라서 결코 무죄한 자로서 고난받는 것이 아니라고 보는 해석에 근거한다. 이 가정은 하나님의 진노를 거론하며 재앙을 예언하거나 발생한 재앙을 하나님의 처벌로 해석하는 광범위한 성경의 담론을 이용할 수도 있다.[22] 성경을 진지하게 받아들이는 어떤 신학이라도 그러한 담

22_ 그러한 담론은 구약에서만 발견되는 것이 아니라고 말할 필요가 없다(그러나 유감스럽게도

론의 여지가 있을 것이다. 그러나 그것이 전체 이야기는 아니며, 하나님이 우리를 괴롭히는 악에서 가져오는 유일한 유익은 처벌의 정의라고 가정하는 것은 확실히 잘못이다. 우리가 이미 살펴본 것처럼 바울이 들려주는 그 이야기에서 모든 피조물은 **소망 가운데서** 허무한 데 굴복했는데 그 소망은 더 많은 처벌에 대한 소망이 아니라 썩어짐의 종노릇으로부터의 해방과 하나님의 자녀의 영광스러운 자유에 대한 소망이다.

그 이야기의 형태

아담부터 그리스도까지의 전체 이야기는 처벌과 소망을 포함한다. 그리고 고전적 관점이 항상 주장해왔듯이 이 이야기를 올바로 들려주려면 죄인인 우리에게 다가올 진노에 대한 냉정한 경고도 포함해서, 우리로 하여금 우리 대다수는 자신이 죄가 없다고 믿고 싶겠지만 이 점을 인정해주지 않는 신적 재판관이 존재한다는 진실에 직면하게 만들어야 한다. 이것은 오늘날 안락하고 부유한 서양에서는 매우 인기 없는 진리이며, 그래서 이 진리를 계속해서 듣게 하는 것이 더욱더 중요하다. 그러나 이 진리에 기독교의 소망이 적절하게 수반된다면 이 진리는 더 분명하게 들릴 것이다. 그 소망은 단지 죄 용서에 대한 소망만이 아니라, 우리가 인류에게서 볼 수 있는 어떤 비행과도 어울리지 않아 보이는 끔찍한 악에서의 해

그렇게 언급되고 있다). 그 점은 요한계시록뿐만 아니라 예수께서 십자가에 달리시기 며칠 전에 한 긴 말씀인 "공관복음 묵시록"(마 24장; 막 13장; 눅 21장) 등 신약의 묵시록에서 생생하게 예시된다.

방에 대한 소망이기도 하다.

욥기는 당연히 이 점에 대한 핵심적인 성경의 증언이다. 욥은 자신이 당한 고난의 유일한 의미가 처벌이라고 말하는 것은 소용이 없다고 주장한다. 그러나—예를 들어 바울과 달리—욥에게는 제시할 대안적 해석이나 더 나은 것에 대한 소망이 없어 보인다. 욥은 욥기 3장에 나오는 첫 번째 긴 발언에서 하나님이 자기를 원수처럼 대하고 계시며 그가 원하는 것은 오직 자신의 존재가 소멸되는 것이라고 불평한다. 그러나 욥기의 중간 부분에 이르면 그의 불평은 매우 대담한 형식을 취한다. 욥은 하늘에 자신과 하나님 사이를 중재할 수 있는 누군가가 존재해서 하늘에서 자신을 신원할 수 있기를 바란다(욥 9:32-33; 16:19-21; 23:3-7). 그런데 욥은 자신이 고대하고 있는 것을 이미 소유하고 있다는 사실을 깨닫지 못하고 있다. 하늘에는 이미 그를 신원한 분이 계신다. 그분은 바로 하나님 자신인데, 하나님이 욥의 나무랄 데 없음과 정직함을 칭찬하면서 이 모든 이야기를 시작했다(욥 1:8). 사실 욥은 바로 하나님이 자기를 신원하기 위해, 즉 사탄에게 욥이 참으로 아무런 보상도 바라지 않고 아무 이유도 없이(욥 1:9) 하나님을 섬긴다는 것을 보여주기 위해 고난당한다. 욥의 불평에도 불구하고—처음에는 그렇게 시도했지만—하나님이 욥 자신의 의로움을 보여주시기를 기대하고 심지어 그렇게 하시도록 요구하기를 포기하지 못하는 것이 욥이 하나님을 섬기고 하나님께 경의를 표하는 방식이다. 욥은 하나님을 정당화하려 하거나 하나님을 위해 변명하거나 하나님을 곤경에서 벗어나게 해드리는 대신, 하나님은 자신이 아는 대로 정의

로운 하나님이어야 한다는 기대를 버리지 않는다.[23]

그래서 역설적으로 욥은 이미 자신이 원하는 것을 갖고 있었는데 이것이 바로 그가 고난당하는 이유다. 욥이 자기의 고난의 의미를 알지 못한다는 사실이 그의 고난의 깊이에 필수적이기 때문이다. 욥은 선한 하나님이 이 고난에서 무엇을 가져오실 수 있는지 알 수 없으며, 확실히 자신이 떠들썩하게 요구하는 선을 자신이 이미 갖고 있다는 것을 알 수 없다. 그리고 실제로 욥기 끝에서도 욥은 그 점을 알지 못한다. 나는 욥의 재산과 자녀가 회복되었을 때(이 이야기 끝에서 욥이 얻은 자녀는 죽었다가 부활한 자녀라는 옛 랍비 문헌의 해석을 따르면) 욥이 자신이 실제로 고난당한 이유를 알아냈더라면 웃었을 수도 있을지 궁금하다. 어쨌든 나는 우리의 고난 이야기는 궁극적으로 비극이 아니라 희극이라는 점이 욥기의 여러 교훈 중 하나라고 생각한다. 셰익스피어의 희극 중 한 편의 제목이 말하는 바와 같이 끝이 좋으면 다 좋다. 이는 사소한 요점이 아니다. 희극에서는 종종 행복한 결말이 이야기 중간에 벌어지는 일들의 의미를 바꾸어놓으며 우리는 마치 "아, 그것이 바로 실제로 벌어지고 있던 일이었구나, 미리 알았으면 좋았을 걸!"이라고 말하는 것처럼 웃으면서 그 사실을 깨닫는다.

세상에 대한 고전적 관점은 아담의 타락부터 그리스도의 재림까지의 세상 역사를 매우 넓은 의미에서 하나의 희극으로 간주한다. 그 이야기는 마치 부활의 날이 성 금요일의 의미를 바꾸는 것처럼 그 이전에 있었던

23_ 이 점에 대해서는 Karl Barth, *Church Dogmatics* (Edinburgh: T&T Clark, 1961), IV/3.1, 작은 활자체 단락, 383-88, 398-408, 421-34를 보라. 욥의 고난이 하나님이 욥을 신원하는 것을 정당화한다는 점은 내가 *Good News for Anxious Christian* (Grand Rapids: Brazos, 2010, [『하나님에 대한 루머』, 새물결플러스 역간])8장에서 목회적인 관점에서 탐구하는 요점이다.

모든 일의 의미를 바꾸어놓는 행복한 결말을 가진 이야기다. 우리가 현재의 고난 중에 패배라고 생각하는 것이 우리가 제대로 알기만 하면 사실은 영광스러운 승리다. 그러나 우리는 지금 당장은 그 사실을 알지 못한다. 우리는 흔히 욥처럼 우리의 고난의 의미에 대해 무지한데, 우리의 고난의 의미에 있어서 이 점은 본질적이다. 그러나 기독교의 이야기, 즉 그리스도의 복음은 우리로 하여금 소망 없이 고난당하게 하지 않는다. 우리가 아는 복음에 비추어보면 과거에 어떤 기억할 만한 성 금요일 설교에서 자주 반복된 어구가 말한 바와 같이 "오늘은 금요일이지만 일요일이 다가오고" 있기 때문이다.[24] 따라서 우리는 우리의 소망—현재의 이 고난에서 나오는 더 큰 유익이 실제로 존재한다는 것—의 구조에 대해 무언가를 알고 있고 이 이야기의 결말에 관한 몇 가지 결정적인 세부사항을 알고 있다. 그 내용은 곧 우리가 "나라가 임하시오며"라고 기도할 때 우리가 목격하기를 기다리고 있는 것이기 때문이다.

이반의 고통당한 아이들

따라서 현대 신정론의 도전에 직면해서 더 큰 유익 원리를 포기하지 말아야 한다. 오히려 하나님이 특정한 악으로부터 가져다주실 더 큰 유익이 숨겨져 있다는 사실에 대해 새롭게 주목하면서 이 원리를 거듭 언급하고

24_ 이 설교에 대한 이야기는 Anthony Campolo, *It's Friday, but Sunday's Comin'* (Waco, TX: Word, 1984), 7장을 보라.

재확인해야 한다. 그러한 숨겨짐 또한 우리의 고난의 의미에 있어서 본질적이기 때문이다.

재확인의 요점은 악의 문제에 대한 위대한 현대의 진술 가운데 하나인 표도르 도스토옙스키의 소설 『카라마조프가의 형제들』의 한 장에 대한 답변으로 예를 들어보일 수 있다. 그 장에서 이반 카라마조프는 자기가 수집한 고통당한 아이들에 관한 기사 모음집에 나오는 일화들을 제시한다.[25] 도스토옙스키는 어느 편지에서 그 이야기들은 자기가 만들어낸 이야기가 아니라 실제 아이들이 겪는 고통에 대한 보고였다고 말한다. 이 장에는 "반항"이라는 제목이 달렸는데 그 이유는 이반이 하나님은 존재하지 않는다고 주장할 만큼 단호한 행동은 결코 하지 않기 때문이다. 이반은 자신이 존재한다고 가정하는 하나님께 반역하고 있다. 이반은 그의 말대로 표현하자면 자신의 "불쌍하고 세속적이며 유클리드 기하학적인 이해력"의 범위를 초월하는, 상상할 수 없는 조화를 고대한다. 그때에는 모든 고통이 치유되고 보상 받으며, 모든 인간은 구속되고 화해되며, 우리는 "희생자가 일어나 자신을 죽인 사람을 껴안는" 모습을 볼 것이며 "그때 모든 사람은 갑자기 그 모든 일이 왜 일어났는지 깨닫게 될 것이다." 그러나 그것은 이반이 받아들일 수 있는 조화가 아니다. 그러한 조화는 "고통당한 한 아이…의 눈물만큼의 가치도" 없기 때문이다. 이반의 반항은 "나는 조화를 원하지 않는다. 인류애 때문에 나는 조화를 원하

25_ Fyodor Dostoevsky, *The Brothers Karamazov* (New York: W. W. Norton, 1976), 5권 4장. 이 노튼 비평판에는 1879년 1월 30일자 편지가 실려 있는데 그 편지에서 및 이반의 일화들 중 하나의 자료였던 재판을 묘사한 Dostoevsky, *Writer's Diary*, 1976년 2월에서 발췌한 글(770-74)에서 도스토옙스키는 "아이들에 대한 모든 일화는…책으로 출간되었다.…나는 아무것도 지어내지 않았다"라고 말한다(758).

지 않는다"라는 것이다. 그 대가는 너무 크다. 한 아이의 고통이 우리가 이 궁극적인 화해와 이해로 들어가기 위해 치러야 할 대가라면, 이반은 그 입장권 가격을 치르기를 거부한다. "나는 하나님을 받아들이지 않는 것이 아니다.…다만 나는 가장 정중하게 그 입장권을 그분께 반환할 뿐이다."[26]

역대 가장 위대한 기독교 작가 중 한 명인 도스토옙스키 자신과 마찬가지로 우리도 이반이 틀렸다고 단호하게 말해야 한다. 이반은 "인류애 때문에" 그 입장권을 반환할 것이 아니라 오히려 자신의 역사 및 자신의 삶과 화해한 고통당한 그 아이와 합류하기를 소망해야 한다. 왜냐하면 이반이 말하는 조화가 정말로 도래한다면 분명히 그 아이는 온 피조물과 더불어 하나님이 자신에게 주신 생명에 대한 기쁨을 포함해서, 하나님이 어떤 분인지와 하나님이 어떤 일을 행하는지에 대해 이해하게 된 데서 오는 진실한 기쁨으로 하나님을 찬양하고 하나님께 감사할 것이기 때문이다. 어떻게 이런 일이 일어날 수 있는지에 대해 우리의 "유클리드 기하학적인 이해력"으로는 상상할 수 없다. 그것은 마치 결국에는 서로 만나는 평행선을 그리려고 애쓰는 것과 같다. 우리에게는 한 아이의 고통을 허용하는 것을 정당화할 더 큰 유익에 대한 지식이나 접근 수단이 없다. 그러나 하나님이 기독교의 소망이 말하는 바와 같이 진정으로 모든 피조물의 찬양을 받으실 가치가 있는 분이라면 우리가 아무리 상상하기 어렵더라도, 고통당한 모든 아이들을 포함해서, 현세에서 고통 받는 모든 이들이 결국에는―만물이 회복되고 우리가 이해하게 될 때―하나님이 자

26_Dostoevsky, *Brothers Karamazov*, 224-26.

신에게 선한 생명을 주셨다고 고백할 수 있는 이유가 존재한다.[27] 따라서 우리는 이반이 "인류애 때문에" 그 입장권을 반환해야 한다는 주장을 그냥 놔둬서는 안 된다. 이반은 바로 화해에 대한 소망을 받아들이기를 거부함으로써 고통당한 그 아이를 위한 소망, 그 아이의 치유와 회복뿐만 아니라 그 아이에 대한 변호를 외면한다.

복된 잘못

러시아의 수도사인 조시마 신부의 생애와 회상이 담긴, 『카라마조프가의 형제들』의 다음부분에 완곡하게 제시된 이반에 대한 도스토옙스키 자신의 답변은 고전적 관점보다 한층 더 나아가는 주장을 편다.[28] 조시마는 우리가 하나님의 모든 피조물을 사랑한다면 우리는 사물들에서 신적 신비를 인식할 것이고 "삶은" 이미 "우리 모두 안에 감추인 낙원"임을 발견하게 될 것이라고 말한다.[29] 고전적 관점은 이보다 덜 신비롭고 더 종말론적이다. 위대한 신비는 우리 안이 아니라 하나님 우편에 계신 그리스도 안에 감추어졌는데, 그리스도가 영광 가운데 드러나실 때까지 우리의 생명도 그 안에 감추어졌다(골 3:3-4). 낙원과 완성은 아직 여기에 없지만

27_ 이것이 내가 Marilyn Adams의 중요한 책인 *Horrendous Evils and the Goodness of God* (Ithaca, NY: Cornell University Press, 1999)의 핵심 요점을 진술하는 방식이다.

28_ 몇몇 편지에서 도스토옙스키는 소설의 이 부분이 비록 완곡하기는 하지만 이반에 대한 응답이라고 명시적으로 말한다. Dostoevsky, *Brothers Karamazov*, 757, 761-62.

29_ Ibid., 282; 참조. 298.

우리는 그것이 그리스도가 계시는 곳인 위로부터 임하기를 기다린다. 중세의 신비가인 노리치의 율리아나는 그리스도가 하시는 말씀을 미래 시제로 쓰면서 다음과 같이 고전적 관점을 표현한다. "만물이 잘 될 것이다. 내가 참으로 만물이 잘 되게 할 것이다. 너는 모든 종류의 사물이 잘 되는 것을 직접 보게 될 것이다."[30]

기독교의 소망은 우리를 종말론, 즉 결말(그리스어로 *eschaton*)이 있는 이야기 안에 위치시키는데, 그 이야기는 다수의 좋은 이야기의 행복한 결말처럼 이야기의 중간에 나오는 고통과 악을 일리가 있도록 만들어주는 더 큰 유익을 드러낸다. 그러나 많은 희극에서와 마찬가지로 그 이야기에 등장하는 사람들에게는 그 이야기의 중간 부분은 ― 숲 속에서 길을 잃은 네 명의 연인이 자신이 누구이며 누가 자신이 진짜 사랑하는 사람인지 잊어버리고 미쳐가는 것처럼 보이는 "한여름 밤의 꿈"의 중간에 나오는 막들처럼 ― 어둡고 기괴하며 아무 재미가 없을 수도 있다. 그런 희극의 중간에서 등장인물들은 전혀 웃을 입장이 아니다. 그들은 낙원에 있는 것이 아니며 이 밤이 끝나기를 소망해야 한다.

악의 문제를 목회 차원에서 진술하는 한 가지 방법은 그런 희극에 나오는 등장인물들처럼 '우리가 그 안에서 살고 있는 이야기는 중간에 벌어지는 어둡고 기괴한 일들을 말이 되도록 만드는 행복한 결말을 가진 이야기라고 생각할 어떤 이유가 있는가?'라고 묻는 것이다. 이 질문은 '우리가 실제로 그 안에서 살고 있는 이 이야기를 섭리적으로 주관하는

30_ Julian of Norwich, *Showings* (New York: Paulist, 1978), 229; *A Revelation of Love*(사랑의 계시) 라는 제목으로 더 잘 알려진 그녀의 작품의 "긴 텍스트"에서 인용함.

하나님이 추상적으로만이 아니라 **우리에 대해서** 선하다고 믿을 어떤 이유가 있는가?'라는 매우 심각한 신학적 질문으로 이어진다.

아우구스티누스 전통에서 이 문제에 접근하는 방법은 하나님이 아담의 죄와 그 죄의 뒤를 잇는 모든 악에서 어떤 더 큰 유익을 이끌어내고자 하는지를 질문하는 것이다. 언제나 그렇듯이 하나님은 이 모든 악을 막을 수도 있었다고 가정한다. 이는 하나님이 우리를 위해 우리가 자신의 죄로 인해서 및 그 결과 때문에 여러 면에서 정당하게 처벌 받지만 육신을 입은 하나님이신 자기 아들의 고난을 통해 구속받는 죄인이 되는 이야기를 선택했다는 뜻이다. 서구 교회의 예전에는 이 선택의 선함을 긍정하며 그리스도의 부활의 영광과 그 부활을 뒤따르는 모든 것에서 하나님이 아담의 죄를 막지 않은 이유인 더 큰 유익을 발견하는 인상적이고 유명한 순간이 있다. 그 순간은 부활절 철야의 '엑술테트'(Exsultet)에서 찾아오는데 이는 부활절 촛불을 밝힐 때 노래하거나 암송하는 기도문으로서, 어떤 인간도 보지 않을 때 그리스도의 부활이 일어난 일요일 아침 전의 어두운 밤의 그 순간을 상징한다. 이때 촛불을 켜고 그 주위에 모인 교회는 아담의 죄가 그것을 없애기 위해 그리스도로 하여금 강림하시게 했기 때문에 복된 잘못(felix culpa)이라고 선언하는 유명한 말로 이 이야기의 일부가 되신 하나님께 감사드린다.

그중 두 행은 특히 면밀히 살펴볼 가치가 있다.

오, 그리스도의 죽음으로 파괴된, 확실히 필요한 아담의 죄여!

오, 그토록 위대한 구속자가 오실 가치가 있었던 복된 잘못이여![31]

여기에 담긴 개념은 아담의 죄가 마치 그것이 반드시 발생하기라도 해야 했던 것처럼 추상적으로 필요했다는 것이 아니다. 그런 뜻이 아니라 우리에게 그토록 위대한 구속자, 즉 육신을 입으시고 우리와 함께 우리를 위해 고난을 받으시며 이 밤에 죽음 자체를 이기신 하나님이 계시려면 그 죄가 꼭 필요했다는 뜻이다. 하나님은 이와 다르게 선택할 수도 있었기 때문에 이로 인해 찬양을 받으신다. 아담의 죄는 추상적으로 꼭 필요한 것이 아니었기 때문에 세상이 죄와 구속의 이야기였을 필요가 없다. 하나님은 선한 세상을 창조하고 그 안에 어떤 도덕적인 악조차 허락하지 않을 수도 있었지만, 그랬더라면 십자가에 달리시고 죽은 자 가운데서 부활하신 그리스도도 계시지 않았을 것이다. 대신 하나님은 자유롭게 그 안에 아담과 그리스도, 죄와 구속, 성 금요일과 부활절 주일이 함께 있을 뿐만 아니라 전자에서 후자로의 이동도 있는, 더 어렵고 더 아름다운 이야기를 갖춘 세상을 창조하기로 선택했다.

이 개념의 요점은 일반적으로 선을 위해 악이 꼭 필요한 것은 아니지만, 특정한 종류의 선은 특정한 종류의 악이 없이는 존재할 수 없다는 것이다. 그 이유는 바로 그리스도의 죽음이 아담의 죄의 모든 유산을 파

31_ 이 말은 매우 담대하고 두드러져서 라틴어 원문을 제시하여 직접 확인하게 하는 것이 가장 좋다.

O certe necessarium Adae peccatum, quod Christi morte deletum est!

O felix culpa, quae talem ac tantum meruit habere Redemptorem!

괴하는 것처럼 이러한 선은 특정한 악을 물리치는 선이기 때문이다. 세상이 신약성경에서 말하는 종말론적인 이야기가 되려면 아담의 죄와 같은 무언가가 있어야 할 것이다(다시 말하거니와 아우구스티누스주의 전통 안에는 창세기에 나오는 이야기를 어떻게 문자적으로 해석할 것인지에 관한 의견 차이가 있다). 요점은 세상이 그런 이야기일 필요가 없었다는 것이다. 세상은 죄인도 없고 따라서 구속자도 없는 더 간단하고 쉬운 이야기가 될 수도 있었다. 그러나 하나님은 자유롭게 세상이 이 이야기, 즉 우리가 실제로 그 안에서 살고 있는 이야기가 되도록 선택했고 성경은 그 이야기를 그리스도의 복음이라고 부른다. 그리고 그리스도의 부활의 밤에 교회는 이것이 우리가 그 안에서 살고 있는 세상의 이야기라는 점에 대해 하나님을 찬양하고 하나님께 감사드린다.

그러나 그 밤은 1년 중 한 번에 불과하다. 다른 날 밤에는 교회는 다른 말을 한다. 한 해를 지내면서 교회가 시편과 같이 "어느때까지니이까?"라고 기도하는 날이 훨씬 많다. 우리는 우리 자신이 좋은 이야기 안에 들어 있다며 행복해하기만 할 수 없기 때문이다. 그 이야기는 영광스럽고 행복한 결말을 갖고 있기 때문에 좋은 이야기이지만, 우리는 아직 그 결말에 이르지 못했다. 고통당한 아이들도 마찬가지다. 우리는 그리스도 안에 있는 구속이 어떻게 그들의 고통이 말이 되게 하고 그들로 하여금 하나님이 그들에게 주신 생명에 대해 진심으로 기쁘게 하나님을 찬양하게 만들 만큼 위대한 선이 될 수 있는지에 대한 세부 사항을 알지 못한다. 그래서 교회는 부활 성야(Easter Vigil)에 오래 머물러 있을 수 없다. 예전(liturgy)은 성 금요일에서부터 부활절 주일로 그리고 이를 넘어 강림절에 두드러지는 그리스도의 재림에 대한 소망으로 옮겨가며, 이를 통해 미래를 향해 연중 예전 사이클의 문을 연다. 그래서 예전의 기도에서 우리는 모든 날을 똑같은 날처럼 대하는 것이 아니라, 복음 안에 거하며 그리스도의 이야기 안에서 앞으로 나아가는데, 복음은 우리의 삶을 과거부터 미래까지 감싼다.

'엑술테트'에서 우리는 "이 밤에" 일어난 일에 대해 반복적으로 감사드리고 우리의 미래를 고대하는 과거의 관점에서 우리의 정체성을 확인하며, 강림절에 우리는 "곧 오소서 임마누엘"과 같은 찬송가로 그리스도의 초림을 기억하면서 그분의 재림을 기다린다. 교회는 주님의 나라가 임하기를 적극적으로 계속 기다려야 하는데 이는 다른 무엇보다도 교회가 아이들의 고통을 끝내기 위해 할 수 있는 일을 하는 것을 의미한다. 그러나 교회에 필요한 행동을 하는 가운데서도 교회는 예전 사역을 소홀히 해서는 안 된다. 예전은 이는 우리의 소망을 가장 깊이 구체화하는 실제적인 사역 ─쉬지 않고 "언제까지니이까?"라는 기도뿐만 아니라 "주님의 나라가 임하게 하소서"라는 기도도 드리는 것─이다. 내가 하나님은 선하다고 믿을 수 있다고 생각하는 가장 좋은 이유들은 예전 시간에 이처럼 그리스도의 몸의 생명에 참여하는 이들이 가장 완전하게 활용할 수 있는데, 그 예전은 해마다 우리가 아담의 죄는 그처럼 위대한 구속자를 필요로 했기 때문에 복된 잘못이었다고 말할 수 있는 밤으로 돌아온다.

▶ 2장
▶ 몰리나주의 관점

윌리엄 레인 크레이그

프랭크 카프라의 영화 "멋진 인생"(*It's a Wonderful Life*)에서 하나님으로부터 조지 베일리에게 보냄받은 천사는 베일리에게 만일 그가 태어나지 않았다면 세상은 어떠했을지 보여준다. 놀랍게도 그는 세상이 극적으로 바뀐 것을 발견한다. 그의 삶에서 사소하게 보였던 사건들이 발생하지 않았다면 극적이고 광범위한 변화가 수반되어 겉보기에 조용하고 일상적인 베드포드 폴스에서의 그의 삶의 범위를 훨씬 넘어서 다른 사람들의 삶까지 변화시켰을 것이다. 천사가 조지 베일리에게 전해주는 것은 그의 삶에 관한 다양한 가정법의 조건 (또는 허위 조건) 명제의 진리이며, 이 영화는 그러한 허위 조건 선행사건들이 현실화될 경우 일어날 수 있는 광범위하고 예측 불가능한 차이를 보여준다.

몰리나주의

하나님의 세계 창조에 논리적으로 선행하는 그러한 허위 조건을 하나님이 안다는 것은 반(反)종교개혁 신학자인 루이스 몰리나의 섭리 이론의 핵심이다. 논리적으로 하나님은 세상을 창조하겠다고 천명하기 전에 자유로운 피조물이 **할 수 있는** 모든 것에 대한 지식(자연적 지식)뿐만 아니라, 적절하게 정해진 일련의 상황에서 그들이 **하게 될** 모든 일에 대한 지식(중간 지식)도 갖고 있다.

하나님의 자연적 지식은 하나님께 모든 필연적인 진리에 대한 지식을 부여한다. 이를 통해 하나님은 가능한 세상의 전체 범위가 무엇인지를 안다. 예를 들어 하나님은 특정한 일련의 상황 안에 있는 어떤 가능한 세상에서는 베드로가 자유롭게 그리스도를 세 번 부인하고, 또 다른 세상에서는 베드로가 똑같은 상황에서 자유롭게 그리스도를 시인한다는 것을 알고 있다. 둘 다 가능하기 때문이다.

하나님의 중간 지식은 하나님께 피조물의 자유에 대해서 참인 모든 허위 조건 명제에 관한 지식을 부여한다. 예를 들어 논리적으로 하나님은 창조를 천명하기 전에 **베드로가 C라는 상황에 있다면 그리스도를 자유롭게 세 번 부인하리라는** 것을 알고 있었다. 이러한 허위 조건들은 가능한 세상의 범위를 하나님이 실현시키기에 적당한 세상으로 한정하는 데 기여한다. 예를 들어 베드로가 실제로는 그리스도를 부인했던 상황과 똑같은 상황에서 자유롭게 그리스도를 시인하는 '가능한 세상'이 존재한다. 그러나 베드로가 정확히 그런 상황에 있다면 자유롭게 그리스도를 부인할 것이라는 허위 조건상의 진실을 고려하면, 하나님은 베드로가 그런 상황에서 자유롭게 그리스도를 시인하는 '가능한 세상'을 실현시킬 수 없다. 하나님은 베드로로 하여금 그런 상황에서 그리스도를 시인하게 만들 수도 있지만, 그렇게 한다면 베드로의 신앙고백은 자유의사에 따른 행동이 아닐 것이다.

하나님은 중간 지식을 통해 참인 허위 조건들을 고려할 때 자신이 실현시킬 수 있는 가능한 세상들의 적절한 하위 집합이 무엇인지 알고 있다. 그다음에 하나님은 특정한 상황에서 특정한 자유로운 피조물을 창조하기로 천명하고 그와 동시에 자신이 어떤 상황에서든 어떻게 자유롭게 행동할지 결정하며, 이를 통해 자신에게 신적인 자유의 허위 조건에 대한 지식을 부여한다. 그래서 하나님은 중간 지식과 자신의 천명에 대한 지식을 바탕으로 발생할 모든 일에 대한 사전 지식을 포함한 실제 세상에 대한 완전한 지식(자유 지식)을 갖고 있다.

하나님의 자유로운 지식의 내용만 하나님의 뜻에 의존한다. 하나님의 자연적 지식과 중간 지식의 내용은 말하자면 의지에 선행하고 따라서 하나님의 뜻과 독립적이다. 우리는 하나님이 카드 패를 받는다고 상상함으로써 하나님의 지식의 단계들을 생생하게 예시할 수 있다. 먼저 하나님은 필수적인 모든 진리들이 적혀 있는 카드 패를 받는다. 따라서 모순적인 상황들은 카드에 적혀 있지 않기 때문에 하나님은 그런 상황을 실현시킬 자유가 없다. 다음에, 하나님은 피조물의 자유의 참된 모든 허위 조건들이 적혀 있는 카드 패를 받는다. 이 진리들은 필수적인 진리와 달리 조건적이지만, 그럼에도 불구하고 하나님은 피조물들이 다양한 상황에서 자유롭게 무엇을 할지를 결정하지 않는다는 점에서 하나님의 의지에 선행한다.

하나님은 이제 자신이 받은 패를 갖고서 게임을 해야 한다. 즉 참인 허위 조건에 비추어 하나님께 실현 가능한 세상을 실현시켜야 한다. 우리가 가능한 다양한 세상들에 하나님이 존재한다고 상상하면, 어떤 가능한 세상에서는 하나님이 아주 형편 없는 패를 받았을 수도 있다. 개혁 신학자는 하나님이 실현 가능한 세상들의 범위를 살펴보고 자유 의지를 지닌 자유로운 피조물을 포함한 세상 중 어떤 세상도 실현시킬 만한 가치가 없다고 결정해서 하나님 자신이 일어나는 모든 일을 직접 결정하는 세상을 실현시키기로 결정한다고 생각할 수도 있다! 그와 반대로 몰리나는 하나님이 자유 의지를 지닌 자유로운 피조물들의 세상을 실현시키고, 자신이 받은 패를 갖고서 피조물들이 내릴 악한 결정과 그들이 초래할 악에도 불구하고 피조물의 자유로운 결정을 통해서 자신의 궁극적인 목표가 성취되도록 능숙하게 카드 게임을 하기로 결정했다고 생각했다.

몰리나의 중간 지식 이론은 그의 신적 섭리 교리에 토대를 제공한다. 몰리나는 섭리를 하나님이 직접 또는 2차적인 행위자를 통해 간접적으로 만물을 그 목적에 따라 배치하는 것으로 정의한다. 몰리나는 자유로운 피조물에 관한 하나님의 절대적 의도와 조건적 의도를 조심스럽게 구별한다. 예를 들어 어떤 피조물도 죄를 짓지 말아야 하며, 모두 하늘에 도달해야 한다는 것은 하나님의 절대적 의도다. 그러나 다양한 상황에서 피조물들이 자유롭게 어떤 결정을 내릴지 결정하는 것은 하나님의 권한 밖의 일이다. 특정한 상황에서는 피조물들은 그들이 죄를 짓지 않는 것이 하나님의 뜻이라는 사실에도 불구하고 자유롭게 죄를 지을 것이다. 따라서 하나님이 어떤 이유에서든 그런 상황을 가져오기를 원한다면 하나님은 비록 그것이 자신의 절대적 의도는 아니지만 피조물이 죄를 짓도록 허용하지 않을 수 없다. 하나님의 절대적 의도는 이처럼 사악한 피조물들에 의해 종종 좌절되지만, 피조물의 자유로운 행동을 고려하는 하나님의 조건적 의도는 언제나 성취된다. 죄조차도 인간을 죄에서 구하기 위한 그리스도의 성육신에 나타난 하나님의 흘러 넘치는 선하심, 인간을 죄에서 구속하는 데 나타난 하나님의 능력, 죄를 벌하는 데 나타난 하나님의 정의를 명시한다는 점에서 하나님의 조건적 의도에 기여한다.

따라서 하나님의 섭리는 일어나는 모든 일에 확장되지만, 하나님이 일어나는 모든 일을 적극적으로 원하는 것은 아니다. 하나님은 피조물의 선한 모든 결정은 적극적으로 원하지만, 악한 결정은 원하지 않고 단지 허용할 뿐이다. 몰리나는 이렇게 설명한다.

모든 **선한** 것들은 자연의 필연성에서 비롯하는 원인에 의해 산출되든 자유로운 원인에 의해 산출되든 간에, 그 각자가 하나님의 예정과 섭리를 통해 하나님에 의해 구체적으로 의도된 대로 신적인 예정과…섭리에 의존하는 반면에, 피조물의 의지의 **악한** 행위도 그 행위가 생겨나는 원인과 그 행위를 이끌어내는 데 요구되는 일반적인 하나님의 동의가 신적인 예정과 섭리를 통해 수여되는 정도까지는─비록 신적 예정과 섭리로부터 **이런 특정한 행위들**이 나오도록 하기 위해서가 아니라 그와는 **판이한 다른 행위들**이 발생하도록 하기 위해서, 그리고 그들의 최대의 유익을 위해 의지를 부여받은 존재들의 본질적인 자유가 보존되도록 하기 위해서이기는 하지만─신적인 예정과 섭리의 지배를 받는다. 게다가 악한 행위는 하나님이 그분의 섭리를 통해 어떤 더 큰 유익에 기여하도록 **특별히 그 행위를 허용**하지 않는 한 특정한 형태로 존재하지 못하는 범위에서는 동일한 신적인 예정과 섭리의 지배를 받는다. 위에서 설명한 내용에 비추어볼 때 확실히 만물이 예외 없이 **개별적으로** 하나님의 뜻과 섭리의 지배를 받는데, 하나님의 섭리는 그것들 중 어떤 것을 **특별한 행위로** 의도하고 나머지는 **특별한 행위로** 허용한다는 결론이 도출된다.[1]

따라서 일어나는 모든 일은 하나님의 뜻이나 허용에 의해 발생하고 따라서 하나님의 섭리 아래 있다.

악의 문제

몰리나주의는 악의 문제와 어떤 관련이 있는가? 그것은 어떤 형태의 문제를 논의하느냐에 달려 있다. 현대 종교 철학자들은 악에서 **지적인 문제**와 **감정적인 문제**를 구별하는 것이 유익함을 발견했다. 악의 지적인 문제는 '하나님과 악의 공존을 어떻게 합리적으로 받아들일 수 있도록 설명할 것인가?'와 관련이 있다. 악의 감정적인 문제는 '사람들이 그러한 악을 허용하는 하나님께 갖는 감정적 혐오를 어떻게 해소할 것인가?'와 관련이 있다. 지적인 문제는 철학자의 영역에 속하고 감정적인 문제는 목회자의 영역에 속한다.

1_Luis Molina, *On Divine Foreknowledge* 4.53.3.17, Alfred J. Freddoso 역(Ithaca, NY: Cornell University Press, 1988).

1. 악의 지적인 문제

우리는 지적인 문제의 여러 형태들을 한층 더 구별할 수 있다. 때로는 귀납적 또는 논리적 형태의 문제와 확률적 또는 증거에 입각한 형태의 문제가 구별되기도 한다. 그러나 내게는 문제의 이러한 두 형태는 **내적인 악의 문제**와 **외적인 악의 문제**로 구별하는 것이 가장 나아 보인다. 즉 이 문제는 그리스도인 유신론자가 그리스도인으로서 확신하고 있거나 확신해야 하는 전제들을 갖고 있고, 따라서 기독교 세계관에 어느 정도는 자체 모순이 있는 전제의 관점에서 제시될 수 있다. 다른 한편으로 이 문제는 그리스도인 유신론자가 그리스도인으로서 확신하지는 않지만 그럼에도 불구하고 우리가 그것이 진실이라고 간주할 타당한 이유가 있는 전제의 관점에서 제시될 수도 있다. 첫 번째 접근법은 기독교 세계관 자체 안에서의 내적 긴장을 노출하고자 한다. 두 번째 접근법은 기독교 세계관의 진리에 반하는 증거를 제시하고자 한다.

(1) 내적인 악의 문제

내적인 악의 문제에도 **논리적** 형태와 **확률적** 형태라는 두 가지 형태가 있다. 이 문제의 논리적 형태에서 무신론자는 하나님과 악의 공존은 논리적으로 불가능함을 보여주려 한다. 저항할 수 없는 힘과 움직일 수 없는 물체의 공존이 가능한 세상은 존재하지 않듯이 하나님과 악의 공존이 가능한 세상도 존재하지 않는다. 그 둘은 논리적으로 양립할 수 없다. 하나가 존재하면 다른 하나는 존재하지 않는다. 기독교 세계관은 (예를 들어 특정한 유형의 힌두교와 달리) 전능하고 무한히 자애로운 하나님의 실재를 고수하는 것처럼 악의 실재를 고수한다. 그래서 이 논증은 악이 존재하므로 논리적으로 확실히 하나님이 존재하지 않는 것이 분명하다고 이어진다. 기독교 세계관은 이렇게 내적 모순을 포함한다.

이 문제의 확률적 형태에서는 하나님과 악의 공존이 가능하다는 점을 인정하지만, 하나님과 악이 세상에서 공존할 개연성은 매우 희박하다고 주장한다. 따라서 그리스도인 유신론자는 서로를 약화시키는 경향이 있는 두 가지 믿음을 고수하는데, 그는 악이 세상에 실재한다고 믿기 때문에 하나님이 존재할 가능성은 매우 희박하다고 생각해야 한다.

가. 논리적 형태

내적인 악의 문제의 논리적 형태에서는 다음의 두 진술은 논리적으로 양립할 수 없다는 입장을 취한다.

(1) 전능하고 무한히 자애로운 하나님이 존재한다.

　그리고

(2) 악이 존재한다.

이는 수백 년 동안 악의 문제에서 일반적으로 가정되어온 형태였다. 실제로 20세기 중반에 이르기까지 J. L. 매키와 같은 무신론자들은 악의 문제를 이 형태로 제기했다.

이 형태의 악의 문제는 몰리나주의의 문제 해결 능력과 전혀 무관하게 해결된다. 앨빈 플랜팅가가 설명했듯이 악의 문제의 논리적 형태 옹호자는 자신이 감당할 수 없는 엄청난 입증 책임을 떠맡았다. 액면상으로는 진술 (1)과 (2)가 논리적으로 모순이 아니기 때문이다.[2] 그 둘 사이에는 어떤 명백한 모순도 없다. 무신론자가 그 둘이 암묵적으로 모순된다고 생각한다면 그는 모순을 이끌어내고 명백히 하는 데 기여할 만한 어떤 숨겨진 전제들을 가정해야 한다. 그런데 그러한 전제들은 무엇인가?

그 전제들은 다음과 같은 두 가지인 것으로 보인다.

(3) 하나님이 전능하다면 하나님은 자신이 바라는 어떤 세상이라도 창조할 수 있다.

그리고

(4) 하나님이 무한히 자애롭다면 하나님은 악이 있는 세상보다 악이 없는 세상을 선호한다.

무신론자는 전능한 하나님은 언제나 옳은 일을 행하기로 자유롭게 선택하는 자유로운 피조물을 포함한 세상을 창조할 수 있었다고 추론한다. 무신론자는 같은 맥락에서 전능한 하나님은 고통과 고난이 없는 세상도 창조할 수 있었다고 추론한다. 그는 더구나 하나님은 무한히 자애롭기 때문에 당연히 그와 같은 세상을 악과 고통에 오염된 어떤 세상보다도 선호할 것이라고 논증을 이어간다. 하나님은 고난과 악이 없는 세상을 창조할 수 있고 창조하려 할 것이기 때문에, 세상에 악과 고난이 있다는 사실을 근거로 하나님이 존재하지 않는다는 결론이 도출된다.

플랜팅가는 무신론자의 주장이 하나님과 악의 공존이 가능한 세상은

2_ Alvin Plantinga, *The Nature of Necessity* (Oxford, Clarendon, 1974)를 보라.

없음을 입증하는 데 성공하려면 (3)과 (4)가 **필연적으로** 참이어야 한다는 점을 지적한다. 그러나 무신론자는 이 가정들이 필연적으로 참이라는 점을 입증하지 못했다.

(3)에 관해 말하자면, 피조물이 그 안에서 자유 의지를 지니는 가능한 세상이 있다면 (설사 실제로는 피조물에게 자유 의지에 따른 자유가 없다 할지라도) (3)이 필연적으로 참인 것은 아니다. 하나님이 전능하다는 사실이 하나님이 둥근 직사각형을 만들거나 누군가로 하여금 자유롭게 어떤 일을 하겠다고 선택하도록 지시하는 것과 같이 논리적으로 불가능한 일을 할 수 있다는 의미는 아니기 때문이다. 따라서 하나님이 사람들에게 그들이 하고 싶은 대로 선택할 수 있는 진정한 자유를 부여한다면, 하나님은 그들이 어떤 선택을 할지 보장할 수 없다. 그렇다면 이것이 의미하는 바는 피조물에게 자유 의지에 따른 자유가 있다면 가능한 세상 중 하나님이 실현시킬 수 없는 세상이 존재한다는 것이다. 따라서 자유로운 피조물을 포함하면서 하나님이 실현시킬 수 있는 모든 세상은 악이 있는 세상일 수도 있다.

더욱이 명백히 자연적 원인으로 인한 고난에 관해서 플랜팅가는 이는 귀신들이 세상에서 활동하는 결과일 수도 있다고 지적한다. 귀신들은 인간과 마찬가지로 자유를 가질 수 있으며 하나님은 악마적인 피조물의 자유 의지를 제거하지 않고는 자연적인 고난을 방지하지 못할 수도 있다. 자연적인 고난의 문제에 대한 그런 해법은 우스꽝스럽고 심지어 경박하다고 생각하는 사람이 있을 수도 있지만, 그것은 **논리적인** 악의 문제를 **확률적인** 악의 문제와 혼동하는 처사일 것이다. 무신론자는 그러한 설명이 논리적으로 불가능함을 보여줄 필요가 있다. 그렇지 않으면 하나님과 악은 논리적으로 양립할 수 없다는 그의 주장은 성립되지 않는다. 그러나 어떤 무신론자도 전능한 하나님이 필연적으로 자신이 원하는 어떤 세상이라도 창조할 수 있음을 입증할 수 없었다. 그러므로 오직 이 점만을 근거로 해도 반대자의 논증은 성립되지 않는다.

그런데 하나님이 무한히 자애롭다면 하나님은 악이 있는 세상보다 악이 없는 세상을 선호할 것이라는 (4)는 어떤가? 이번에도 그런 가정이 필연적으로 참이라는 점은 입증되지 않았다. 어떤 가능한 세상에서는 하나님이 사람들을 세우거나, 시험하거나, 어떤 다른 포괄적인 목적을 달성하기 위해 고난을 허용할 수도 있다. 따라서 하나님은 무한히 자애롭지만 세상에서 악과 고난을 허용할, 도덕적으로 충분한 이유가 있을 수도 있다. 따라서 무한히 자애로운 하나님은 악이 있는 세상보다 악이 없는 세상을 선호한다는 반대자의 두 번째 가정도 필연적으로 참인 것은 아니다. 따라서 이 주장은 이중으로 성립되지 않는다.

플랜팅가는 우리가 여기서 한 걸음 더 나아갈 수도 있다고 주장한다. 무신론자는 하나님과 악은 모순된다는 점을 입증하지 못했을 뿐만 아니라, 그와 반대로 우리는 양자가 조화된다는 점을 증명할 수도 있다. 이를 증명하기 위해 우리는 세상에 있는 악에 대해 하나님의 존재와 양립할 수 있는 몇몇 설명을 제시하기만 하면 된다. 그러한 설명은 다음과 같다.

(5) 하나님은 양과 질 양면에서 실제 세상보다 선은 더 많고 악은 더 적은 세상을 창조하지 못했을 수도 있다. 더구나 하나님에게는 존재하는 악을 허용할 도덕적으로 충분한 이유가 있다.

(5)에서 "하지 못했을"이라는 말은 그러한 세상이 하나님에게 실현 불가능하다는 의미로 이해해야 한다. 의심할 나위 없이 죄가 없고 선함에 있어서 실제 세상을 능가하는 세상이 논리적으로는 가능하지만, 하나님이 그런 세상을 실현시키지 못할 수도 있을 것이다. 이렇게 설명할 수 있다면, 이런 설명은 세상에서 하나님과 악이 논리적으로 양립할 수 있다는 점을 증명한다.

무신론자는 아마도 (1)과 (5)는 결국 우리가 포착하지 못하는 모종의 방식으로 논리적으로 양립할 수 없다고 주장할 수도 있을 것이다. 아마도 하나님이 존재하는 모든 가능한 세상에서, 거기서 참인 피조물의 자유의 허위 조건 때문에 하나님은 실제 세상보다 선은 더 많고 악은 더 적은 세상을 창조할 수도 있을 것이다. 그러나 이 점은 별로 중요하지 않다. 기독교 세계관 안에 모순이 있다고 주장하는 사람은 바로 무신론자이므로 (1)과 (2)가 참일 수 있는 어떤 세상도 존재하지 않음을 보여줄 입증 책임을 지는 사람은 바로 무신론자이기 때문이다. 이 책임은 참으로 감당하기 어렵다는 점이 밝혀졌다. 수백 년 동안의 논의를 거친 뒤에 대다수의 무신론자와 불가지론자를 포함한 현대 철학자들은 이 사실을 깨닫게 되었다. 이제 논리적인 악의 문제는 실패한다는 점이 널리 인정되고 있다.

따라서 몰리나주의는 내적인 악의 문제의 논리적 형태와 직접적인 적실성이 별로 없다. 논리적 형태의 내적인 악의 문제는 그것이 무신론자가 짊어지는 견딜 수 없는 입증 책임으로 인해 실패한다.

나. 확률적 형태

오히려 내적인 악의 문제의 확률적 형태에 관해서는 몰리나주의의 적실성이 분명해질 것이다. 여기서 무신론자는 세상에 악과 고난이 있는 것으로 미루어볼 때 하나님이 존재하는 것이 불가능하지는 않더라도 그 개연성이 매우 희박하다고 주장한다. 그리스도인 유신론자는 이 주장에 대해 다음과 같은 여러 측면의 답변을 제시할 수 있다.

1. **모든 범위의 증거에 비춰보면 하나님이 존재할 개연성이 있다.** 내적인 악의 문제의 논리적 형태가 건전한 논증이라면 하나님은 존재하지 않을 것이고 이 문제는 거기서 종결된다. [그러나 그 논증이 실패하기 때문에 확률적 형태의 악의 문제로 넘어온다.] 확률은 우리의 배경 정보에 비추어보는 개념이다. 따라서 우리는 확률 논증을 할 때 "**무엇에 비추어 개연성이 있는가?**"라고 질문해야 한다. 무신론자는 하나님이 존재할 개연성이 낮다고 주장한다. 그러나 무엇에 비추어 그러한가? 세상의 악에 비추어 개연성이 낮은가? 그것이 우리가 고려하는 배경 정보의 전부라면 하나님의 존재가 그 한 가지 정보에 대해 개연성이 낮다고 보이더라도 별로 놀랄 일이 아니다. 그러나 그리스도인 유신론자는 우리는 세상의 악뿐만 아니라 하나님의 존재와 관련된 모든 증거를 고려한다고 주장할 것이다. 그리스도인 유신론자는 우리가 전체 범위의 증거를 고려하면 하나님의 존재는 상당히 개연성이 높아진다고 주장할 것이다. 따라서 유신론자는 실제로 악의 문제를 그것만 따로 떼어놓고 보면 하나님이 존재할 개연성이 낮아진다고 인정할 수도 있다. 그러나 유신론자는 모든 범위의 증거를 고려하면 저울 추가 최소한 균형을 이루거나 유신론 쪽으로 기운다고 주장할 것이다.

실제로 유신론자는 확률적인 악의 문제가 유신론자에게 내적인 악의 문제로 해석되는 한 우리가 둘 다 참이라고 알고 있는, 서로에 대해 개연성이 낮은 두 진술을 믿는 데 반대할 만하거나 불합리한 요소가 없다고 주장할 수도 있다. 예를 들어 인간의 생식 생물학에 관한 배경 정보에 비추어보면 우리 자신의 개인적 존재는 엄청나게 개연성이 낮다. 그러나 인간의 생식 생물학에 관한 사실들과 우리가 존재한다는 사실을 둘 다 믿는 데 비합리적인 요소는 없다. 마찬가지로 우리가 하나님이 존재한다고 믿을 근거가 있다면, 세상의 악에 비춰볼 때 이 믿음이 개연성이 낮다는 사실로 인해 야기되는 문제는 없다.

2. **우리는 하나님에게는 악의 발생을 허용할 도덕적으로 충분한 이유가 없을 가능성을 자신있게 평가하기에 적절한 입장에 있지 않다.** 세상의 악에 비추어 하나님이 존재할 개연성이 낮은지 여부는 하나님이 발생하는 악을 허용할 도덕적으로 충분한 이유를 갖고 있을 개연성이 얼마나 높은지에 달려 있다. 바로 이 지점에서 몰리나주의는 악의 문제와 큰 적실성을 갖게 된다. 중간 지식이 있는 하나님은 그런 지식을 갖고 있지 못하고, 시간의 속박을 받는 인간의 예지를 훨씬 초월하는 사건들을 허용할 도덕적으로 충분한 이유를 가질 수 있다. 중간 지식이 없는 우리 인간은 하나님이 발생하도록 허용하는 사건들의 장기적인 결과를 평가할 수 없을 것이고, 따라서 현재의 관점에서는 그 사건들을 허용하는 이유를 알 수 없다.

이와 대조적으로 몰리나주의의 초월적이고 주권적인 하나님은 역사의 시작에서 역사의 끝을 보고 인간의 자유로운 결정을 통해 궁극적으로 자신의 목적이 성취되도록 섭리적으로 역사를 정돈한다. 하나님은 자신의 목적을 성취하기 위해 중간에 특정한 악을 허용해야 할 수도 있을 것이다. 우리의 제한된 틀 안에서는 우리에게 무의미하거나 불필요해 보이는 악들이 하나님의 더 넓은 틀 안에서는 정당하게 허용된 것으로 보일 수도 있다. 무고한 사람이 잔인하게 살해되거나 어린아이가 백혈병으로 사망하는 일은 하나님이 그런 사건을 허용할 도덕적으로 충분한 이유가 몇백 년이 지나서야 알려지거나 다른 나라에서 알려질 만큼 역사를 통해 파급효과를 일으킬 수도 있다. 공간과 시간, 지성과 통찰력에 있어서 한계가 있는 우리는 "하나님에게는 아마도 이 사건이 일어나도록 허용할 도덕적으로 충분한 이유가 없을 것"이라는 취지의 확률 판단을 확신 있게 내릴 인식론적 위치에 있지 않다.

이미 19세기 고전 물리학에서 제임스 클러크 맥스웰이 "특이점"(singular point)이라고 부른 것의 존재로 인해 현재의 가시적인 원인의 결과를 예측할 수 없다는 사실이 인식되었다.

예를 들어 서리로 인해 느슨해져서 산허리의 어느 특이점 위에 아슬아슬하게 놓여 있는 바위, 큰 숲에 불을 붙이는 작은 불꽃, 세상을 싸우게 만드는 사소한 말, 사람으로 하여금 자기 뜻대로 행동하지 못하게 하는 작은 양심의 가책, 모든 감자를 말라 죽게 하는 작은 포자, 우리를 철학자로 만들거나 백치로 만드는 작은 제뮬(gemmule, 다윈의 가설적인 생명 단위 ─편집자주) 등이 있다. 특정 계층보다 상위의 모든 존재에는 자체의 특이점들이 있다. 계층이 높을수록 특이점이 많아진다. 이러한 지점들에서는 너무 작아서 유한한 존재로서는 고려할 수 없는 물리적 강도의 영향이 매우 중요한 결과를 낳을 수도 있다.[3]

3_ J. C. Maxwell, "On Science and Free Will," *The Scientific Letters and Papers of James Clerk*

마찬가지로 발전하고 있는 카오스 이론 분야에서 과학자들은 특정한 거시 체계, 예를 들어 날씨 체계나 곤충 개체군은 아주 작은 교란에도 극도로 민감하다는 사실을 발견했다. 서아프리카의 한 나뭇가지에서 나비 한 마리가 날갯짓하면 결국 대서양에 허리케인을 발생시킬 운동력을 격발할 수도 있다. 그러나 나뭇가지 위에서 날갯짓하는 그 나비를 관찰하는 누군가가 그러한 결과를 예측하기란 원리적으로 불가능하다.

중간 지식을 갖춘 전지(全知)한 지성만이 자유로운 피조물의 세상을 우리가 예견한 목표로 인도하는 일에 수반되는 복잡성을 파악할 수 있다. 우리는 단 하나의 역사적 사건, 예컨대 D-데이에 일어난 연합군의 승리에 도달하는 데 관련된 헤아릴 수 없이 많은 우발 사항들을 생각해 보기만 하면 된다. 우리는 하나님이 어떤 의도된 목적에 필요한 상황과 그 상황 속에 있는 자유로운 행위자들을 배열하기 위해 관련될 수도 있는 자연적인 악과 도덕적인 악에 대해 전혀 알지 못하며, 그처럼 선견지명이 있는 하나님이 무슨 이유로 몇몇 악이 우리의 삶 속으로 들어오도록 허용하는지도 알 수 없다. 확실히 많은 악이 우리에게 무의미하고 불필요해 보이지만, 우리는 판단할 위치에 있지 않다.

이렇게 말하는 것은 신비에 호소하려는 것이 아니라, 우리의 내재적인 인지적 한계를 지적해서 중간 지식을 갖고 있는 하나님이 몇몇 특정한 악을 허용할 도덕적으로 충분한 이유가 있을 개연성이 낮다고 말하려는 시도를 좌절시키려는 것이다. 우리는 우리와 비슷한 한계를 공유하는

Maxwell, 2권, 1862-1873, P. M. Harman 편(Cambridge: Cambridge University Press, 1995), 822에 수록된 글.

하나님께라면 악이 진행되기 시작할 때 개입해서 그것을 중단시키지 않는 데 대해 비난할 수도 있겠지만, 중간 지식을 갖고 있는 하나님에 대해 그런 주장을 할 입장에 있지는 않다.

역설적으로 다른 상황에서 불신자들은 이런 인지적 한계에 의해 제기되는 문제들을 알고 있다. 예를 들어 공리주의 윤리 이론에 대한 가장 불리한 반론 중 하나는 우리가 수행할 수 있는 어떤 행동이 궁극적으로 세상에 가장 많은 행복이나 쾌락을 가져올 것인지를 우리가 평가할 수 없다는 것이다. 우리의 인지적 한계 때문에 단기적으로는 처참해 보이는 행동이 최대의 선에 이바지할 수도 있는 반면, 어떤 단기적인 이익이 말할 수 없는 불행을 가져올 수도 있다. 역사 전체에 대한 하나님의 섭리를 고려하면 한계가 있는 관찰자가 우리가 보고 있는 악들에 대해서 하나님께 도덕적으로 충분한 이유가 있을 가능성에 대해 추측하는 것이 얼마나 가망 없는지가 분명해진다. 우리는 결코 그런 개연성을 확신 있게 평가하기에 적절한 위치에 있지 않다.

3. 기독교적인 유신론은 하나님과 악의 공존 가능성을 높이는 교리를 수반한다. 반론을 제기하는 이들은 하나님이 존재한다면 세상이 현재 세상에 존재하고 있는 악을 안고 있을 개연성이 낮다고 주장한다. 그러한 주장에 대응해서 그리스도인은 하나님이 존재할 경우 악이 존재할 확률을 높이는 경향이 있는 다양한 가설을 제시할 수 있다. 이를 식으로 'P(악|하나님&가설) 〉 P(악|하나님)'과 같이 나타낼 수 있다. 그리스도인은 특정한 기독교의 핵심 교리에 호소해서 악이 기독교적인 유신론에서는 내용이 빈약한 유신론에서와 같이 그렇게 개연성이 낮지 않다는 점을 보여줄 수 있다. 예를 들어 그리스도인은 다음과 같은 가설들에 호소할 수 있다.

인생의 최고의 목적은 행복이 아니라 하나님을 아는 지식이다.

인류는 하나님과 그분의 목적에 대해 반역한 상태에 있다.

하나님의 목적은 이생의 삶에 제한된 것이 아니라 무덤 너머의 영생에까지 미친다.

하나님을 아는 지식은 비교할 수 없는 선이다.

이와 같은 교리들을 고려하면 결국 악의 개연성이 아주 낮아 보이지는 않는다. 따라서 확률적인 악의 문제에 대해 단순한 유신론 관점에서 대답하기보다 기독교적 관점에서 대답하기가 훨씬 쉽다. 이 문제는 그리스도인 유신론자에게 내적인 악의 문제로 제기되고 있기 때문에 그(녀)가 반론에 대답할 때 자신의 세계관의 모든 자료를 이용해도 전혀 부당하지 않다.

몰리나주의는 특히 위의 첫 번째 교리에 대한 설명과 관련이 있다. 악의 문제가 매우 다루기 어려워 보이는 이유 중 하나는 사람들이 하나님이 존재한다면 인간의 삶에 대한 하나님의 목적은 이 세상에서의 행복이라고 자연스럽게 가정하기 때문이다. 이 가정에 따르면 하나님의 역할은 인간이라는 자신의 애완동물에게 편안한 환경을 제공해주는 것이다. 그러나 기독교의 관점에서는 이는 잘못된 생각이다. 우리는 하나님의 애완동물이 아니며 인간의 삶의 목적은 행복 자체가 아니라 하나님을 아는 지식인데, 이 지식이 결국 참되고 영원한 인간의 성취를 가져다줄 것이다. 인생에서는 인간의 행복을 가져온다는 목적에 비추어보면 완전히 무의미할 수도 있는 많은 악한 사건이 발생한다. 그러나 그런 악이 하나님에 대한 더 깊은 지식을 가져온다는 목적에 비추어보면 무의미하지 않을 수도 있다.

인간에 대한 하나님의 궁극적인 목적은 하나님 자신에 대한 지식이므로—이 지식만이 피조물에게 영원한 행복을 가져다줄 수 있다—역사는 하나님 나라와 관련하여 고려하지 않으면 참된 관점에서 바라볼 수 없다. 영국의 목사인 마틴 로이드 존스는 이렇게 썼다.

> 세상 역사의 열쇠는 하나님 나라다.…태초부터…하나님은 이 세상에 새로운 왕국을 세우는 일을 해오셨다. 그 왕국은 하나님 자신의 왕국이며 하나님은 사람들에게 이 세상에서 나와 그 왕국으로 들어오라고 부르고 계신다. 그리고 세상에서 일어나는 모든 일은 그 나라와 관련이 있다.…다른 사건들은 그 사건에 영향을 주기 때문에 중요하다. 오늘날의 문제들은 오직 그 나라의 빛에 비추어서만 이해될 수 있다.…
>
> 그러므로 우리는 세상에서 놀라운 일들이 일어나는 것을 보더라도 실족하지 말자. 오히려 이렇게 묻자. "이 사건은 하나님 나라와 어떤 관계가 있는가?" 또는 당신에게 개인적으로 이상한 일들이 일어나고 있다고 하더라도 불평하지 말고 이렇게 말하라. "하나님께서 이 일을 통해 내게 무엇을 가르쳐주고 계시는가?"…우리는 당황해서 하나님의 사랑이나 공의를 의심할 필요가 없다.…우리는…모든 사건을 하나님의 위대하고 영원하며 영광스러운 목적에 비추어 판단해야 한다.[4]

여기에 몰리나주의가 담당하는 중요한 역할이 있다. 자연적인 악과 도덕

4_Martyn Lloyd-Jones, *From Fear to Faith* (London: Inter-Varsity Press, 1953), 23-24.

적인 악은 하나님이 사람들을 자신의 나라로 인도하기 위해 사용하는 수단의 일부일지도 모른다. 이 점은 어떤 공상적인 추측이 아니라 오늘날의 인구 통계 자료에 의해 지지된다.『세계 기도 정보』(Operation World, 죠이선교회 역간) 같은 선교 핸드북을 읽어보면 복음주의 기독교가 가장 빠른 속도로 성장하고 있는 곳은 바로 극심한 고난을 견딘 나라들인 반면, [기독교에 대해] 관대한 서양에서는 성장 곡선이 거의 수평에 가깝다는 것을 알 수 있다. 예를 들어 다음과 같은 보고를 고려해보라.[5]

중국

마오쩌둥의 문화 대혁명 기간에 2천만 명의 중국인이 목숨을 잃은 것으로 추정된다. 그리스도인들은 교회가 지금껏 경험한 아마도 가장 광범위하고 가혹한 박해 가운데서도 꿋꿋이 버텼다. 박해는 교회를 정화하고 토착화시켰다. 1977년 이후 중국에서의 교회 성장은 역사상 유례가 없다. 연구자들은 1990년에 3천만-7천 5백만 명의 그리스도인이 있었다고 추정한다. 마오쩌둥은 자기도 모르는 사이에 역사상 가장 위대한 복음 전도자가 되었다.

엘살바도르

이 나라는 12년 간의 내전, 지진, 주요 수출품인 커피 가격의 붕괴로 빈곤해졌다. 80%가 넘는 국민이 극심한 가난 속에 살고 있다. 그런데 전쟁의 증오와 비통함 속에서 사회의 모든 계층에서 놀라운 영적 수확이 이루어졌다.

5_Patrick Johnstone, *Operation World* (Grand Rapids: Zondervan, 1993), 164, 207-8, 214; Jason Mandryk, *Operation World*, 7판. (Colorado Springs: Biblica, 2010), 393-94, 610, 611, 613.

1960년에 복음주의자는 인구의 2.3%였지만 오늘날은 약 20%다.

에티오피아

에티오피아는 충격에 빠져 있다. 에티오피아 주민들은 억압, 기근, 전쟁으로 인해 수백만 명이 죽은 데서 비롯된 정신적 충격으로 어려움을 겪고 있다. 두 차례에 걸친 사나운 박해의 물결이 교회를 연단하고 정화했지만 많은 순교자가 나왔다. 수백만 명이 그리스도께 나아왔다. 개신교인은 1960년 인구의 0.8퍼센트도 안 되었지만 1990년에는 인구의 13퍼센트가 되었을 수도 있다.

미얀마

미얀마 군사 정권은 "무자비하다"라는 말을 재정의했다. 특정 소수파에 대한 조직적인 폭력 정책은 마을의 파괴, 성폭행, 고문, 주민들의 삶의 터전 상실, 국제적 비난이라는 수확을 거뒀다. 통화 가치는 하락하고 있고, 식량과 연료 가격은 빠르게 상승하고 있으며, 사람들은 근근이 먹고 살면서 저축은 거의 하지 못한다. 주민의 10%는 만성적인 영양실조 상태다. 군사 정권은 기독교(그들은 기독교를 "C-바이러스"라고 부른다)를 파괴하려 하지만, 기독교 신앙은 계속해서 확산되고 있다. 역경, 박해, 고립은 탄력성이 있고 지속되는 신앙을 형성하는 데 도움이 되어왔다. 사이클론 나르기스가 2008년 5월에 이 나라를 할퀴었을 때 폭풍 자체와 그 뒤에 이어진 질병 및 궁핍으로 인해 약 14만 명이 목숨을 잃었다. 그것의 여파는 비극적이었지만 생존자들에게 음식, 물, 옷, 거처, 기타 기본적인 필수품을 제공할 뿐만 아니라 그들의 보다 깊은 경제적, 영적, 심리적 필요를 충족시켜주는 실제적인 사역을 위한 문을 열어 주었다. 많은 그리스도인들의 응답과 많은 불교도들의 열린 마음으로 이 사이클론은 "복된 폭풍"이라고 불리게 되었다. 큰 고통과 탄압 가운데서 기도에 대한 응답으로 교회가 지속적으로 성장하고 있다. 박해, 가난, 고립의 절박함으로 인해 교회가 정화될 수 있게 된 데 대해 하나님을 찬양하라. 진보적인 집단들이 성경적 진리에 더 가까워지고 있고, 나태한 신자들이 보다 역동적인 믿음의 삶으로 인도되고 있다. 미얀마는 고난이 통탄할 대상이기는 하지만 자기 백성을 향한 하나님의 목적을 성취하는 데 어떻게 기여하는지에 관한 고전적인 예다.

아이티

2010년에 발생한 지진은 여러 차원에서 재앙이었다. 그러나 그 지진은 비극에서 소망도 제공한다. 그 지진으로 23만 명이 사망했고, 30만 명이 부상당했으며, 백만 명이 넘는 사람들이 집을 잃었다고 추산된다. 2010년 지진의 비극에 대한 영적인 반응으로 거의 전 세계적으로 기도와 회개, 하나님께 자비와 구원을 비는 간구가 분출했다. 이 재앙에서 하나님은 아이티 주민들 사이에서 무언가 근본적이고 새로운 어떤 일을 하고 계신 것으로 보인다. 어드벤쳐스 미션스(Adventures in Missions)의 세스 반스는 이렇게 보고한다. "그곳에는 무언가 놀라운 일이 벌어지고 있다. 그 일은 내 선교사 경험에서 전례가 없는 일이다.…'부흥'이라는 단어는 우리가 아이티에서 목격한 일을 표현하기에는 너무 작은 용어다. 종종 우리는 '예수는 주님이시다'라고 쓰인 현수막을 들고서 예수의 이름을 찬양하는 사람들의 행렬 때문에 자동차를 운전할 수 없었다. 도처에서 작게는 20명에서 많게는 6만 명까지 모이는 기도회가 열렸다.…3개월 전 아이티의 목사들은…부흥을 위해 기도했다. 그들은 하나님께 그들의 땅을 흔들어달라고 기도했다. 그들은 하나님께 요새를 무너뜨려달라고 기도했다.…이제 이 나라의 영적인 분위기는 완전히 달라졌다. 부두교 사제들이 수백 명씩 그리스도께 자신의 삶을 바쳤다."[6]

도덕적인 악과 자연적인 악은 타락한 인간에 대한 하나님의 계획에서의 구속의 목적에 기여할 수도 있다. 나는 자연적·도덕적인 악으로 가득한 세상에서만 이 세상 인구 중 상당히 높은 비율의 사람이 자유롭게 하나님을 알고 영생을 찾게 되리라는 것이 전혀 개연성이 낮지 않다고 생각한다.

인류의 역사는 고난과 전쟁의 역사였다. 그러나 그것은 또한 하나님 나라 진척의 역사이기도 했다. 그림 1은 1990년에 미국 세계 선교 센터에서 발표한, 수백 년에 걸친 복음주의 기독교의 성장을 보여주는 도표다. (어느 범주도 단지 허울뿐인 그리스도인을 포함하지 않는다. 그런 사람들이 모두 비그리스도인에 포함된다 해도 오늘날에도 여전히 이 세상에는 복음주의적인 신자 한 명당 약 아홉 명의 불신자만 있을 것이다.)

6_ 세스 반스의 이 보고는 존슨 페리 침례교회 선교위원회에 접수되었다.

점점 작아지는 과업

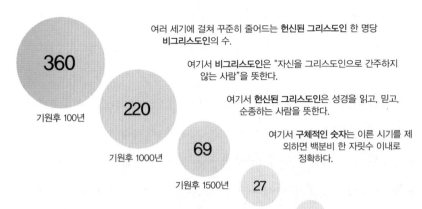

여러 세기에 걸쳐 꾸준히 줄어드는 **헌신된 그리스도인** 한 명당 **비그리스도인**의 수.

여기서 **비그리스도인**은 "자신을 그리스도인으로 간주하지 않는 사람"을 뜻한다.

여기서 **헌신된 그리스도인**은 성경을 읽고, 믿고, 순종하는 사람을 뜻한다.

여기서 **구체적인 숫자**는 이른 시기를 제외하면 백분비 한 자릿수 이내로 정확하다.

360 — 기원후 100년
220 — 기원후 1000년
69 — 기원후 1500년
27 — 기원후 1900년
21 — 기원후 1950년
11 — 기원후 1980년
7 — 기원후 1989년

이 놀라운 숫자들은 어디서 나왔는가?

이 숫자들은 다양한 기여자들에 의해 『세계 기독교 백과 사전』의 저자인 데이비드 바레트 박사가 이끄는 로잔 통계 태스크포스에 제출되었다. 구체적인 숫자들은 아래의 표에 적혀 있다. 오른쪽 열에 있는 숫자들이 위의 도표에서 사용된 숫자들이다.

이 숫자는 위의 도표에 적혀 있는 숫자다. 세계 인구의 급속한 증가에도 불구하고 가장 적실성이 있는 유형의 성장인 헌신된 신자들의 성장으로 측정할 경우, 기독교는 다른 어떤 세계 종교보다 빠르게 성장하고 있다.

1열 시기	2열 비그리스도인	3열 헌신된 그리스도인	놀라운 추세
기원후 100년	180	0.5	360
기원후 1000년	220	1	220
기원후 1500년	344	5	69
기원후 1900년	1,062	40	27
기원후 1950년	1,650	80	21
기원후 1980년	3,025	275	11
기원후 1989년	3,438	500	7
	위의 숫자는 로잔 태스크포스에 의해 발표되었다. 주: 이 두 열의 숫자의 단위는 백만명이다		(2열 나누기 3열)

그림 1. 역사상 비그리스도인 대 헌신된 그리스도인의 비율. 이 도표는 허가를 받아 *Mission Frontiers* 1990년 11월호(missionfrontiers.org)에서 따온 것이다.

패트릭 존스턴에 따르면 "우리는 유사 이래 가장 많은 사람이 하나님 나라로 모여드는 시대에 살고 있다."[7] 이처럼 놀라운 하나님 나라의 성장이 부분적으로 세상의 자연적·도덕적 악의 존재로 인한 것일 개연성이 전혀 없는 것은 아니다. 중간 지식을 갖고 있는 하나님만이 이런 악들을 통해 사람들이 자유롭게 하나님 나라로 들어오도록 세상을 섭리적으로 배열할 수 있을 것이다.

이러한 고려 사항들을 종합해보면 세상에 하나님과 악이 공존할 개연성이 없지 않다. 중간 지식은 하나님이 자유로운 피조물들의 세상을 악이 정당하게 허용될 수 있게끔 섭리적으로 배열하는 것을 촉진할 것이다.

(2) 외적인 악의 문제

지금까지 논의한 악의 문제의 형태들은 그리스도인들이 유지하고 있는 두 가지 믿음, 즉 하나님이 존재한다는 믿음과 세상은 우리가 목격하고 있는 악을 포함하고 있다는 믿음이 서로에 대해 조화되지 않거나 개연성이 낮음을 입증하려고 노력했다. 무신론자 대다수는 지금은 그러한 전략을 포기했다. 그 대신 그들은 무의미하고 불필요해 보이는 세상의 악은 하나님의 존재를 반박하는 **증거**라고 주장한다. 즉 그들은 다음 두 명제가 서로 모순된다고 주장한다.

7_ Johnstone, *Operation World*, 25. *Operation World* 최신판에 따르면 복음주의 기독교는 다른 어떤 세계 종교나 세계 종교 운동보다도 빠르게 성장하고 있다. 복음주의자들은 1960년에 8900만 명, 즉 세계 인구의 2.9%였는데 2010년에는 5억 4600만 명, 즉 7.9%에 달했다(Mandryk, *Operation World*, 6).

(6) 전능하고 무한히 자애로운 하나님이 존재한다.

(7) 쓸데없는 악이 존재한다.

이 형태를 외적인 악의 문제라고 부르는 이유는 그리스도인은 자신의 세계관으로 인해 (7)이 참이라고 인정할 필요가 없기 때문이다. 그리스도인은 **악이 존재한다**는 사실은 인정하지만 **쓸데없는 악이 존재한다**는 점은 받아들이지 않는다. 따라서 이의를 제기하는 사람들은 (기독교적) 유신론에 반대하는 다음과 같은 형태의 주장을 제시한다.

(8) 하나님이 존재한다면 쓸데없는 악은 존재하지 않는다.

(9) 쓸데없는 악이 존재한다.

(10) 그러므로 하나님은 존재하지 않는다.

핵심적인 문제는 (9)에 대해 제시된 근거일 것이다. 유신론자는 우리가 세상에서 목격하고 있는 많은 악은 무의미하고 불필요하며 따라서 쓸데없어 보인다는 점을 기꺼이 인정할 것이다. 그러나 유신론자는 이의를 제기하는 사람이 쓸데없어 보이는 악의 외양에서 쓸데없는 악의 실재를 추론하는 데 도전할 것이다. 여기서도 몰리나주의는 내적인 악의 문제의 확률적인 형태와 관련이 있었던 것과 똑같은 방식으로 외적인 악의 문제와 관련이 있을 것이다. 이의를 제기하는 무신론자는 우리가 하나님이 특정한 악한 사건이 발생하도록 허용할 도덕적으로 충분한 이유를 알아내지 못한다면 그런 이유가 없을 개연성이 높다고—즉 그와 같은 악은 쓸데없다고—가정해야 한다. 그러나 우리는 우리 편에서의 그러한 확률 판단이 얼마나 불확실하고 근거가 약한지를 이미 살펴보았다. 우리가 다양한 악의 발생을 도덕적으로 정당화하는 이유를 알아내지 못한다고 해서 중간 지식을 갖고 있는 하나님께 우리가 세상에서 목격하고 있는 악을 허용할 도덕적으로 충분한 이유가 없다고 생각할 근거가 제공되지는 않는다.

우리는 또한 전제 (8) 자체가 명백히 참은 아니라는 점도 주목해야 한다. 몇몇 유신론자들은 하나님이 세상의 선함을 줄이지 않고서도 이러 저러한 특정한 악을 제거할 수도 있지만 그럼에도 불구하고 세상의 선함이 손상되지 않으려면 세상에 일정한 양의 쓸데없는 악이 존재해야 한다고 주장해왔다. 따라서 어떤 특정한 악이 쓸데없는 악일 가능성이 있다 하더라도 그것이 유신론에 불리하게 영향을 주지 않을 것이다.

이 지점에서 신의 중간 지식과 관련된 고려 사항들도 대두된다. 인식 론적으로 볼 때, 쓸데없는 자연적·도덕적 악이 존재하는 세상에서만 피 조물의 자유의 허위 조건들이 참이어서 하나님이 최적의 수의 사람들을 자유롭게 구원과 하나님 자신에 대한 지식으로 인도할 수 있다. 무신론자 는 그런 경우에 그 악들은 사람들의 영원한 구원을 확보하는 더 큰 유익 에 기여하므로 결국은 참으로 쓸데없는 것이 아니라고 말할지도 모른다. 그러나 우리가 그런 종류의 더 큰 유익이 몇몇 악의 쓸데없음을 논박하 도록 허용한다면, 무신론자가 참으로 쓸데없는 악이 존재한다는 것을 입 증하기가 훨씬 더 어려워질 것이다. 역사에 대한 하나님의 섭리적 계획에 서 무엇이 가장 많은 사람들의 궁극적인 구원에 기여하거나 기여하지 않 는지를 그가 어떻게 추측할 수 있겠는가?

2. 악의 감정적인 문제

내적 형태든 외적 형태든 간에 악의 지적인 문제는 이처럼 만족스럽게 해결될 수 있고 몰리나주의는 이 일을 더 쉽게 만들어줄 것이다. 그런데 우리가 "해결되었다"고 말할 때 그 말은 물론 "철학적으로 해결되었다"는 뜻이다. 이 모든 정신적 수고는 삶에서 어떤 합당하지 않은 악으로 인해 심하게 고통받고 있는 사람에게는 별다른 위로가 되지 못할 것이다. 이 점은 우리를 앞에서 언급한 문제의 두 번째 측면, 즉 악의 감정적인 문제로 이끈다.

많은 사람에게 있어서 악의 문제는 사실 지적인 문제가 아니라 감정적인 문제다. 그들은 내적으로 상처를 받고 있고, 아마도 자신이나 다른 사람들이 그렇게 큰 고통을 받도록 허용하는 하나님에 대해 분개할 것이다. 그들에게는 악의 문제에 대한 철학적인 해법이 있다는 것은 아무 상관이 없다. 그들은 그런 것에 신경 쓰지 않으며 우리가 세상에서 발견하는 것과 같은 고통을 허락하는 하나님을 한사코 거부한다.

나는 몰리나주의가 악의 감정적인 문제로 고통당하는 사람들에게 감정적인 위로가 될 수 있다고 생각한다. (적어도 내게는 그렇다!) 몇몇 열린 유신론자들은 어떤 사람들은 '하나님이 이 세상을 섭리적으로 통제하지 않으며 따라서 하나님이 그들에게 닥친 악을 계획한 책임을 질 수는 없다'고 생각함으로써 진정한 위로를 받는다고 주장한다. 나는 몇몇 사람들이 왜 악과 고통과의 싸움에서 자기 편이 되어 주는데 나쁜 일들이 다가오고 있는 것을 알지 못했다는 이유로 비난받을 수는 없는, 인지적 한계가 있는 슈퍼맨이 존재한다는 생각에 위로를 받는지 이해할 수 있다. 그러나 나는 그런 사람들이 실제로 열린 유신론이라는 대안을 충분

히 생각해봤는지 궁금하다. 천재가 아니더라도 어떤 끔찍한 도덕적 악이
나 자연적인 악이 곧 발생할 것이라는 점을 알 수 있는데, 인지적 한계가
있는 슈퍼맨이라면 흔히 그런 악을 방지하거나 중단시키지 않은 데 대한
책임이 있어 보일 것이다. 쓸데없어 보이는 악은 중간 지식이 없다면 실
제로 쓸데없을 가능성이 훨씬 높다. 그러나 중간 지식을 갖고 있는 하나
님이 우리의 삶에 몇몇 끔찍한 악한 사건이 발생하도록 허용한다면, 우리
는 하나님께는 그렇게 할 도덕적으로 충분한 이유가 있다는 것을 알기에
위로받을 수 있고 따라서 하나님을 신뢰할 수 있다.

내 친구인 크리스 섀넌도 그런 사람이다. 크리스는 작년에 그의 어린
딸이 학교에서 사고로 손의 일부를 잃었을 때 엄청난 충격을 받았다. 그
는 내게 이렇게 말했다. "내가 생각하기에 내가 완전히 미치지 않도록 지
켜준 유일한 요소는 내가 그리스도인으로서 이 세상에 있는 악과 고난의
문제 및 하나님께서 이 문제와 어떻게 관련되어 있는지를 공부했었고, 그
래서 처음의 감정적인 충격 뒤에 지적으로 이 문제를 다룰 준비가 되어
있었다는 사실이라네." 이 문제에 관한 문헌을 다시 살펴보다가 크리스
는 다음과 같은 사실을 발견했다.

이 문제에 대한 몰리나주의의 관점은 성경적이고 그럴듯하고 매우 위로가
된다네. [이] 관점에 따르면 하나님께서는 모든 사람이 자기가 처해 있는 상
황에서 자유롭게 어떻게 행동할지에 관한 지식인 중간 지식을 갖고 계신다
네. 그래서 하나님께서는 사람들의 수많은 자유로운 모든 선택이 인간을 위
한 하나님의 계획이 실현되는 결과를 가져오는 세상을 창조하기로 작정하
셨지. 이것은 사람들에게 악을 행하거나 선을 행할 자유가 있고 하나님께서

는 악의 창시자가 아니라는 뜻이야. 그분께는 인간의 자유가 매우 중요해서 하나님께서는 비록 그 자유가 필연적으로 우리에게 나쁜 일들이 일어나게 할지라도 자유를 가진 사람들을 창조하셨어. 하지만 중간 지식을 갖고 있는 하나님께서는 나쁜 일들에서 선을 가져오실 수 있다네.…나는 나처럼 그런 어려운 상황을 겪고 있는 사람들을 도와주고 그런 상황을 사용해서 우리를 하나님께 더 가까이 이끌기 위해…철학자들과 신학자들을 통해서 지적인 자원을 공급한 하나님께 감사한다네.[8]

나는 사람들이 왜 모든 것을 결정하는 개혁신학의 하나님보다 인지적 한계가 있는 슈퍼맨을 선호하는지 이해할 수 있다. 그들에게는 하나님의 직접적인 뜻과 허용적인 뜻의 차이에 대해 말하는 것이 무의미해진다. 그러나 몰리나주의의 하나님은 우리가 관여하고 있는 죄 및 고통과의 싸움이라는 동일한 싸움에 관여한다. 하나님은 그분이 받은 카드 패를 가지고 카드 게임을 해야 한다. 하나님도 세상을 오염시키는 악에 대해 슬퍼한다. 몰리나주의에서의 차이는 하나님은 우리 삶에 도덕적으로 충분한 이유가 없는 고난이 들어오도록 허용하지 않을 것이라는 점이다.

8_ Chris Shannon이 William Lane Craig에게 보낸 2015년 1월 29일자 편지.

결론

조지 베일리는 신의 중간 지식을 고려하면 하나님의 관점에서 볼 때 삶은 단점과 실망에도 불구하고 결국은 아주 멋진 것이라는 사실을 발견했다. 물론 모든 사람이 그렇게 말할 수 있는 것은 아니다. 토머스 홉스가 말했듯이 너무도 많은 사람들에게 삶은 가련하고, 심술궂고, 잔인하고, 짧다. 그러나 그 경우에도 우리는 그러한 고난은 하나님이 도덕적으로 충분한 이유로 허용할 때에만 발생하며 순수한 기쁨으로 가득한 영원한 삶의 전주곡일 뿐이라는 위로를 얻을 수 있다.

3장
열린 유신론 관점

윌리엄 해스커

우리는 왜 악에 대해 글을 쓰지 않을 수 없다고 느끼는가? 나는 악이 본질적으로 우리에게 매력적이고 매혹적이기 때문이 아니기를 바란다. 악에 대한 글을 쓰는 데는 그보다 나은 적어도 세 가지 이유가 있다. 한 가지 이유는 많은 사람, 아마도 우리 모두가 언젠가 우리의 삶에서 및 우리와 가까운 사람들의 삶에서 악의 힘에 억눌려본 적이 있고, 우리가 모종의 의미나 위로를 찾고 있기 때문일 것이다. 우리 그리스도인들은 선하고 자애로운 하나님이 창조하고 다스리는 세상에서 악이 차지하는 것처럼 보이는 위치—놀라울 만큼 크고 두드러진 위치—에 대해 묻지 않을 수 없다고 느낀다. 그리고 마지막으로 우리는 악이 존재하고 횡행한다는 사실에서 하나님과 우리를 위한 하나님의 선한 목적을 믿지 못할 강력한 이유를 발견하는 사람들—철학자들뿐만 아니라 철학에 별로 영향을 받지 않은 평범한 사람들도 포함한다—이 아주 많다는 사실을 직면한다.

이 마지막 이유, 즉 악의 존재를 근거로 하는, 하나님이 존재하지 않는다는 주장 때문에 이 책과 같은 많은 책이 쓰였다. 그러나 다른 두 이유도 비록 이 이유와 구분되기는 하지만 이 이유와 무관하지는 않다. 때로는 하나님이 창조한 세상에서 악이 차지하는 위치에 대해 아무런 일반적인 설명도 하지 않고 악을 근거로 한 논증을 봉쇄할 수 있을지도 모른다. 그러나 그러한 논증에 대한 가장 만족스런 대응에는 그 상황에 대한 모종의 전반적인 관점이 포함되어야 한다는 점은 분명해 보인다. 이러한 특징이 결여된 "방어"는 만족스럽지 못한 경향이 있다. 그리고 고통당하고 있는 이들에게 위로를 제공하는 목회적 과업은 악에 대한 이론적 설명을 제공하는 철학적·신학적 과업과 구별된다는 점도 분명하다. 그럼에도 그 둘은 무관하지 않다. 악이 존재하는 이유와 악이 세상에서 차지하는 위치에 대한 우리의 전반적인 이해는 자신의 삶에서 발생하는 악을 받아들이는 법을 배우는 데 도움이 될 수도 있고 방해가 될 수도 있다.[1] 그러나 그러한 고려 사항에 대한 개인적인 반응이 매우 다양하다는 사실로 인해 상황이 복잡해진다. 어떤 사람은 위로가 되고 힘이 된다고 여기는 신적 섭리 및 악에 대한 일반적인 관점을 또 다른 사람은 불쾌하고 문제를 악화시키는 것으로 받아들일 수도 있다.[2] 여기서도 다른 곳에서와 마찬가지로 우리는 우리가 능력껏 최선을 다해 계속 진실을 추구할 때도 논란

1_ 그 두 과업의 차이는 C. S. Lewis가 쓴 두 권의 책에 분명히 나타난다. *The Problem of Pain*(New York: Macmillan, 1947, 홍성사 역간 『고통의 문제』)은 *Miracles*(홍성사 역간 『기적』)나 *Mere Christianity*(홍성사 역간 『순전한 기독교』)와 같은 Lewis의 다른 책들과 비교할 만한 변증적인 저작이다. 그 책과 대조적으로 *A Grief Observed*(New York: Seabury, 1969, 홍성사 역간 『헤아려 본 슬픔』)는 Lewis가 자기 아내인 Joy가 암으로 사망하여 큰 슬픔을 느끼는 극심한 고통 속에서 집필했다. 이 두 책의 내용은 궁극적으로 조화를 이루지만, 이해할만하게도 그 어조는 사뭇 다르다.

2_ 이 점은 Richard Rice의 탁월한 책 *Suffering and the Search for the Meaning: Contemporary Responses to the Problem of Pain*(Downers Grove, IL: IVP Academic, 2014, CLC 역간 『깊은 고난: 고난의 의미에 대한 7가지 접근』)에 잘 나타나 있다. Rice는 고통의 문제에 대한 일곱 가지 철학적, 신학적 답변을 공평하게 살펴보면서 각각의 경우에 그 접근법이 어떻게 몇몇 고통당하는 사람들에게는 위로를 주지만, 수수께끼와 답변되지 않은 문제들도 남겨놓는지 보여준다.

의 여지가 없는 증거가 나와서 의견 일치를 이루게 될 가능성이 낮다는 점을 인정할 필요가 있다.

　악을 근거로 한 논증은 먼저 관심 대상인 몇몇 특정한 악이나 악의 범주를 적시하고, 그다음에는 다양한 전제들을 통해 선한 하나님이라면 그런 악한 사건이 발생하도록 허용하지 않았을 것이라는 결론으로 나아간다. 이 논증은 그런 악이 존재하므로 하나님은 존재하지 않는다고 주장한다. 그러한 논증에 대응하는 두 가지 주된 방식이 있다. 가장 분명한 대응은 하나님께는 문제가 되고 있는 그 악을 허용할 도덕적으로 충분한 이유가 있음을 보여주는(또는 적어도 그것을 그럴법하게 해주는) 상황에 대한 설명을 제공하고, 이를 통해 그 논증에서 설득력을 빼앗는 것이다. 그런 대응은 전통적으로 "하나님에 대한 정당화"를 의미하는 그리스어 단어에서 온 용어인 **신정론**(*theodicy*)이라고 불린다. 그러나 또 다른 종류의 대응은 하나님이 악을 허용할 도덕적으로 충분한 이유를 적시하지 않는다. 대신 이 대응은 악을 근거로 한 논증을 다른 방식으로, 흔히 하나님은 문제의 악한 사건이 발생하도록 허용하지 않을 것임을 보여주는 데 사용되는 한 가지 이상의 전제들에 이의를 제기함으로써 그 논증을 봉쇄한다. 그러한 대응은 신정론과 대조적으로 **변호**(defense)라고 불린다.[3] 변호는 신정론보다 부담이 적다는 이점이 있다. 변호는 하나님이 어떤 악한 사건

3_ 몇몇 저자들은 **변호**라는 말을 여기서의 정의와 다르게 사용한다. 어떤 경우에는 철학자가 만일 그것이 사실이라면 하나님께는 이러저러한 악을 허용하는 것이 정당화되는 이유가 있음을 보여줄 시나리오를 제안할 것이다. 그러나 그 시나리오는 사실이 아닐 수도 있다는 점이 인정된다. 그것은 사실이라고 알려져 있지 않지만 거짓이라고 알려져 있지도 않다. 몇몇 철학자들에게는 그런 시나리오가 "변호"로 간주된다. 나는 오히려 이를 신정론을 위한 잠정적 제안이라고 설명하고 싶다.

이 발생하도록 허용할 실제적이거나 가능한 이유에 대해 무언가 말하도록 요구하지 않는다. 그러나 악을 근거로 한 논증에 대응할 때 변호에만 의존할 경우에는 변호는 다른 조건이 동일할 경우 신정론보다 덜 만족스러운 경향이 있다. 우리 가운데 많은 이들은 적어도 제한적으로나마 우리가 사는 세상에 그토록 많은 악이 포함된 이유를 이해하고자 하는 강한 욕구를 갖고 있지만, 변호는 그런 수요를 전혀 충족해주지 않는다.[4] 나는 여기서 신정론의 접근법을 취할 것이다.

이 글은 악의 문제를 **열린 유신론**(open theism)의 관점에서 다루고자 한다. **열린 유신론**이라는 용어는 1994년에 클라크 피노크, 리처드 라이스, 존 샌더스, 윌리엄 해스커, 데이비드 베이싱어가 쓴 『하나님의 개방성: 전통적인 하나님 이해에 대한 성경적 도전』[5]이 출판된 이후로 쓰이게 되었다. 그러나 이 관점의 핵심적인 내용은 다른 많은 철학자들 및 신학자들, 예를 들어 리처드 스윈번의 획기적인 책인 『유신론의 일관성』[6] 등에 의해 이미 옹호되어왔다는 점에 주목해야 한다. 열린 유신론자들의 핵심적인 관심사는 성경에 증언된 하나님의 성품과 활동에 관한 견고한 사실주의를 유지하고, 그러한 관점을 명쾌하고 쉽게 이해되며, 철학적·신

4_Alvin Plantinga의 "free will defense"(*The Nature of Necessity* [Oxford: Oxford University Press, 1974]를 보라)는 이 지점에서 한 가지 흥미로운 경우다. Plantinga는 자신이 신정론이 **아니라** 변호를 제시하고 있다는 점을 매우 분명하게 밝히지만, 많은 비평가들은 그것을 마치 신정론인 것처럼 다루기를 고수해왔다.

5_Clark Pinnock, Richard Rice, John Sanders, William Hasker, and David Basinger, *The Openness of God: A Biblical Challenge to the Traditional Understanding of God* (Downers Grove, IL: InterVarsity Press, 1994).

6_Richard Swinburne, *The Coherence of Theism* (Oxford: Oxford University Press, 1977; 개정판, 1993).

학적으로 변호할 수 있는 틀 안에서 제시하는 것이다. 우리는 경직된 문자주의를 옹호하지 않는다. 성경에서 하나님에 대해 진술된 많은 내용은 분명히 비유적이며 비문자적인 해석을 요구한다. 그러나 우리는 상당한 지적 훈련이 되어 있어야만 성경의 증언과 조화될 수 있도록 하나님을 극단적으로 추상화함으로써 성경의 증언을 수용하는 것을 방해하는, 몇몇 다른 접근법들에서 발견되는 상황을 피하고자 한다. 내 요점을 분명하게 밝히기 위해 한 가지 예를 제시하겠다. 하나님은 어떤 잠재성(potentiality) 요소도 없는 "순수한 실재"(pure actuality)라는 전통적 관점은 하나님은 할 필요가 없는 많은 일을 했고 실제로는 절대로 하지 않는 다른 많은 일을 할 수도 있다는, 성경에 근거한 주장과 조화시키기가 매우 어렵다. 이것은 단지 전통적인 신학에서 흔하게 펼치는 몇 가지 주장 중 열린 유신론 옹호자들에게 거부되는 주장의 하나일 뿐이다.

열린 유신론자는 하나님에 대해 적극적인 관점에서 뭐라고 진술하는가? 우리는 안셀무스를 따라서 하나님은 능력, 지혜, 사랑에 있어서 절대적으로 완벽하다는 입장을 유지한다. 일반적으로 하나님은 "그분이 어떤 분이든 존재하지 않는 것보다는 존재하는 것이 낫다." 열린 유신론자와 좀 더 전통적인 관점의 차이는 하나님은 완벽하다는 진리가 아니라 그 완벽함이 어디에 있는가라는 문제와 관련이 있다. 우리는 하나님은 시간을 초월한다(timeless)는 의미에서가 아니라 영원히 존재한다(everlastingness)는 의미에서 영원하다고 말한다. 하나님은 언제나 존재해 왔고 언제나 존재할 것이다. 하나님은 본성에서는 변할 수 없지만, 정서 상태를 포함한 상태의 변화를 겪는다. 하나님은 우리가 번영할 때 진정으로 기뻐하고 우리가 고통당할 때, 특히 우리가 스스로 초래한 하나님으로부터의 소외로 인해 고통을 겪을 때 슬퍼한다. 클라크 피노크의 말을 빌리면 하나님은 부동의 동자(Unmoved Mover)가 아니라 "가장 많이 바뀐 동자"(Most Moved Mover)다.[7] 하나님의 **관계성**은 매우 중요하다. 하나님은 자신의 피조물인 우리와 "참으로 관련이 있고", 우리는 참으로 그분과 관련이 있다.

확실히 이 중 대부분은 그와 같은 역동적이고 관계적인 하나님 개념을 마음에 들어 하는 다른 그리스도인 유신론자들도 공유한다. 열린 유신론의 가장 독특한 교의이자 이 관점에 관한 많은 논쟁을 낳은 교의는 역동적 전지(dynamic omniscienc, 이 용어는 존 샌더스에게서 비롯되었다), 특히 미래에 관한 하나님의 지식의 역동적 전지 개념이다, 우리는 미래에 관한 일의 (전부가 아닌) 대부분이 하나님께 **일어날 수도 있는 일**과 **아마도 일어날 일**로 알려져 있지만 **반드시** 발생할 일로 알려진 것은 아니라는 입장을 취한다. 그리고 이 점은 신적 섭리와 악의 문제에 중요한 함의가 있다. 즉 이는 하나님이 위험을 무릅쓰는 존재(risk taker)라는 뜻이다. 하나님이 자유로운 의사 결정을 하는 자신의 피조물들과 관련된 어떤 특정한 상황을 일으키기로 결정할 때, 하나님조차도 그 피조물들이 어떻게 반응할지 확실하게 알지는 못한다. 그들이 하나님이 자기들에게 의도하고 바라는 대로 반응하지 않을 진정한 가능성이 있다. (물론 성경에는 이런 일이 가능할 뿐만 아니라 실제로 종종 일어나고 있음을 암시하는 구절이 많이 있다.)

따라서 이 글에서 열린 유신론과 조화를 이루는 신정론을 제시하는 것이 내 과제다. 나는 이 책에서 다른 기고자들이 제시하는 것과 같

7_Clark H. Pinnock, *Most Moved Mover: A Theology of God's Openness* (Grand Rapids: Baker, 2001).

은, 악의 문제를 다루기 위한 다른 제안들과의 이견(異見)에 초점을 맞추지 않을 것이다. 그런 문제들은 주로 다른 기고자들에 대한 답변에서 다룰 것이다. 그러나 여기서 앞으로 어떤 종류의 신정론을 제시할지에 대해 좀 더 말해둘 필요가 있다. 신정론은 논쟁 대상인 악의 존재를 정당화하는 이유―그런 이유를 구할 수 있다면 하나님이 악을 허용하는 것이 도덕적으로 정당화될 수 있고, 하나님의 존재나 그분의 선하심을 불신할 이유가 되지 않는 이유―를 제시함으로써 악을 근거로 한 논증에 답변한다. 신정론자는 제시된 이유가 하나님이 악을 허용한 실제 이유라고 주장할 필요는 없으며, 그것은 흔히 지혜롭지 못하다. 제시된 이유가 진정한 이유일 수도 있고 아닐 수도 있다. 이제 하나님이 악을 허용하는 것을 정당화하는 이유는 본질적으로 하나님이 논쟁 대상인 악을 허용함으로써 가능해진 몇몇 선이나 피해진 몇몇 악으로 이루어져 있다. 그러나 이런 선이나 피해진 악은 두 종류일 수도 있다. 하나님이 허용한 악이 플로리다의 대서양 해안선을 강타하여 재산 피해와 인명 손실을 가져온 대형 허리케인이라고 가정해보자. 신정론자는 그러한 허리케인이 이따금 발생하는 것은 지구라는 행성의 전반적인 기후계, 즉 오랫동안 지표면의 많은 부분에서 인간을 포함한 모든 종류의 생물의 번성에 도움이 되는 조건을 산출하는 기후계의 불가피한 결과라는 점을 지적하는 식으로 답변할 것이다. 이런 종류의 고려 사항에 의존하는 신정론을 **일반 정책 신정론**(general-policy theodicy)이라고 부르자. 이 신정론은 하나님이 특정한 악을 허락하는 것을 현명하고 자애로운 하나님이 채택할 만한 일반적인 정책의 결과라며 정당화한다.

또는 신정론자가 이와 다른 방향을 택할 수도 있다. 신정론자는 하나님이 그 허리케인을 허용한 것을 정당화할 때 지구의 기후 시계 유지와 같은 일반적인 정책이 아니라 문제의 특정한 허리케인으로 초래된 구체적인 유익이나 그로 인해 회피한 피해에 호소할 수도 있다. 이런 종류의 신정론을 **구체적 유익 신정론**(specific-benefit theodicy)이라고 부르자. 이 두 종류의 신정론 사이의 관계를 주의 깊게 고찰할 필요가 있다.[8] 어떤 의미에서는 확실히 그 둘 사이에 어떤 모순도 없다. 그 허리케인의 발생이 지구 기후계와 관련된 현명하고 자애로운 정책의 결과인 동시에, 하나님이 그 허리케인을 허용함에 따라 유익이 얻어지거나 해악이 방지되었는데 그것이 발생하지 않았더라면 그런 결과를 얻지 못했을 가능성도 충분히 있다. 그러나 다음의 질문을 고려해볼 필요가 있다. **하나님이 특정한 악을 허용하는 것을 정당화할 때, 그 악이 지혜롭고 선한 하나님이 채택할 만한 일반적인 정책의 결과라는 점으로 충분한가? 아니면 하나님이 이 특정한 악을 허용함으로써 하나님이 그 악을 막았더라면 얻을 수 있었을 어떤 결과보다도 나은 결과가 나와야 하는가?** 이 질문에 대한 대답은 신정론의 활동 방법에 중대한 영향을 준다. 첫 번째 질문에 대해 '그렇다'라고 답변한다면 엄밀하게 말하자면 신정론은 하나님이 특정한 경우의 악을 허용함으로써 가져오는 유익한 결과에 **호소할 필요가 전혀 없다.** 만일 논의 대상인 악이 그 자체로 지혜롭고 선한 일반 정책의 결과라면 그것은 신정론이 다루는 문제에 대한 충분한 답변이다. 확실히 유익한 구체적인 결과가 있다면 그것은 **악에서 선을 이끌어낼** 수 있는 하나님의 능력에 대

8_ 여기서 전개한 개념들은 James Keller의 몇몇 언급에 의해 제안되었다. 그의 저서 *Problems of Evil and the Power of God* (Aldershot, UK: Ashgate, 2007), 5장을 보라.

한 하나의 예를 제공할 수 있으며, 이 주제는 하나님과 악의 관계에 대한 기독교의 이해에 있어서 중요한 요소다. 그러나 신정론은 그 과업을 달성하기 위해 그런 유익에 의존할 필요가 없다.

다른 한편으로 성공적인 신정론은 고려 대상인 특정한 악에서 나오는 구체적인 유익이 존재할 것을 요구한다고 가정해보자. 이 경우 신의 일반 정책에 호소하는 것은 하나님이 특정한 악을 허용하는 것을 정당화하기에 **결코 충분하지 않을 것이다.** 그렇다고 해서 그런 정책에 대한 논의가 전혀 의미가 없다는 뜻은 아니다. 구체적 유익 신정론자는 하나님이 세상을 다스릴 때 따르는 일반 정책이 전체적으로 지혜롭고 유익함을 보여주는 논증을 환영할 수도 있다. 그러나 이런 종류의 어떤 논증도 선한 하나님이 도덕적으로 이 특정한 악을 허용하지 말았어야 한다는 도전을 논박하기에는 부족하다.

하나님을 위험을 무릅쓰는 존재로 이해하는 열린 유신론의 신정론이 일반 정책 신정론이어야 한다는 점은 명백하다. 많은 경우에 하나님은 특정한 행동 방침의 결과가 어떻게 될지 확실하게 알 수 없으므로, 하나님이 몇몇 악을 허용하는 것에 대한 정당화를 논리적으로 알려질 수 없는 어떤 요소에 의존하게 할 수 없다. 하나님이 위험을 무릅쓰지 않는 존재라고 보는 신정론은 구체적 유익 신정론이어야 한다는 점도 거의 마찬가지로 분명하다. 자신이 몇몇 악을 허용한 결과가 어떠할지를 미리 정확히 아는 하나님이 그 지식을 무시하고 오로지 일반 정책에 대한 고려에 근거해서 악을 허용하리라고 생각할 수 없다. 나는 구체적 유익 접근법은 바로 앞에서 언급한 생각을 포용하는 견해에 심각한 어려움을 초래한다고 생각하지만, 여기서 이 주제를 다루지는 않을 것이다.

그렇다면 우리는 하나님이 세상을 다스릴 때 어떤 종류의 정책을 따른다고 가정해야 하는가? 이 질문에 대답할 때 **도덕적인 악**과 **자연적인 악**을 구분하면 유익하다. 도덕적인 악은 도덕적으로 책임이 있는 행위자의 도덕적으로 잘못된 선택 안에 존재하거나 거기서 비롯되는 악이다. 이와 대조적으로 자연적인 악은 자유로운 피조물의 도덕적으로 잘못된 행동은 중요한 역할을 하지 않고, 자연적 원인의 작용에서 비롯되는 다양한 종류의 해악—고난, 질병, 죽음—으로 구성되어 있다. 그 둘을 구분하기가 언제나 명확한 것은 아니다. 어떤 허리케인의 피해가 미리 합리적인 준비를 하지 않은 인재의 결과로 커진 상황을 고려해보라. 그럴지라도 이 둘의 구분은 중요하며, 그런 구분의 관점에서 우리의 논의를 구성하면 유용할 것이다.

자연적인 악과 자연 질서 신정론

우리는 먼저 자연적인 악에 대한 신정론을 제시한다. 이 신정론은 먼저 세상의 매우 일반적이고 구조적인 몇몇 특징을 제시한다.[9] 이러한 특징들은 우리가 살고 있는 세상에서 추출한 것이지만, 그 특징들은 다양한 범위의 가능한 우주 전반에 적용할 수 있을 만큼 충분히 일반적이다. 나는 우리가 이런 특징들을 지닌 세상이 존재하는 것은 **좋은** 일임을 알 수

9_이 글의 남은 부분의 내용은 대부분 *The Triumph of God over Evil* (Downers Grove, IL: IVP Academic, 2008), 5장과 6장에서 채택했다.

있다고 주장한다. 나는 이어서 다양한 형태의 자연적인 악이 이러한 구조적인 특징들의 결과로 발생한다는 점을 지적할 것이다. 세상이 이런 구조적인 특징들을 지닌 채 존재한다는 것이 좋은 일이라면 자연적인 악이 존재하도록 허용되는 것도 정당화될 수 있다. 자연적인 악은 말하자면 그러한 세상이 존재하기 위한 입장료다.

첫째, **세상이 존재하는 것은 좋은 일이다.** 여기서 **세상**이라는 말은 ─ 하나님이 존재한다면 하나님은 제외하고 ─ 존재하는 구체적인 것들 전체를 의미한다. 그리고 세상이 존재하는 것은 좋은 일이라는 말은 곧 어떤 세상이라도 존재하는 대신 절대적으로 아무것도 존재하지 않는 것 ─ 이 경우에도 하나님이 존재한다면 하나님은 제외하고 ─ 이 더 좋지는 **않을** 것이라는 뜻이다. 세상이 존재하는 것은 좋은 일이라고 말하는 것은 존재의 가치를 지극히 최소한으로 인정하는 것이다. 이렇게 긍정하기를 거부하는 것을 추상적으로 상상할 수는 있지만 그것은 완전한 허무주의의 표현일 것이다. 우리 대다수에게 그러한 거부는 단지 타당해보이지 않을 뿐만 아니라, 사실상 상상할 수 없으며 어떤 의미에서도 살아 있는 대안이 아니기를 바란다. 세상이 존재하는 것은 좋은 일이라는 점은 당연히 이 세상과는 아주 다른 세상이 존재한다면 더 좋을 것이라는 견해와 양립할 수 있으므로, 이는 우리의 신정론의 목표를 향한 작은 첫걸음에 불과하다.

내 두 번째 주장은 다음과 같다. **복잡한 다단계의 자연적인 세상이 존재하는 것은 좋은 일이다.** 이 명제는 그 자체가 아주 복잡하지만 그 다양한 구성 요소들을 별도로 고려하기는 쉽지 않다. 세상이 **복잡하다**는 말은 세상이 상호작용하며 다양한 일들을 하는 다양한 실체들과 실체들의 종류를 포함한다는 말이다. 세상이 **다단계**(multileveled)라는 말은 곧 실체들이 그 내적인 구조와—더 중요하게는—인과 관계상의 힘 모두에서 복잡성 정도가 다양하다는 뜻이다. 그 구조와 힘에 있어서 보다 복잡한 실체는 그로 인해 덜 복잡한 실체보다 "더 높다." 세상이 **자연적**이라는 말은 곧 실체들이 다른 어떤 아마도 "더 높은" 존재의 조종을 받는 것이 아니라 자신의 내재적인 인과 관계상의 힘에 따라 행동하고 상호작용한다는 말이다. (인형극과 자연스럽게 상호 작용하는 인간 및 동물 집단 사이의 차이를 생각해보라. 물론 인형극의 매력은 꼭두각시들이 솜씨 있게 다뤄지면 그런 자연스런 상호 작용의 여러 측면을 흉내낼 수 있다는 사실에 놓여 있다.)

앞에서 언급한 특징 중에서 세상은 **다단계**라는 개념은 특히 더 알아볼 필요가 있다. 이 특징을 보이지 않는 세상은 구조의 복잡성과 인과 관계상의 힘의 복잡성이라는 측면에서 모두 동일한 수준에 있는 실체들로 구성되어 있을 것이다. 한쪽 극단에서는 이는 단순히 존재할 수 있는 가장 단순하고 가장 기초적인 물체인 "원자들"의 세상일 수도 있다.[10] (그런데 이런 세상은 오로지 원자들로만 **구성된** 세상과는 다르다. 그런 세상은 매우 복잡한 구조를 포함할 수도 있다. 여기서 그런 가능성에 반대하는 아무것도 말하지 않는다.) 나는 개별적인 원자들로만 구성된 세상은—거기에 흥미를 느끼거나 지루해할 존재가 있다면—재미없고 심지어 지루할 것이라는 판단에 대해 많은 반론이 있을 것이라고 생각하지 않는다. 또 다른 극단은 조지 버클리가 말하는 세상과 같이 오로지 이성적인 영혼으로만 구성된 세상일 것

10_ 현대 과학의 원자는 물론 기초적인 물체가 아니라 복잡한 내부 구조를 갖고 있다. **원자**라는 단어는 여기서 단순히 물리적 실체의 가장 단순한 기초적인 구성 요소(그 구성 요소들이 실제로 무엇이든 말이다)를 표현하기 위해 사용된다.

이다. 그러나 버클리의 세상은 수많은 덜 복잡한 실체들의 **조직적인 환영** (systematic illusion)을 포함하며, 이를 통해 그런 이성적인 영혼들에게 행동하고 상호작용할 무대를 제공한다. 긍정적인 용어로 말하자면, 세상은 다단계여야 한다는 개념은 하나님과 모든 피조물을 연결하는 것으로 여겨진 "거대한 존재의 사슬"의 의미에 대해 뭔가를 포착한다. 전체가 완전해지려면 형이상학적 탁월함의 모든 단계―"[존재의] 사슬에서의 연결고리" 전체―가 채워질 필요가 있었다.[11]

원자로만 이루어진 세상에 대한 고찰은 세 번째로 필요한 것을 암시한다. 즉 **세상이 지각 있고 이성적인 생물들을 포함하고 있는 것은 좋은 일이다.** 원자만으로 이루어진 세상에 대해 생각할 때 우리는 세상에 어떤 가치가 부여될 수 있다는 개념이 말이 되기 위해서는 최소한 하나의 이성적 존재(아마도 창조자)를 상상해야만 했다. 그러나 세상이 좋다면(선하다면) 세상의 거주자들이 그렇다고 생각하는 것이 바람직하며, 그들이 세상을 감상하려면 그 평가를 가능하게 해주는 이성뿐만 아니라 광범위한 감각 능력이 필요할 것이다. 이러한 필요 사항 자체는 지각이 있으면서 이성적인 한 종류의 존재만으로도 충족될 수 있다고 생각할 수 있을 것이다. 그러나 다단계의 세상은 감각적·이성적 능력을 다양한 수준으로 갖춘 존재들을 포함해서 세상이 다양한 방식으로 이해되고 인식되게 해줄 것이다.

이 외에도 나는 **세상의 피조물들이 상당한 정도의 자율을 누리는 것은**

11_ 이 원리는 다양한 형태로 플라톤과 플로티노스에서부터 스피노자와 라이프니츠에 이르기까지 많은 철학자들에게서 가정된다.

좋은 일이라는 입장을 유지한다. 몇몇 종교 진영에서는 자율의 평판이 좋지 않은데, 거기에는 그럴 만한 이유가 있다. 자율적이라는 말은 스스로를 다스린다는 뜻인데, 이 말은 흔히 다른 존재에 의한 모든 지배─심지어 창조자에 의한 통치까지─로부터의 자유를 암시하는 것으로 받아들여졌다. 이것은 내가 여기서 옹호하는 종류의 자율이 아니다. 모든 피조물은 각기 그 존재를 최초로 존재하게 된 것에서뿐만 아니라 순간마다 그 존재를 지탱함에 있어서도 창조자에게 전적으로 의존한다. 창조자에게 자신의 피조물을 다스릴 수 있는 권리가 있다는 데는 의문의 여지가 없다. 그러나 확실히 우월한 힘에 의존하며 그 힘의 통제 범위 안에 적절하게 위치해 있는 존재가 그럼에도 불구하고 그러한 힘의 직접적인 통제나 간섭 없이 자신의 내재적 능력에 따라 활동할 자유를 허용받는 상황을 상상할 수 있다. 그리고 이 일이 이루어지는 정도만큼, 그 존재의 본래적 가치는 이런 정도의 독립성이 허용되지 않았을 경우보다 더 분명하게 나타난다. 이 점은 자유 의지가 부여된 사람들의 경우에 가장 분명하지만 이 점을 비인격적인 행위자에게 적용하더라도 상당한 정도의 타당성이 있다. 예를 들어 컴퓨터와 로봇이 지닌 매력의 대부분은 그것들이 지시 없이 자발적으로 행동하여 소설이나 놀라운 결과를 만들어낸다는 인상을 줄 수 있다는 점에서 비롯된다. 이러한 자율성은 만일─우리가 사는 세상에서 그럴 가능성이 높아 보이듯이─자연적인 세상의 근본적인 과정 속에 불확정성이라는 "우연성" 요소가 있다면 추가적인 차원을 획득한다. 그러나 여기서 칭찬하는 자율성은 절대적 자율성이 아니라 상대적 자율성이라는 점을 강조할 필요가 있다. 피조물의 자율적인 활동이 너무 높게 평가되어, 피조물의 고유한 인과 관계상의 힘에 따라 존재를 지탱하는 수준을 넘어서는 창조자의 어떤 특별한 행동도 받아들일 수 없는 것으로 배제되어서는 안 된다.

마지막으로 나는 진화하는 세상, 우주의 구성 요소들의 체계뿐만 아니라 **우주 전체가 내부로부터 발전하며 그것들의 고유한 힘과 잠재력을 활용하는 세상이 존재하는 것은 좋은 일**이라고 주장한다. 이 판단은 명백히 현대 과학에 의존하고 있다. 우리가 세상의 발전 역사에 대해 아는 바가 너무도 적어서 진화하는 세상이 실제적으로 가능하다고 상상할 수 없었기 때문에, 최근까지도 이러한 판단은 쉽게 내려질 수 없었다. 그러나 이제 우리에게는 적어도 세상의 내재적인 경이를 충분히 인식할 수 있을 만큼의 역사가 주어져 있다. 예를 들어 그랜드캐니언의 연속적인 지층들 속에 기록된 수억 년에 이르는 지질학적 역사에 대한 인식으로 인해 그 장엄함이 한층 강화된다. 이 우주론의 황금기에 빅뱅(Big Bang) 이래로 우리 우주가 구성된 천문학적 구조가 밝혀지는 이야기에 경탄하지 않을 사람이 누가 있겠는가? 또한 다윈 이래로—아직 완전하지는 않지만 새로운 발견으로 지속적으로 풍부해진—이 지구상의 생명의 발전에 대한 이야기가 밝혀져왔다. 이것이 사실이라는 데 진지하게 이의를 제기할 수는 없다. 그러나 그것이 사실이라는 것이 **좋은** 일인가? 이런 식으로 전개된 세상이—우리 조상들이 아주 최근까지 그렇게 믿은 것처럼—우주의 주요 특징들과 각종 생물들이 말하자면 창조자에 의해 손으로 만들어진 것보다 더 좋은가? 확실히 모든 사람이 이 점에 동의하지는 않을 것이다. 그러나 나는 이것은 **실제로** 좋은 일이라고 믿으며, 이를 뒷받침하기 위해 그와 비슷한 결론에 도달한 이전 시기의 사상가들의 말을 인용할 것이다. 그러면 헨리 워드 비처의 다음과 같은 말을 고려해보라.

개별 행위들이 설계가 있음을 피력한다면, 내재적인 법칙에 따라 점진적으로 우주 자체를 만든 다음 그 자체의 식물과 동물을 창조한 훨씬 광활한 우주, 너무나 잘 적응해서 도중에 가장 부족한 것들은 제쳐두고 보다 복잡하고 독창적이며 아름다운 결과를 향해 꾸준히 발전해온 우주는 얼마나 더 그러하겠는가! 누가 이 강력한 기계를 설계하고, 물질을 창조하고, 물질에 그 법칙을 부여하고, 그 위에 지구상에 거의 무한한 결과를 가져온 그러한 경향을 새겨놓고, 그 결과들을 완벽한 체계 안으로 통합했는가? 전체의 설계는 소규모의 설계보다 웅장하다.[12]

비처는 물론 다윈주의가 승승장구하던 때에 글을 썼고 자신의 신학을 시대의 분위기에 맞춰 재단했다는 의심을 받을지도 모른다. 그러나 이와 비슷한 주제들은 그보다 훨씬 이전의 기독교 저술가들에게서도 나타난다. 니사의 그레고리오스는 4세기에 이렇게 썼다. "만물의 원천과 원인과 효능은 순식간에 일괄적으로 시작되었다.…그다음에 우연에 의해서가 아니라 자연의 필연적인 배열이 연속과 존재하게 될 것들을 요구했기 때문에 창조자의 본성이 요구하는 대로 특정한 질서에 따라 특정한 일련의 필연적인 결과들이 뒤따랐다"[13] 진화의 전개에 의해 만들어진 세상의 탁월함에 대해 이보다 더 분명한 표현을 발견하기는 어렵겠지만, 이 글은 진화 과학을 전혀 알지 못하는 사람이 쓴 글이다.

12_Henry Ward Beecher, *Evolution and Religion* (New York: Fords, Howard and Hulbert, 1885), 114. 나는 이 인용문에 관해 Michael Murray에게 빚을 졌다.

13_Gregory of Nyssa, *Apologetic Treatise on the Hexaemeron*, Patrologia Graeca 44, J. P. Migne 편 (Buffalo, NY: Christian Literature Company, 1857), column 72에 실린 글. Ernan Mcmullin에게 이 참고 자료를 제공해준 데 대해 감사를 표한다.

마지막으로 나는 다윈이 『종의 기원』을 마무리하면서 했던 마지막 말을 인용하겠다. "생명이 그것이 지닌 몇 가지 능력과 더불어 애초에 몇 가지 형태 또는 하나의 형태 안에 불어넣어졌고, 이 행성이 고정된 중력 법칙에 따라 계속 순환해오는 동안 그렇게 단순한 기원에서부터 가장 아름답고 가장 경이로운 형태들이 끝없이 진화해왔고, 지금도 진화하고 있다는 이러한 관점에는 장엄함이 있다."[14]

자연 세계의 이러한 특징들은 훌륭하고 아름답다. 이런 것들은 선하고 현명한 창조자가 자신의 창조세계에 부여하기로 작정했을 법한 종류의 특징들이다. 그러나 바로 이런 특징들이 우리가 사는 세상에서 우리가 "자연적인 악"이라는 말로 표현하는 다양한 결과들을 초래한다는 점은 명백하다. 가장 크고 가장 인상적인 몇 가지 자연 재해, 예를 들어 화산 폭발, 지진, 쓰나미 등을 생각해보라. 이 모든 사건은 참으로 재앙적인 결과를 가져올 수 있다. 이런 사건들은 흔히 영향을 받는 지역 안에 있는 생명체들에 엄청나게 파괴적이다. 이런 사건들은 지구 내부의 많은 부분이 용융 상태 또는 반(半)용융 상태에 있다는 사실에서 비롯된다. 우리가 발붙이고 있는 지구의 지각은 그 아래의 불덩어리를 덮고 있는 얇은 껍질에 불과하다. 그러나 지구를 생명체가 거주할 수 있는 장소로 활

14_Charles Darwin, *The Origin of Species, A Facsimile of the First Edition* (Cambridge: Harvard University Press, 1954 [초판은 1859년에 발간되었음], 사이언스북스 역간 『종의 기원』), 490. 나는 Beacher, 그레고리오스, Darwin이 한 주장은 그 자체의 진가에 따라 성립될 수 있다고 믿지만, 이 상황에는 편견에 호소하는 흥미로운 측면이 있다. 유신론 신자들은 그들이 애초에 어떤 성향을 갖고 있었든 하나님이 **실제로** 진화 과정을 통해 세상을 창조했다는 증거에 설득되고 나면, 이 주장에 이의를 제기하기 어렵다고 생각할 것이다. 그리고 유신론자가 아닌 사람들은 아마도 세상이 자연스럽게 진화하도록 허용된 것이 아니라 복잡한 일련의 구체적인 신적 행동에 의해 창조되었다면 훨씬 더 좋았을 것이라는 주장을 거북하게 여길 것이다.

용할 수 있는 가능성은 바로 이런 사실들에 크게 의존하고 있다는 것도 사실이다. 지질학적으로 "죽어 있는" 행성은 우리와 같은 생명체를 품을 수 있는 가능성이 거의 없을 것이다.[15] 여러 요소 중 하나를 거명하자면 용융 상태인 내부는 지구가 강한 자기장을 갖기 위한 필요조건인데, 자기장은 생명체를 태양풍과 우주선(宇宙線)의 해로운 효과에서 지켜준다. 더 나아가 생명체의 진화에서 몇몇 핵심적인 전환점은 거대한 화산 폭발의 결과로 발생했는데, 이러한 폭발들은 즉각적인 결과에 있어서는 파멸적이었지만 보다 장기적인 측면에서는 매우 창조적이었다. 이러한 전환점들은 인류를 출현하게 한 역사의 필수적인 부분이다. 지구 내부가 용융되어 있는 결과 판구조(plate tectonics)가 생겨나 조산 운동과 지진, 화산 활동, 쓰나미가 발생했고 지상에 호모 사피엔스도 출현했다.

지구가 수많은 생명체에게 쾌적한 공간이 된 원인일 뿐만 아니라 어떤 상황에서는 허리케인, 토네이도, 가뭄 등과 같은 해로운 결과의 원인이 되기도 하는 날씨와 기후도 마찬가지다. 유기체들이 앞에서 열거한 다양한 종류의 자연 재해를 겪을 수 있다는 점은 명백하다. 사실 그런 사건들이 생명체에 파괴적인 효과를 끼치지 않는다면 재해라고 불리지도 않을 것이다. 우리는 유기체의 생명 유지를 위한 필요, 즉 살고 기능하고 번식하기 위해 요구되는 에너지와 영양소도 고려해야 한다. 고도로 진화된 초식 동물들도 있지만 육식 동물도 많다. 다른 동물의 몸에서 얻을 수 있는, 고도로 농축된 영양소들을 섭취하면 중요한 이점이 있다. 물론 진화

15_ 더 정교한 설명은 Guillermo Gonzalez and Jay W. Richards, *The Privileged Planet: How Our Place in the Cosmos Is Designed for Discovery*(Washington, DC: Regnery, 2004)의 3장을 보라.

의 일반적인 주제는 유기체들이 이용 가능한 생태상의 틈새를 차지하도록 진화하는데, 이러한 생태적 틈새 중 몇몇이 포식자와 기생 생물에 개방되어 있다는 것이다. 병원체들도 생태계에서 이용 가능한 기회들을 활용하도록 발전해왔다. 이 모든 것은 생명체의 죽음이 우리가 사는 세상과 조금이라도 닮은 모든 세상의 편만하고 불가피한 특징이라고 말해준다. 그리고 죽음과 피해를 겪을 수밖에 없는 복잡한 생물이 생겨난 이상, 고통과 고난도 마찬가지로 불가피하다. 그런데 그와 같은 생물학적 진화 때문에 동물이 겪는 고통의 문제가 더 어려운 문제가 되는 것은 아니라는 점에 유의해야 한다. 오히려 진화는—우리가 그것이 발생했다는 것을 받아들이든 그렇지 않든—자연 세계에 존재하는 고통과 괴로움에서 비롯되는 유익한 결과를 보여줌으로써 그 문제에 다소 도움을 준다.[16]

그렇다면 이런 형태의 자연적인 악은 우리가 사는 세상과 같은 세상에서 창조자가 가져오는 선하고 바람직한 것들로 인식되는 특성들의 불가피한 결과다. **자연 질서 신정론**(natural order theodicy)은 그 대가를 치를 가치가 있었다고 주장한다. 이 신정론은 다음과 같은 일련의 네 가지 명제로 요약될 수 있다.

1. 실제 우주는 지적인 몇몇 피조물뿐만 아니라 지각 있는(sentient) 피조물도 포함하고 있는 복잡하고 다단계적인 자연 세상이다. 세상은 복잡한 진화 과정을 통해 현재 상태로 발전해왔으며 기능 발휘에 있어서 상당한 정

16_ 현대의 몇몇 저자들과 달리 성경은 결코 자연에서의 고통과 죽음을 낱낱이 해명해야 할 문제로 보지 않는다. "젊은 사자들은 그들의 먹이를 위해 포효하며, 하나님으로부터 그들의 먹이를 구한다"(시 104:21 ESV 역본).

도의 자율성을 누린다.

2. 그렇게 구성된 우주는 물리적인 우주의 질서와 아름다움에 있어서, 그리고 수많은 생명체의 발전과 번성에 있어서 많은 유익이 가능해지게 한다. 우주는 또한 상당히 많은 고통과 죽음도 불가피하게 포함하고 있다.

3. 우리가 전능한 하나님에 의해 창조될 수 있는 어떤 대안적인 자연 질서가 선에 대한 잠재력에 있어서나 선과 악의 균형에 있어서 현재의 우주를 능가할 것이라고 가정할 타당한 이유는 없다.

4. 처음 세 가지 요점 때문에 하나님이 이 우주를 창조한 것은 좋은 일이다. 하나님이 우주를 창조한 데 대해 도덕적으로 힐책하거나 완벽하게 선한 창조자라면 그와 다르게 행동했을 것이라고 가정할 근거는 없다.

도덕적인 악과 자유 의지 신정론

여기서 제시할 도덕적인 악에 대한 신정론은 **자유 의지 신정론**(free will theodicy)이다. 그리고 이 자유 의지는 어떤 행위자가 자유로운 선택을 할 때 그 사람이 참으로 두 가지 이상의 서로 다른 방식으로 결정할 수 있는 **자유 의지론적**인 관점에서 이해되어야 한다. 그런데 자유 의지론적인 자유 의지는 논란이 많은 개념이며, 이 글의 이 대목에 그 개념에 대한 광범위한 논의와 변호를 포함시키는 것이 이상적일 것이다. 그러나 지면의 한계로 그러지 못하므로 나는 이 점만 말해둘 것이다. 나는 자유 의지론적인 자유 의지가 배척된다면 도덕적인 악의 문제에 대한 약간이라도 그럴듯한 어떤 해결책도 기대할 수 없다고 생각한다. 이 점을 생각해보라. 자유 의지론적인 자유 의지가 없다면 우주 안에 있는 모든 것은 논리적 일관성이라는 요건 외에는 하나님이 어떤 세상을 선택할지에 대해 아무런 제약이 없이 정확히 하나님이 계획한 모습 그대로일 것이다. 이제 다음과 같이 자문해보라. 이러한 가정에 따르면 하나님이 자신이 창조한 세상에서 벌어지는 일에 기뻐하지 않는 것이 과연 가능하며 심지어 상상이라도 할 수 있는가? 하나님이 정확히 자신이 계획하고 의도한 대로 발생하는 어떤 일에 대해 못마땅해할 것이라고 가정하는 것은 하나님처럼 최고로 이성적인 존재라고 생각되는 존재에게는 전적으로 있을 수 없는 비합리성을 하나님께 귀속시키는 셈이 될 것이다. 그러나 하나님이 자신이 창조한 세상에서 벌어지고 있는 모든 것을 기뻐한다는 말보다 성경 및 기독교 신앙과 더 상충되는 말은 상상하기 어렵다.

이 지점에서 나는 "인간 세상"의 매우 일반적이고 구조적인 특징들을 제시할 것이다. 이 특징들은 인간을 포함하는, 상상할 수 있는 광범위한 일련의 세상들 전체에 적용될 수 있을 만큼 충분히 일반적이다. 그러나 우리가 인간 사회에서 우리에게 친숙한 특징들을 선택하거나 수정하는 방법을 사용하지 않고서 그러한 대안적인 세상들을 상상할 수 있는 척 해봐야 소용없을 것이다. 그러므로 우리는 여기서 "인간 세상"에 대해 말하지만, 그 세상의 특징에 대해 가능한 한 광범위하고 일반적인 방식으로 말하고자 한다.

첫째, **자유롭고 이성적이며 책임 있는 사람들이 존재한다는 것은 좋은 일이다.** 이는 물론 자연 세상에 관한 이와 비슷한 주장과 병행하는, 존재의 선함에 대한 일반적인 주장이다. 여기서도 앞에서와 마찬가지로 이 주장에 대한 부정은 추상적으로는 생각해볼 수 있겠지만 진지하게 받아들이기는 극도로 어려운 포괄적인 허무주의에 해당하는 것으로 여겨질 것이다.

둘째, **사람들이 그들의 내재적인 잠재력을 개발할 계기와 기회를 갖는다는 것은 좋은 일이다.** 사람들이 존재한다는 점에 비추어보면 이는 자명한 사실로 보인다. 잠재력을 가진 사람들이 존재하는 것은 좋은 일이지만 그 잠재력이 개발되고 발현되는 것은 좋은 일이 아니라고 주장한다면 이는 불합리한 주장일 것이다. 확실히 어떤 면에서는 선에 대한 잠재력뿐만 아니라 악에 대한 잠재력도 존재한다. 이에 대한 답변은 악에 대한 잠재력은 단지 선에 대한 잠재력의 왜곡이며, 그 자체로 배양할 가치가 있는 긍정적인 탁월함과는 관련이 없다는 것이다. 이러한 잠재력은 문화적 발전에 대한 잠재력과 개인적 성품 개발에 대한 잠재력이라는 두 가지 넓은 범주에 속하는데, 아마도 실제로는 이 둘을 분리할 수 없을 것이다. 두 종류의 잠재력 모두 역사적 상황에 의해 좌우된다. 문화적 발전 잠재력은 특히 더 그렇다. 지적인 외계인이 있어서 호모 사피엔스 종의 최초의 구성원들을 관찰한다면, 그들은 후대의 몇몇 구성원들이 비유클리드 기하학에 능숙해지거나 베토벤의 제9번 교향곡과 같은 곡을 작곡할 것이라고 예측할 만한 증거를 별로 발견하지 못할 것이다.

조금만 생각해봐도 두 종류의 잠재력 모두 그 잠재력이 발전하기 위해서는, 사람들의 행동에 대해 주위의 대상들이 보이는 반응이 일반적으로 믿을 만하고 예측 가능한 객관적인 환경이 필요하다는 점을 충분히 보여줄 수 있다. 요컨대 주변에 있는 자연 세상이 앞 단락에서 묘사한 바로 그런 종류의 세상일 필요가 있다. 자연 세상이 믿을 만하게 반응하고 우리가 이에 비추어 그것을 이해하고 예측할 수 있지 않다면, 확실히 과학이 존재할 수 없을 것이다. 음악이 존재할 수 있는 이유는 목소리와 악기를 만드는 재료의 음향적 특성이 신뢰할 만하기 때문이다. 말 자체가 가능한 것도 소리의 패턴이 공기를 통해 신뢰할 수 있게 전달되기 때문이다. 존 힉이 바르게 지적한 대로 "우리가 그 안에서 고통이나 죽음을 무릅쓰고 살아가는 법을 배워야 할 객관적인 세상의 존재는 우리의 도덕적 본성의 발전에도 기본적이다."[17] 이 점은 힉의 이레나이우스 신정론 또는 "영혼 형성" 신정론의 주요 주제 중 하나다. 최근의 한 진술에서 힉은 이 점을 다음과 같이 자세히 설명한다.

우리는 아무도 어떤 피해도 입을 수 없는 낙원을 상상할 수 있다. 그런 세상은 자체의 고정된 구조를 갖는 대신 인간이 바라는 대로 모양이 달라질 것이다. 또는 아마도 세상에는 고정된 구조가 있고 따라서 피해와 고통의 가능성도 있겠지만, 필요할 때마다 인간의 고통을 피하기 위해 특별한 신적 행동을 통해 그 구조가 중단되거나 조정될 것이다. 따라서 예를 들어 그처럼 기적적으로 고통이 없는 세상에서는 사고로 높은 건물에서 떨어진 사람이 아마도 다치지 않고 바닥에 내려갈 것이다. 총알을 인체에 발사하면 총알의 실체가 사라질 것이다. 독은 더 이상 독이 아닐 것이고 물은 더 이상 사람을 익사시키지 않을 것이다. 우리는 적어도 그런 세상을 상상하기 시작할 수 있다.…그러나…고통이나 괴로움이 있을 수 없는 세상은 도덕적 선택이 없고 따라서 도덕적 성장과 발전의 가능성도 없는 세상이기도 할 것이다. 아무

17_ John Hick, "An Irenaean Theodicy," *Encountering Evil*, Stephen T. Davis 편, 신판(Louisville: Westminster John Knox, 2001), 46에 실린 글.

도 부상 당하거나 고통이나 괴로움을 겪을 수 없는 상황에서는 바른 행동과 잘못된 행동 사이에 아무런 구별도 존재하지 않을 것이기 때문이다. 어떤 행동도 해로운 결과를 가져올 수 없을 것이기 때문에 도덕적으로 잘못된 행동이 아닐 것이다. 마찬가지로 어떤 행동도 잘못된 행동과 대비되는, 도덕적으로 바른 행동이 아닐 것이다. 그런 세상의 가치가 무엇이든 그 세상의 구조는 그 거주민들이 이기적인 짐승의 상태에서 이타적인 사랑으로 발전할 수 있게 하려는 목적에 기여하지 못할 것이다.[18]

내게는 힉의 이 말은 옳으며 이것이 우리의 환경과 같은 자연 환경의 존재가 축하해야 할 좋은 일이며 개탄해야 할 악이 아닌 이유를 제시하는 것으로 보인다.

이 시점에서 기독교 신앙은 도덕적 성품 계발(비록 그것이 개인의 발전의 본질적인 구성 요소이기는 하지만)을 초월하는, 더 심오한 목적도 생각한다는 점을 말해둘 필요가 있다. 기독교 신앙은 우리의 참된 목적은 "하나님을 영화롭게 하고 영원히 하나님을 즐거워하는" 것―하나님의 자녀가 되어 하나님과 그리고 서로 간에 사랑의 교제 가운데서 하나님의 사랑을 누리며 사는 것―이라고 말한다. 확실히 이 목표는 우리 사회에서 도덕적 성품의 중요성보다는 덜 인식되어 있지만, 기독교 신앙에 있어서는 타협할 수 없는 목표다.

18_Ibid., 46-47. Hick이 영혼 형성 신정론을 처음 전개했을 때 그는 다소 전통적인 유형의 유신론자였다. 훗날 그는 신정론을 문자적으로는 거짓이지만 "신화적으로는 참"으로 받아들인 종교 다원론자가 되었다. 그러나 그는 여전히 그것이 다양한 기독교 신정론 중에서 가장 생존 가능성이 있는 신정론이라고 믿었다. Ibid., 65-66을 보라.

셋째, 사람들이 가족과 공동체 그리고 더 큰 형태의 사회 조직들 안에서 서로 연합하고 그 안에서 사람들이 서로에게, 서로를 위해 책임을 지는 것은 좋은 일이다. 이러한 공동체들은 사실 이미 진술한 두 가지의 필요 속에 전제되어 있다. 즉 자유롭고 책임 있는 인간과 사람들의 잠재력의 발전은 일정한 공동체와 떨어져 살 수 없는 우리와 같은 존재들을 위한 것이다. (은둔자조차 그가 떠나온 공동체에 의해 형성되었고 그의 기획[project]은 대체로 자신을 그 공동체에서, 또는 적어도 그 공동체의 어떤 측면에서 떼어내려는 그의 바람에 의해 결정된다.) 더 높은 문화는 상당한 노동 분업이 이루어진 사회에서만 가능하다. "문명화된 생활 방식"이라는 표현 자체가 인간 실존의 어떤 특질과 그것을 지탱하는 데 필요한 사회 조직 모두를 가리킨다. 그러나 공동체들과 사회 조직은 필연적으로 사람들 사이의 권력과 지위의 차이를 수반한다. 이런 차이는 특정 집단의 성향에 따라 확대될 수도 있고 축소될 수도 있지만 결코 완전히 제거될 수는 없다. 조직화된 사회로부터 독립해 있다는 바로 그 이유 때문에 "고결한 야만인"은 신화이며 언제나 신화로 남아 있어야 한다.

마지막으로, **인간 사회의 구조와 과정이 "더 높은 힘"에 의해 밖으로부터 부과되는 것이 아니라 안으로부터 발전하여 그 사회 구성원들의 잠재력과 창의성을 활용하는 것은 좋은 일이다.** 이는 물론 자연 질서에 대한 우리의 설명의 "진화 조항"에 대응한다. 이는 우리에게 인간 사회의 구조는 바로 인간의 독창성과 예지의 산물인 **인간의** 구조이며, 그렇게 되는 것은 좋은 일이라고 말해준다. 아니면 사회의 구조와 조직이 위로부터 규정된 "이상적인" 조직과 구조라면 더 나을 것인가? 하지만 이 이상적인 사회에서 살면서 그 사회의 요구 조건을 실행해야 하는 이들은 바로 지금과 동일한, 결코 이상적이지 않은 개인들일 것이고 그 결과가 완벽한 이상에 부합될 것으로 기대할 수 없을 것이다. ("민주적 이상"을 지구상의 여러 나라에 부과하려는 최근의 시도들이 성공한 정도가 국가에 따라 달랐다는 사실을 생각해 보라.) 어쨌든 하나의 어떤 이상적 패턴만으로는 적당하지 않을 것이다. 사회 발전의 초기 단계에서는 실현 가능한 최상의 구조였던 것이 좀 더 발전한 사회에서는 전혀 어울리지 않을 것이다.

이제 우리의 성찰을 통하여 전개해온 신정론을 정리해서 공식적으로 진술해보자. 자유 의지 신정론은 다음과 같은 다섯 가지 명제로 구성된다.

1. 세상은 공동체 안에서 살아가는 지적이고 자유로운 사람들을 포함하고 있는데, 그들은 그 안에서 서로에게 그리고 서로를 위해 책임을 진다. 인간 사회는 사람들의 내재적인 잠재력을 실현하고, 점진적으로 복잡한 사회 및 문화 체계를 발전시키고 물질적 환경을 더 많이 통제하는 데 이러한 잠재력을 활용함으로써 발전해왔다.

2. 그렇게 구성된 인간 세상은 인간들의 잠재력 실현 및 성취와 인간 문화의 발전에 있어서 선을 위한 큰 잠재력을 제공한다. 사람들에게는 이 수준을 넘어서 하나님의 자녀가 되어 인간이 이룰 수 있는 궁극적인 성취를 향유할 기회가 있다. 인간 세상은 또한 사람들이 선보다 악, 공통의 이익보다 단기적인 만족, 사랑보다 미움을 선택할 자유를 활용할 때는 커다란 악의 가능성 및 실로 악의 실재도 제공한다.

3. 우리가 알 수 있는 한, 이런 일반적인 특징들을 공유하지 않는 어떤 대안적인 세상도 실제 세상이 제공하는 것과 비교할 만한 선에 대한 잠재력을

제공할 수 없다. 자유롭고 책임 있는 사람들만이 하나님의 자녀가 될 자격이 있다.

4. 피조물에 의한 자유의 오용을 막고 이러한 오용을 통해 가해진 피해를 바로잡기 위해 하나님이 일상적으로 빈번하게 개입하면 창조 계획에서 의도된 인간의 삶과 공동체의 구조를 훼손할 것이다. 따라서 그러한 개입이 발생할 것으로 기대하지 말아야 한다.

5. 처음 네 가지 요점 때문에 하나님이 위에서 묘사한 바와 같은 인간 사회를 포함하는 우주를 창조한 것은 좋은 일이다. 하나님이 그렇게 한 데 대해 도덕적으로 힐책하거나 완벽하게 선한 창조자라면 이와 다르게 행동했을 것이라고 가정할 근거는 없다.

하나님이라면 이보다 더 잘해야 하지 않는가?

위에서 제시한 바와 같은 신정론을 지지하는 제안들은 불가피하게 추가적으로 많은 질문을 제기하지만 지면 제약 때문에 여기서 그 질문들을 다룰 수는 없다. 그러나 일반적인 종류의 한 가지 질문에 대해서는 우리가 좀 더 얘기할 수 있다. 세상이 겪고 있는 극심한 많은 악에 비춰볼 때 하나님이 이보다는 더 잘 해야 하지 않는가? 우리는 권능 있고 자애로운 하나님이 세상을 지금 보이는 모습보다 더 나은 곳으로 만들기 위해 **무언가** 더 많은 일을 하려 하고 있고 또 해야 한다고 생각하는 경향이 있다. 확실히 이에 대한 한 가지 답변은 이 "무언가 더 많은 일"이 바로 기독교의 구속 계획 —우리가 듣기로는 온갖 종류의 악에 대한 하나님의 최종적인 승리로 귀결될 계획—이라는 것이다. 그러나 이것이 우리의 현재 주제는 아니다. 우리의 목적과 관련해서 이 문제는 다음과 같이 둘로 나눠진다. 적어도 현재와 같은 수준의 선을 제공하면서 악은 더 적거나 덜 심각한 세상에 대한 일반적인 창조 계획은 있을 수 없었는가? 그리고 하나님은 우리를 그렇게 괴롭히는 특정한 악 중에서도 몇몇 최악의 악을 방지함에 있어서 더 많은 일을 할 수는 없었는가?

더 나은 전체적인 창조 계획의 가능성에 관해서는, 이 가능성은—설사 그것이 존재한다 하더라도—우리가 인지적으로 전혀 파악할 수 없는 가능성 중 하나임을 깨달을 필요가 있다. 우리가 그런 일을 파악하지 못하는 것은 아직 발견되지 않은 몇몇 종류의 곤충들에 대한 우리의 정보 부족에 비교할 만한 단순한 무지의 문제가 아니다. 이것은 **근본적인** 무지인데, 이것이 그러한 이유 중 하나는 "미세 조정"이라고 알려진 현상에서 찾아볼 수 있다. 자연의 많은 근본적인 상수들이 우리가 알고 있는 것과 같은 생명의 존재를 위해 필수적인—마치 칼날 위에 있는 것처럼—극도로 좁은 범위 안에서 균형을 이루고 있다는 놀라운 사실이 과학자 사회에서 널리 인정받고 있다.[19] 이 사실 자체에 대해서는 치열한 논란이 벌어지지 않는다. 논란의 대상은 이를 어떻게 이해해야 하느냐는 것이다. 많은 사람이 개연성이 지극히 낮은 상수들의 그와 같은 놀라운 조합은 이러한 물리 상수들의 모든 가능한 값에서 지각 있고 이성적인 존재들이 존재할 수 있게 하는 정확한 조합을 의도적으로 선정한 어떤 것 또는

19_ 유신론자가 아닌 한 과학자의 읽을 만한 진술은 Martin Rees, *Just Six Numbers: The Deep Forces That Shape the Universe*(New York: Basic Books, 2000)를 보라.

누군가의 활동이 존재함을 가리킨다고 주장해왔다.[20] 이러한 주장에 대한 반대 의견이 있다는 것은 말할 필요도 없다. 우리의 현재의 목적상 우리가 이 논쟁에서 어느 쪽 편을 들 필요는 없다. 중요한 점은—우리가 말할 수 있는 한—거기에 지적인 관찰자가 살고 있으면서 우주의 존재에 대한 철학적인 질문을 던질 수 있는 우주로서, 현재의 이 우주와는 상당히 다른 자연 상수를 지닌 우주는 존재**할 수 없을** 가능성이 매우 크다는 것이다. '우리가 사는 우주와 근본적으로 다르며 그 안에서는 근본적인 구성 요소들과 힘들 및 자연 법칙들이 현재 우리가 알고 있는 바와는 판이한 다른 우주가 존재할 가능성이 절대적으로 배제될 수는 없다'는 것은 사실이다. 그러나 악을 근거로 한 논증의 기반을 이처럼 희박한 가능성에 두려는 사람은 마치 그 안으로 어떤 빛도 비출 가능성이 없는 칠흑 같은 어둠 속에서 호각을 부는 격이다.

그렇지만 하나님은 특정한 악의 사례들을 방지하는 데 있어서 더 많은 일을 할 수는 없었는가? 비록 우리는 좀 더 빈번한 신적 개입의 결과가 어떠했을지에 대한 통찰력을 별로 갖고 있지 않지만 아마 하나님은 그렇게 할 수도 있었을 것이다. 사실 우리는 흔히 왜 하나님이 특정한 종류의 악을 허용하는지 **알지 못한다.** 이 점은 신자에게 믿음의 시험—때로는 가혹한 믿음의 시험—일 수 있다. 그러나 이 사실이 악을 근거로 한 성공적인 논증의 근거가 되려면 각각의 **개별적인 악의 사례**가 더 큰 유

20_ Rees의 책 외에도 이 논의를 위한 중요한 자료들은 다음과 같다. John D. Barrow and Frank J. Tipler, *The Anthropic Cosmological Principle* (Oxford: Clarendon, 1986); John Leslie, *Universes* (London: Routledge, 1989); Neil A. Manson 편, *God and Design: The Teleological Argument and Modern Science* (London: Routledge, 2003).

익, 혹은 동등하거나 더 큰 악의 방지로 이어져야 한다는 요건이 필요할 것이다. 그러나 우리는 이 요건을 이미, 그리고 올바르게 거부했다. 물론 우리 모두는 때때로 하나님이 우리와 가장 직접적으로 관련된 악을 경감시키기 위해 더 많은 일을 해 주기를 원한다. 그러나 그렇게 원한다고 해서 우리가 하나님의 존재나 그분의 사랑이나 우리의 삶에서 그분의 임재에 대해 의심할 필요는 없으며 그래서도 안 된다.

나는 자연적인 악에 대한 자연 질서 신정론과 도덕적인 악에 대한 자유 의지 신정론의 결합이 악을 근거로 하나님의 존재를 반박하는 논증에 대한 적절한 답변이 된다고 결론짓는다. 이 접근법이 이 주제에 대한 다른 접근법보다 우월한지 — 나는 그렇다고 믿는다 — 는 더 깊이 논의해야 할 주제다.

4장
본질적 케노시스 관점

토머스 제이 오어드

우리는 미쁨이 없을지라도 주는 항상 미쁘시니 자기를 부인할 수 없으시리라.

딤후 2:13

이 글에서 나는 악의 문제에 대한 한 가지 해법을 제시한다.

내가 이 문제에 대한 해법을 제시할 것이라고 말했다는 점에 주목하라. 많은 신자에게는 이 해묵은 난제에 대한 해법을 찾기가 가망이 없는 일이다. 악에 직면한 많은 그리스도인은 자애롭고 능력이 있는 하나님이 왜 진정한 악을 막지 않는가에 대한 진정한 해법 대신 하나님께 대한 자기의 믿음을 정당화하는 변호로 만족한다.

많은 이들이 제시하는 변호는 신비에 대한 명시적이거나 암묵적인 호소를 포함한다. 그들은 "우리는 하나님이 악을 막지 않는 이유는 모르지만, 능력이 있고 자애로운 하나님이 존재한다고 믿을 만한 다른 이유를 갖고 있다"라고 말한다. 변호를 전개하는 신자들은 대다수 불신자들이 자신은 무신론자라고 말하는 주된 이유에 대한 확고한 해법을 제시하는 대신, 이 중요한 문제가 풀리지 않고 있음에도 불구하고 하나님을 믿는 것이 적절함을 입증하려고 한다.

나는 신자들이 단지 변호만이 아니라 해법을 추구해야 한다고 생각한다. 물론 나는 내 해법을 제시하면서 모든 것을 안다고 주장하지는 않는다. 나는 마치 검은 안경을 끼고 보는 것처럼 본다. 우리는 "부분적으로"만 알기 때문에(고전 13장) 어떤 피조물도 모든 것을 알지는 못한다. 그러나 나는 하나님을 믿는 믿음을 반박하는 가장 중요한 논거에 답변할 때에는 우리가 단순한 변호들에서 보는 것과 같이 신비에 호소하는 것은 도움이 되지 않는다고 믿는다.

악의 문제가 어렵다 보니 대다수 신자들은 완전한 해법보다 뭔가 부족한 해법을 받아들이도록 유혹받는다. 이는 여러 면에서 놀랄 일이 아니다. 완전한 해법은 신자들로 하여금 자기들에게 전해 내려온 하나님에 대한 관점을 재고하도록 요구한다. 그러나 성경과 하나님의 일반 계시에 비추어 하나님에 대한 우리의 관점을 재구상하고, 재고하고, 개선하는 일은 신자들의 지속적인 과제다.

하나님을 새롭게 생각하는 일은 위험한 일이지만 꼭 필요한 일이다.

핵심 쟁점 분명히 하기

먼저 악의 문제를 핵심 쟁점을 분명히 드러내는 방식으로 명확히 표현해 보자. 이를 다음과 같은 짧은 질문의 형태로 명확하게 진술할 수 있을 것이다.

왜 자애롭고 전능한 하나님이 진정한 악을 막지 않는가?

주의 깊은 독자라면 내가 이 문제에 대한 표현에서 "진정한 악을 막다"라는 어구를 사용하는 것을 알아차릴 것이다. 내가 이 어구를 사용하는 이유는 악의 문제에 대해 그리스도인들이 너무도 자주 하나님이 악을 야기하는 것이 아니라 피조물이 악을 야기한다고 답변하기 때문이다. 그러나 우리는 자애롭고 전능한 하나님이 악을 직접적으로 야기하지 않는다는 것만을 알고 싶은 것이 아니라 그 하나님이 악을 **방지하지 않는** 이유를 알고 싶다. 사실 하나님이 악을 허락하거나 허용하기는 하지만 악은 하나님이 원하는 바가 아니라고 말하는 사람들이 있다. 그러나 하나님이 악을 허락하는 것과 원하는 것을 구별해도 별로 도움이 되지 않는다. 나는 우리가 "하나님의 뜻과 하나님의 허용을 구별하지 말아야 한다"는 장 칼뱅의 말에 동의한다. 하나님이 그것을 원하지 않는다면 우리가 왜 '허용'을 말해야 하는가?[1]

칼뱅은 창세기 주석에서 이 점을 다음과 같이 직설적으로 표현한다. "막을 능력이 있고 모든 것을 수중에 쥐고 계신 분의 뜻 외에 다른 무엇이 그분의 허용인가?"[2] 주권자인 하나님이 다른 존재들을 완전히 통제할 수 있거나 통제하는데도 어떤 일이 발생하도록 허용한다면 하나님은 그 사건이 일어나는 것을…최소한 대안들보다 더 **원하는** 것이 분명하다. 완벽하게 자애로운 인격체라면 진정한 악을—야기하거나 허용하지 않기만 하는 것이 아니라—막기 위해 가능한 어떤 일이든 할 것이다.

1_ John Calvin, *Institutes of the Christian Religion*, John T. McNeill, Ford Lewis Battles 역 (Philadelphia: Westminster, 1960), 3.23.8.

2_ John Calvin, *Commentaries on the First Book of Moses Called Genesis*, 1권, Christian Classics Ethereal Library, www.ccel.org/ccel/calvin/calcom01.ix.i.html (2016년 11월 8일 접속).

예를 들어보자. 나는 내 이웃이 자기 자식을 우리 집 뒤에 있는 개천에 빠져 죽도록 허용하고서 "나는 익사를 막을 수도 있었지만, 익사를 **원치는** 않았고 단지 허용하기만 했을 뿐이다"라고 말한다면 그 사람이 '올해의 부모' 상을 받으리라고는 꿈도 꾸지 않을 것이다. 자애로운 부모라면 익사를 막기 위해 자기의 능력 범위 안에서 무슨 일이든 할 것이다. 내 이웃은 이 악을 막지 않은 데 대해 도덕적인 책임이 있다.

마찬가지로 자애로운 하나님은 단지 악을 초래하지 않기만 하는 것이 아니다. 자애로운 하나님은 그럴 수 있다면 진정한 악을 막으려 할 것이다. 참으로 악한 사건을 막을 수도 있었던 하나님이 그렇게 하지 않는다면 도덕적으로 비난받을 만하다. 변함없이 자애로운 하나님은 막을 수 있는 진정한 악을 허락하지 않는다.

내가 지금까지 대부분의 논의에서 "악"을 "진정한"이라는 말로 수식했다는 점도 주목하라. 내가 그렇게 하는 이유는 우리가 때때로 악이라고 부르는 두 종류의 사건들을 구별하기 위해서다. 어떤 사건들은 어렵거나 고통스럽지만 우리의 삶을 향상시키기 위해 우리는 그런 일들을 견뎌야 한다. 우리는 이런 사건들을 필요악이라고 부를 수 있다.

예를 들어 우리 모두는 아이를 원하는 부부가 아이를 낳고 양육할 때 아마도 괴로움을 경험할 가능성이 높다는 것을 알고 있다. 그들은 아이를 원하고 그 아이에게 잘 살 수 있는 기회를 주기를 원하기 때문에 이 고통을 견딘다. 그 부부는 몇몇 더 큰 유익을 위해 고통과 괴로움과 희생—필요악—을 견딘다.

그러나 진정한 악은 필요악과는 종류가 다르다. 진정한 악은 모든 것을 고려할 때 세상을 가능했을 수도 있었던 상태보다 나쁘게 만든다. 진정한 악은 모든 것을 고려할 때 그 악이 없었더라면 될 수 있었던 경우보다 세상을 더 좋은 곳으로 만들지 않는다.[3] "될 수 있었던"이라는 어구는 선택자들이 어떤 다른 대안을 선택하거나 허용했더라면 더 나은 결과가 가능했음을 암시한다.[4]

몇몇 신자들은 진정한 악한 사건이 발생한다는 것을 부정한다. 그들은 모든 것—유쾌한 것과 불쾌한 것, 아름다운 것과 추한 것, 낭만적인 것과 야만적인 것—이 하나님의 선한 전체 계획에서 일정한 역할을 수행하기 때문에 하나님이 그것들을 허용한다고 주장한다. 그들은 하나님의 관점에서는 진정으로 악한 것은 아무것도 없다고 말한다.

그러나 우리의 일상생활은 모든 것이 하나님의 전체 계획의 일부라는 생각을 배반한다. 몇몇 신자들이 진정한 악은 결코 발생하지 않는다라고 말할지도 모르지만, 그들은 말과는 다르게 행동한다. 그들이 후회하고, 죄책감을 느끼고, 뉘우치고, 안도하고, 분노하는 순간들은 사실은 그들이 몇몇 사건들을 나쁜 사건이라고 생각하고 있음을 암시한다. 사실 기독교의 죄 교리는 우리가 때때로 가능한 다른 대안보다 더 나쁜 선택을 하고 있음을 의미한다. 결과적으로 비록 말로는 이 사실을 부정하는 사람이 있을지라도 우리는 내심으로는 진정으로 악한 사건이 발생한다고 믿는다.

3_ 내게 진정한 악에 대한 이런 일반적인 이해를 소개해준 David Ray Griffin에게 감사한다. 그의 여러 책 중에서도 특히 *God, Power, and Evil: A Process Theodicy*(Louisville: Westminster John Knox, 2004)를 보라.

4_ 나는 다음 두 책에서 진정한 악의 개념을 설명했다. *Defining Love: A Philosophical, Scientific, and Theological Engagement* (Grand Rapids: Brazos, 2010); *The Uncontrolling Love of God: An Open and Relational Account of Providence* (Downers Grove, IL: IVP Academic, 2015).

때때로 악을 행하는 우리는 선함이 무엇을 수반하는지에 대해 뭔가를 알고 있다(마 7:11).

악의 문제를 풀기 위한 다섯 가지 차원

내가 제시하는 악의 문제에 대한 해법에는 다섯 가지 차원이 있다. 각 차원은 전체적인 해법에 있어서 필수적이지만 나는 이 글의 대부분을 한 가지 차원에 집중하는 데 할애할 것이다. 나는 그것을 주권적 차원이라고 부르는데, 이 차원은 아마도 가장 논란의 여지가 많을 것이다. 그러나 그 차원을 다루기 전에 먼저 나머지 네 가지 차원을 간략히 다뤄보자. 이러한 차원 중 어느 차원도 그 자체로는 악의 문제에 대한 포괄적 해법에 필요한 무게를 감당하지 못한다.

나는 악의 문제에 대한 내 해법의 나머지 네 가지 차원을 공감적 차원, 교훈적 차원, 치유적 차원, 전략적 차원이라고 부른다. 공감적 차원에서는 하나님이 고난당하는 모든 사람에게 공감한다고 말한다. 위르겐 몰트만은 그의 기념비적인 저작인 『십자가에 달리신 하나님』(The Crucified God)에서 고난당하는 하나님을 잘 묘사한다.[5] 예수 그리스도의 생애, 고난, 죽음과 부활에서 우리는 우리에게 영향을 주는 것들에 의해 하나님이 영향을 받는다는 계시를 발견한다. 구약에서 우리는 세상과 상호작용하

5_ Jürgen Moltmann, *The Crucified God* (London: SCM Press, 1974).

며 피조물에게 영향을 받는 하나님에 대한 많은 언급을 발견한다.[6] 그와 같이 고통을 겪는 사랑은 하나님은 피조물의 기쁨과 슬픔에 영향 받지 않는다고 말하는 고대의 무감각 교리를 부정한다. 오늘날의 대다수 그리스도인 학자들과 마찬가지로 나는 피조물의 기쁨과 슬픔이 하나님께 진정으로 영향을 주기 때문에 하나님이 기뻐하는 자들과 함께 기뻐하고 슬퍼하는 자들과 함께 슬퍼한다고 믿는다.

나는 신혼 시절에 악의 문제에 대한 내 해법에서 공감적 차원이 지닌 힘을 배웠다. 미숙한 남편이었던 나는 내 아내가 갈등, 긴장, 고통을 경험할 때 종종 내게 경청하고 공감해달라고 경고하는 것을 발견했다. 공감은 아내가 가장 필요로 하는 것이었다. 사실 우리 모두는 누군가가 우리가 느끼는 감정을 조금이라도 느끼고 있음을 알기를 원한다. 왜냐하면 우리는 다른 사람들이 우리가 경험하는 것을 최소한 어느 정도라도 이해하고 있음을 알고 싶기 때문이다.

이와 유사하게 하나님 안에서 그리스도인들은 다른 어떤 공감자보다 더 완전하게 공감하는 분을 발견한다. 이분은 사도 바울이 "자비의 아버지시요 모든 위로의 하나님"이라고 부르는 하나님이다. 이 하나님은 "우리의 모든 환난 중에서 우리를 위로하사 우리로 하여금 하나님께 받는 위로로써 모든 환난 중에 있는 자들을 능히 위로하게" 한다(고후 1:4). 하나님은 기뻐하는 자들과 함께 기뻐하고 슬퍼하는 자들과 함께 슬퍼한다.

6_ 많은 구약 학자들이 하나님이 다른 존재들과 영향을 주고받는다고 묘사하는데, Terence Fretheim은 가장 강력한 논증 몇 가지를 제시한다. 예컨대 다음 책들을 보라. *Creation Untamed: The Bible, God, and Natural Disasters* (Grand Rapids: Baker Academic, 2010); Fretheim, *God and World in the Old Testament: A Relational Theology of Creation* (Nashville: Abingdon, 2005); 그리고 Fretheim, *The Suffering of God: An Old Testament* Perspective (Philadelphia: Fortress, 1984).

공감적 차원은 악의 문제에 대한 나의 다섯 겹 해법에서 중요한 역할을 하지만, 그것만으로는 문제를 해결할 수 없다.

악의 문제에 대한 내 해법에서 교훈적 차원은 하나님이 악을 사용하여 일반적인 선을 이루고 우리의 구체적인 성품을 형성할 수 있다고 말한다. 그렇다고 해서 하나님이 진정한 악을 야기하거나 허락한다는 뜻은 아니다. 그러나 하나님은 선악 간에 이 세상에서 발생하는 모든 일 속에서 그리고 그 일을 통해서 창조세계를 선과 평강과 하나님 나라로 향하게 한다. 하나님은 애초에 자신이 원하지 않았던 악한 사건에서 이끌어낼 수 있는 모든 선을 이끌어낸다. 따라서 우리는 "환난은 인내를, 인내는 연단을, 연단은 소망을 이루는 줄" 알기 때문에 "환난 중에도 즐거워"할 수 있다(롬 5:3-4).

교훈적 차원은 괴로움과 고통이 어떻게 신자들을 더 강하게 만들어 왔는지에 대한 증언들을 우리가 이해하도록 도와준다. 우리는 모두 우리의 삶이 어려웠던 때를 돌아보고 하나님이 어떻게 그런 어려움을 사용해서 우리를 어떤 측면에서 더 나아지게 만들었는지를 깨달을 수 있다. 악의 문제에 대한 교훈적 차원은 "고통 없이는 얻는 것도 없다"는 유명한 속담을 뒷받침한다.

유감스럽게도 어떤 신자들은 교훈적 차원을 이용하여 하나님이 어떤 원래의 청사진이나 종합 계획의 일부로서 악을 야기하거나 허용한다고 주장한다.[7] 모든 악이 어떤 종합 계획의 일부라면 성폭행, 집단 학살,

---

7_ 현대의 학계에서 이런 논증의 가장 영향력 있는 형태는 John Hick, *Evil and the God of Love* (San Francisco: HarperSanFrancisco, 1966)에서 나온다. 이 관점에 대한 가장 훌륭한 학문적 비판 가운데 하나는 C. Robert Mesle, *John Hick's Theodicy: A Process Humanist Critique* (London:

살인도 "하나님의 뜻"이라고 말하는 사람들의 말이 옳을 것이다. 악이 하나님의 청사진이라는 접근법은 어떤 악이 진정으로 악하다는 점을 부정한다.[8] 그러나 나는 이런 설명을 불쾌하게 생각한다. 하나님이 만일 완벽하게 사랑하는 분이시며 우리에게 선과 악의 의미에 대한 어느 정도의 개념이 있다면 그 설명은 거의 말이 되지 않는다. 따라서 악의 문제에 대한 나의 다섯 겹 해법에서 교훈적 차원을 보완해줄 다른 차원들이 없다면 이 차원은 하나님이 완벽하게 사랑하는 분이라는 확신의 기반을 약화시킬 수 있다.

악의 문제에 대한 내 해법에서 치유적 차원은 하나님이 상처, 파괴, 죽음을 경험하는 사람들을 가능한 최대한으로 고쳐준다고 말한다. 하나님은 주어진 힘들과 요인들 및 기타 환경하에서 모든 상황 및 피조물과 동역해서 가능한 최대한으로 치유를 가져온다. 몇몇 치유는 이생에서 일어나며 어떤 치유는 하늘나라까지 기다려야 한다.

치유는 다양한 형태로 찾아온다. 대개는 의학, 심리학, 또는 기타 의료 직종에 종사하는 전문가들이 하나님의 일차적인 돌봄 제공자다. 그러나 때때로 하나님이 어떤 좋은 일을 행하기 위해 특별히 이례적인 방식으로 행동할 때에는 치유가 기적적으로 찾아온다.[9] 고통과 상처를 견디는 우리는 하나님이 치유를 가져온다고 믿을 수 있다.

Macmillan, 1991)에서 나온다.

8_ Gregory Boyd는 섭리의 청사진 모델에 대한 가장 설득력 있는 비판자 중 한 명이다. *Four Views of Divine Providence*, Stanley N. Gundry and Dennis W. Jowers 편 (Grand Rapids: Zondervan, 2011), 183-208에 실린 그의 글 "God Limits His Control"을 보라.

9_ 나는 *The Uncontrolling Love of God* 8장에서 기적을 변호한다.

악의 문제 해결은 구원의 소망, 즉 죄에 물들고 악에 찢겨나간 우리의 삶을 달래주는 치유에 대한 소망을 포함한다. 이 치유가 이생에서 발생하든 내세에서 발생하든 간에 우리는 시편 저자처럼 이렇게 말할 수 있다. "내 영혼아, 여호와를 송축하며 그의 모든 은택을 잊지 말지어다. 그가 네 모든 죄악을 사하시며 네 모든 병을 고치시며 네 생명을 파멸에서 속량하시고 인자와 긍휼로 관을 씌우시는도다"(시 103:2-4).

내가 간략하게 언급하는 네 번째 차원은 악을 방지함에 있어서 피조물이 수행할 수 있는 역할을 가리킨다. 나는 그것을 전략적 차원이라고 부른다. 하나님은 우리를 악을 극복하기 위한 전략적 사역의 협력자로 부른다. 세상의 유익을 위한 하나님의 의도는 피조물, 특히 인간에게 필요한 역할을 포함한다. 하나님은 우리에게 선을 행하고 악을 피하는 것을 의미하는 사랑의 삶을 살아감으로써 창조 계획에 동참하라고 요구한다. 이러한 협력에는 개인적·사회적·환경적 측면과 심지어 우주적 측면이 포함된다.

나는 로마서 8:28에 대한 개정표준역(Revised Standard Version)의 번역이 전략적 차원의 협력적 특성을 잘 보여준다고 생각한다. "우리는 하나님이 모든 일에서 하나님을 사랑하는 사람들과 **함께** 선을 위해 일한다는 것을 안다." 강조된 두 단어는 하나님이 모든 상황의 한가운데서 활동한다는 개념을 가리킨다. 그리고 우리는 하나님의 목적과 부르심에 협력할 때 하나님과 타인에 대한 우리의 사랑을 보여준다. 사도 바울의 비유를 사용하자면 우리는 그리스도의 몸이며(고전 12:27) 하나님 나라를 세우는 데 있어서 하나님의 동료 일꾼이 되도록 부름받았다(마 9:38).

악의 문제를 해결하는 일은 하나님의 인도에 대한 우리의 반응을 수

반하기 때문에 악의 문제에 대한 내 해법에서 전략적 차원은 가장 중요한 차원 중 하나다. 자애로운 하나님이 사랑의 통치를 확립함에 있어서 우리로 하여금 담당하게끔 초대하는 역할을 아무리 강조해도 지나치지 않다. 그러나 이 측면조차도 그 자체로는 악의 문제를 해결할 수 없다. 결국 주권적인 하나님께서 무엇이든 할 수 있다고 믿는 사람들은 피조물인 동역자들이 하나님의 선한 목적에 협력하지 않을 때 하나님이 개입해서 희생자들을 돕지 않는 이유가 무엇인지 의아해할 수 있다. "우리가 곧 악의 문제에 대한 해법"이라고 말하는 것으로는 충분하지 않다.

악의 문제에 대한 내 해법의 다섯 가지 차원 중에 네 가지 측면을 살펴보았으므로 이제 내 주된 초점이 될 차원을 다룰 준비가 되었다. 이 주권이라는 문제를 잘 탐구하기 위해서 나는 진정한 악의 구체적인 예 하나를 제시해보겠다. 나는 우리가 이것을 염두에 두면, 몇몇 악한 사건들의 소름 끼치는 실재와 하나님에 대한 우리의 관점을 고쳐야 할 필요가 크다는 점을 매우 진지하게 받아들이게 될 것이라고 믿는다.

에이미 먼로의 사례를 생각해보자. 에이미는 위스콘신주에 사는 아홉 살 짜리 소녀였다. 에이미는 어느 날 하교길에 유괴당했다. 유괴범은 그 아이를 근처 숲으로 데려가 잔혹하게 성폭행하고 목 졸라 죽였다. 한 행인이 나중에 "안돼요, 제발! 하나님, 저를 도와주세요!"라고 말하는 여자아이의 목소리를 들었다고 보고했다. 그러나 그 행인은 그 애원을 장난으로 생각했다. 수색자들은 성폭행당한 에이미의 시신을 며칠 뒤에 발견했다.

에이미 먼로의 이야기를 듣고서 그 아이가 겪은 일은 진정한 악이 아니라고 믿기는 어렵다. 에이미가 살아 있고, 그 아이를 성폭행하고 살해한 범인이 그런 끔찍한 행동을 하지 않았다면 세상은 분명 더 나은 곳이 되었을 것이다. 이 사건은 불필요했다. 이것은 진정한 악에 대한 하나의 예다.

하나님을 믿는 우리에게는 자연히 다음과 같은 질문이 떠오른다. 자애롭고 능력이 있는 우리의 창조자는 왜 에이미의 유괴, 성폭행, 교살을 막지 않았는가?

하나님이 할 수 없는 일

악의 문제에 대한 나의 다섯 겹 해법에서 주권적 차원은 내가 이 글의 서두에서 제시한 짧은 성경 구절의 끝부분에서 발견되는 한 가지 개념에 의존하는데, 그 구절은 다음과 같다. "우리는 미쁨이 없을지라도 주는 항상 미쁘시니 자기를 부인할 수 없으시리라." 악의 문제에 대한 내 해법의 주권적 차원은 하나님이 에이미에게 저질러진 악을 일방적으로 방지하려면 자기를 부인해야 할 것이라고 말한다. 그러나 하나님은 그럴 수 없다. 하나님의 본성은 자기를 내어주고 타인에게 권한을 주는 사랑인데, 이 사랑은 필연적으로 (타자를) 통제하지 않는다.

이 말이 무슨 뜻인지 알아보자.

역사를 통틀어 상당히 많은 기독교 철학자들과 신학자들이 하나님이 할 수 없는 일이 있다는 점을 인정해왔다. 예를 들어 대다수는 하나님은 비논리적인 일을 할 수 없다고 말해왔다. 하나님은 둥근 정사각형이나 총각인 동시에 결혼한 남자는 만들 수 없다. 토마스 아퀴나스는 하나님에 관한 이러한 제한을 다음과 같이 묘사한다. "무엇이든 모순을 수반하는 것은 하나님의 전능하심의 범위 안에 있지 않다."[10]

많은 신학자들은 하나님은 과거를 바꿀 수 없다고도 말해왔다. 하나님은 예를 들어 역사를 바꿔서 제1차 세계대전이 결코 발발하지 않았던 것으로 만들 수 없다. 하나님은 나치의 유대인 대학살을 없었던 일로 만들 수 없다. 에이미 먼로의 경우에 하나님은 에이미가 유괴, 성폭행, 살해 당한 사실을 바꿀 수 없다. 벌어진 일은 벌어진 일이기 때문에 어떤 사건이 발생한 뒤에는 하나님이 그 사건을 바꿀 수 없다.

하나님 편에서 할 수 없는 일을 설명할 때 토마스 아퀴나스는 또다시 도움이 된다. 아퀴나스는 이렇게 말한다. "어떤 일들은…한때는 가능한 일이었지만…지금은 가능한 일이 아니다." 그러므로 "그런 일 자체가 이루어질 수 없는 일이기 때문에 하나님은 그런 일들을 할 수 없다."[11] 하나님이라도 인과 관계를 뒤집을 수는 없다.

다른 신학자들은 신성이 의미하는 내용 때문에 하나님이 할 수 없는 일들이 있다고 말한다.[12] 사실 성경 저자들은 하나님에 관한 몇몇 제한을 열거한다. 예를 들어 하나님은 거짓말을 할 수 없고(히 6:18), 악의 유혹을

10_ Thomas Aquinas, *Summa Theologica*, 1권, 문 15, 3항 (New York: McGraw Hill, 1963) 163-64.

11_ Thomas Aquinas, *Summa Theologica*, 1권, 문 25, 4항 (New York: Cosmo, 2007), 139. 조너선 에드워즈는 이를 다음과 같이 표현한다. "과거에 속한 일들의 필연성의 본질을 설명함에 있어서 그 일들의 과거 존재는 이제 필연적이다"(Jonathan Edwards, *Freedom of the Will* [New York: Leavitt & Allen, 1857], 10). Alvin Plantinga, "On Ockham's Way Out," *Faith and Philosophy* 3, no. 3 (July 1986): 235-69도 보라.

12_ 야코부스 아르미니우스는 다음 글에서 하나님이 할 수 없는 일들의 긴 목록을 제시한다. "Twenty-Five Public Disputations," *The Works of James Arminius* (1828; 재발행, Grand Rapids: Baker, 1991), 1:135에 실린 글.

받을 수 없으며(약 1:13), 지칠 수 없다(사 40:28). 하나님이 이런 일들을 할 수 없는 이유는 하나님이 그런 일을 하려면 신이 아닌 다른 존재가 되어야 하기 때문이다.

성경에서 언급된 제한 외에도 학자들은 일반적으로 하나님은 삼위일체 대신 수호 천사가 되기로 결심할 수 없다고도 말한다. 하나님은 또 다른 하나님을 만들 수 없고, 존재하지 않기로 결정할 수 없으며, 죄를 지을 수 없고, 자신도 들 수 없을 만큼 큰 바위를 만들 수 없다. 이런 한계들은 어떤 외부의 힘이나 요인에서 비롯되는 것이 아니라 하나님 자신의 본성에서 비롯된다. 야코부스 아르미니우스는 이렇게 말한다. "우리가 이런 주장을 하더라도 하나님의 능력에 어떤 손상도 가하지 않는다." 아르미니우스는 우리가 "그분께 합당하지 않는 것들을 그분의 본질, 그분의 이해, 그분의 뜻으로 여기지 않도록" 주의해야 한다고 말한다.[13]

이 모든 것은 제한이 없는 신적 주권이라는 개념이 터무니없음을 의미한다.

이런 것들은 하나님의 능력에 대한 중요한 제한인데, 악의 문제에 대한 내 해법의 주권적 차원에서 그러한 각각의 제한이 중요한 의미가 있다. 그러나 우리가 하나님이 위에서 열거한 일들을 할 수 없다는 것을 인정할 수 있다고 하더라도 아직 악의 문제에 대한 해법에 도달한 것은 아니다.

에이미 먼로의 유괴, 성폭행 및 살해 사건으로 되돌아가 그 이유를 살펴보자. 대다수 신자는 하나님은 주권을 행사하기 때문에 하나님이 논

13_Ibid.

리 법칙을 위반하지 않고서도 에이미의 고통을 막을 수 있었을 것이라고 생각한다. 에이미의 고통을 중단시키는 일은 논리적인 모순을 수반하지 않았을 것이다. 에이미가 매 순간 느꼈을 공포를 막기 위해 하나님이 과거를 바꿀 필요도 없었을 것이다. 대다수 신자는 하나님은 진정으로 악한 사건이 발생할 때 그 악을 방지하는 데 필요한 능력을 갖고 있다고 믿는다. 그리고 이 진정한 악을 막기 위해 하나님이 삼위일체 대신 수호 천사가 될 필요도 없었을 것이고, 죄를 지을 필요도 없었을 것이고, 대다수 학자가 하나님이 신적 본성 때문에 할 수 없다고 말하는 많은 일을 할 필요도 없었을 것이다.

우리가 에이미에게 저질러진 잔혹한 행위를 하나님이 막지 않은 이유를 이해하려면 하나님의 본성에 대한 한 가지 주장이 더 필요하다. 이 주장에 따르면 하나님의 사랑의 본성 때문에 하나님은 타자의 자유나 자발적 활동 또는 기본적인 존재를 철회하거나, 뒤엎거나, 공급하는 데 실패할 수 없다. 하나님이 사랑으로 타자에게 존재를 부여한다는 것은 그분이 세상에서 작동되는 법칙과 같은 규칙성 ─ 많은 이들이 "자연법칙"이라고 부르는 것 ─ 을 빼앗을 수 없음을 의미하기도 한다. 자기를 내어주는 사랑은 하나님의 영원한 본성의 한 측면이며 하나님은 이 본성을 부인할 수 없다. 사랑 때문에 하나님은 주셔야 한다.

하나님의 자애로운 본성 때문에 하나님은 에이미의 유괴, 성폭행, 살해를 일방적으로 막지 못한다.

본질적 케노시스

악의 문제에 대한 내 해법의 주권적 차원은 내가 "본질적 케노시스"라고 부르는, 더 광범위한 섭리 모델의 일부다.[14] 케노시스(kenōsis)라는 그리스어 단어의 동사형이 신약에서 여섯 번 등장하기 때문에 이 단어에 익숙한 그리스도인이 많다. 가장 많이 논의되는 케노시스는 사도 바울이 빌립보에 있는 신자들에게 보낸 편지에 등장한다. 바울은 이렇게 말한다.

> 너희 각자는 자기 일을 돌보지 말고 다른 사람의 이익을 돌보라.
> 너희 안에 그리스도 예수 안에 있던 것과 동일한 마음이 있게 하라.
> 비록 그분은 하나님의 형체로 있었으나
> 하나님과의 동등함을
> 이용할 어떤 것으로 여기지 아니하시고
> 오히려 자기를 비워[케노시스]
> 종의 형체를 취하셔서
> 사람들과 같이 태어나셨고
> 사람의 모양으로 나타나셔서
> 자기를 낮추시고
> 죽기까지 복종하셨으니
> 곧 십자가에 죽기까지 하셨다(빌 2:4-8, NRSV 역본의 번역).

14_ 나는 본질적 케노시스에 대해 *The Uncontrolling Love of God*에서 훨씬 자세히 설명한다. 나의 다음 책들도 보라. *The Nature of Love: A Theology* (St. Louis: Chalice, 2010), 4-5장; *Defining Love*, 6장.

신학자들은 이 구절을 다양한 방식으로 해석하며 다양한 주제에 적용한다. 좀 더 이른 시기의 신학자들은 예수가 어떻게 인간인 동시에 하나님인지 논의할 때 이 구절에 의지했다.[15] 그러나 최근 수십 년 동안에는 신학자들이 주로 케노시스에 호소하여 예수가 어떻게 하나님의 본성을 계시하는지를 묘사한다. 예수의 케노시스는 우리에게 하나님은 어떤 분이며 어떻게 행동하는지를 말해준다.[16] 많은 학자들이 이제 케노시스를 주로 "종의 형체를 취하셔서", "자기를 낮추시고", "십자가 위의 죽음" 등과 같은 어구에 비추어 읽는다. 이런 구절들은 예수의 줄어든 능력과 타인에 대한 섬김에 초점을 맞춘다.[17]

케노시스 구절은 예수가 하나님의 능력이 압도적이고 초연한 것이 아니라 설득적이고 민감하다(vulnerable)는 점을 보여준다고 암시한다. 하나님의 능력은 제한적이고, 타자 지향적이며, 섬기는 사랑을 보여준다.

15_ 케노시스와 예수의 두 본성에 대한 역사적 논쟁에 대해서는 다음 문헌들을 보라. David Brown, *Divine Humanity: Kenosis and the Construction of a Christian Theology* (Waco, TX: Baylor University Press, 2011); Thomas R. Thompson, "Nineteenth-Century Kenotic Christology: Waxing, Waning and Weighing of a Quest for a Coherent Orthodoxy," *Exploring the Kenotic Christology: The Self-Emptying of God*, C. Stephen Evans 편(Vancouver, BC: Regent College Publishing, 2006)에 실린 글.

16_ 케노시스에 대한 최근의 유익한 텍스트 중 다음 문헌들을 보라. Brown, *Divine Humanity*; Peter J. Colyer, *The Self-Emptying God: An Undercurrent in Christian Theology Helping the Relationship with Science* (Cambridge: Cambridge Scholars Publishing, 2013); Evans 편, *Exploring Kenotic Christology*; John Polkinghorne 편, *The Work of Love: Creation as Kenosis* (Grand Rapids: Eerdmans, 2001, 『케노시스 창조이론』, 새물결플러스 역간).

17_ 다음과 같은 성서학자들의 저작을 보라. James D. G. Dunn, *Christology in the Making: An Inquiry into the Origins of the Doctrine of the Incarnation*, 2판 (London: SCM Press, 1989), 116; Donald Macleod, *The Person of Christ: Contours of Christian Theology* (Leicester, UK: Inter-Varsity Press, 1998), 215; Ralph P. Martin, *Carmen Christi: Philippians 2:5-11 in Recent Interpretation and in the Setting of Early Christian Worship*, 개정판 (Grand Rapids: Eerdmans, 1983), 170.

"[하나님의] 본성의 정확한 표현"(히 1:3, NASB 역본의 번역)인 예수의 케노시스는 우리가 하나님의 본성을 성육신적인 사랑에 비추어 이해하도록 도와준다.

케노시스라는 단어는 성서학자들이 시 또는 찬가(讚歌)라고 믿는 단락의 중앙에 위치한다. 이러한 문학 장르는 광범위한 해석을 허용한다. 학자들은 케노시스를 "자기를 비움", "스스로 물러남", "자기 제한" 또는 "자기를 내어줌" 등으로 다양하게 번역한다.

여러 이유로 나는 케노시스를 "자기를 내어줌"으로 번역하는 것을 다른 대안들보다 선호한다. 나는 이 번역이 이 구절의 더 넓은 문맥에 묘사된 피조물의 사랑과 하나님의 사랑 모두의 사랑의 관계적 특성을 더 잘 묘사한다고 생각한다. 그리고 이 번역은 이 단어에 대한 다른 번역들과 관련된 문제들을 극복한다.[18]

아마도 케노시스에 대한 가장 일반적인 현대의 번역은 하나님의 소위 자발적인 자기 제한과 관련이 있을 것이다. 이 관점에서는 하나님은 사랑 때문에 자발적으로 타자를 위해 자신을 제한한다고 말한다. 예를 들어 존 폴킹혼은 "신의 능력은 의도적으로 자기 제한적이다"라고 말한다. 하나님은 본질적으로 다른 존재들을 통제할 수 있는 능력을 보유하고 있지만 기꺼이 자신을 제한한다. 폴킹혼은 자발적인 자기 제한이 악의 문제에 대해 어떤 의미가 있는지를 이렇게 설명한다. "하나님은 살인자의 행동이나 지진의 파괴적인 힘을 원하지는 않지만, 피조물에게 인과 관계의 여지를 허용하기 위해 하나님의 능력이 의도적으로 스스로 제한된 세상에서

18_ *The Uncontrolling Love of God*, 7장에서 내가 제시하는 이유들에 대한 충분한 설명을 보라.

그런 사건들이 발생하도록 허용한다."[19]

나는 우리가 하나님이 악을 허용한다고 생각할 때 발생하는 문제들을 이미 언급했다. 자발적으로 진정한 악을 막지 않기로 작정하는 하나님은 한결같이 자애로운 존재가 아니다. 자발적으로 자기를 제한하는 하나님이 사랑 때문에 진정한 악을 막기 위해서는 자기를 제한하지 않아야 할 것이다. 우리가 케노시스를 자발적인 하나님의 자기 제한으로 이해하면, 하나님에게 진정한 악을 막지 않은 데 대한 책임이 귀속된다.

다시 에이미 먼로의 상황을 생각해보자. 자발적으로 자기를 제한하는 하나님이 에이미에게 끔찍한 짓을 저지른 가해자를 막기 위해서는 자기를 제한하지 않았어야 했을 것이다. 에이미의 고통을 허락한 것이 에이미의 유익이나 가해자의 유익 또는 공동의 유익을 증진하지 않았다. 그런데도 하나님이 자발적으로 자신을 제한한다고 믿는 사람들은 또한 하나님이 에이미에게 벌어진 일을 막을 수도 있었다고 믿는다.

예수가 빌립보서와 기타 성경 구절들이 암시하듯이 참으로 하나님의 사랑을 계시한다면, 우리에게는 하나님의 자발적인 자기 제한의 타당성을 의심할 만한 강력한 기독론적 이유가 있다. 나는 에이미가 성폭행당하고 살해당할 때 예수가 스스로를 제한하여 방관하고 있었을 것이라고는 상상할 수 없다. 나는 예수가 에이미에게 이렇게 말씀하셨으리라고 상상할 수 없다. "나는 이 일을 막을 수 있단다. 하지만 나는 이 일에서 손을 떼는 것이 최선이라고 생각한다."

19_ John Polkinghorne, "Kenotic Creation and Divine Action," *Work of Love*(『케노시스 창조이론』, 새물결플러스 역간), 102에 실린 글.

에이미가 성폭행당하고 교살당하는 동안 예수가 한가하게 자기를 제한한 채 방관하고 있는 모습을 내가 상상할 수 없다면, 하나님은 자기를 제한하고 이 악을 막지 않았을 것이라는 말은 내게는 별로 설득력이 없다. 결국 나는 예수가 하나님의 케노시스적인 사랑을 계시한다고 믿는다.

본질적 케노시스와 악

나는 자발적인 자기 제한으로서의 케노시스가 제기하는 문제들에 비추어서, 본질적 케노시스에서 "본질적"이라는 말이 어떻게 이런 문제들을 극복하는지를 설명하고자 한다. 본질적 케노시스는 하나님의 영원한 본성에 있어서 논리적으로 예수 그리스도 안에서 계시된 하나님의 자기를 내어주는 사랑이 일차적이고 필연적이라고 간주한다. 하나님의 자기를 내어주는 사랑이 영원하기 때문에 시편 저자가 표현한 대로 "[하나님의] 한결같은 사랑이 영원히 지속된다"(시 136편, NRSV 역본의 번역).

본질적 케노시스에 따르면 하나님의 능력에 대한 핵심적인 제한은 하나님의 사랑의 본성에서 나온다. 창조자는 자발적으로 자기를 제한하지 않으며 피조물이 그 창조자를 다스리지도 않는다. 대신 하나님의 자기를 내어주고 통제하지 않는 사랑은 하나님의 본성의 필연적이고, 영원하며, 논리적으로 일차적인 측면이다. 이 논리적 우선성은 하나님이 피조물 안에서 그리고 피조물과 더불어 일하는 방식을 제한한다.

하나님의 자발적인 자기 제한 관점은 논리적으로 하나님의 본성에서 사랑이 일차적인 측면이 **아니라고** 암시한다. 그러나 본질적 케노시스에서는 하나님의 본성에서 자기를 내어주는 사랑이 필연적이고 일차적이다.[20] 하나님은 전반적인 행복을 증진하기 위해 끈질기게 그리고 본질적으로 사랑을 표현한다. 하나님은 존재하기를 멈출 수 없는 것처럼 사랑하기를 멈출 수도 없다. 하나님은 하나님처럼 행동해야 하기 때문에 반드시 사랑해야 한다. 하나님은 "자기를 부인할 수 없다"(딤후 2:13)

악의 문제에 대한 내 해법의 주권적 차원은 하나님이 필연적으로 창조세계에 자유, 자발적 활동, 법칙과 같은 규칙성을 부여한다는 본질적 케노시스의 주장에서 도출된다. 그 결과 하나님이 진정한 악을 일방적으로 막을 수는 **없다**는 대담하지만 유익한 주장이 파생된다. 케노시스에 대한 빌립보서의 구절과 하나님이 자신을 부인할 수 없다는 사실에 대한 디모데후서의 구절을 결합하면 우리는 다음과 같이 확언할 수 있다.

하나님은 하나님 자신의 본성을 부인할 수 없는데, 그 본성은 필연적으로 자기를 내어주는 사랑을 표현한다.

본질적 케노시스는 하나님이 관련된 피조물의 복잡성에 따라 언제나 창조세계에 자유, 자발적 활동, 자기 조직화, 법칙과 같은 규칙성을 부여한다고 말한다. 하나님이 주는 선물은—사도 바울의 언어를 사용하자

20_ 하나님의 본성이 사랑이기 때문에 하나님은 사랑할지 **여부**를 자유롭게 선택하지 않는다. 그러나 하나님은 순간마다 사랑을 **어떻게** 표현할지를 자유롭게 선택한다. 하나님은 매순간 다른 방식 대신 어떤 특정한 방식으로 사랑하기로 자유롭게 선택하기 때문에 하나님은 이 중요한 의미에서 자유롭다. 사랑은 하나님의 본질에 있어서는 필수적이지만, 피조물과 관련해서는 자유롭게 표현된다. 나는 이 점을 *The Uncontrolling Love of God*에서 훨씬 더 자세히 설명한다.

면—"취소할 수 없다"(롬 11:29, NRSV 역본의 번역). 사랑 때문에 하나님은 필연적으로 다른 존재들에게 순간마다 그들의 존재를 거저 내어주며 이런 은사를 철회할 수 없다. 본질적 케노시스에 따르면, 그렇게 하려면 하나님이 자신의 사랑의 본성을 부인해야 할 것이다.

존 웨슬리는 본질적 케노시스의 이 측면을 잘 묘사한다. 웨슬리는 섭리를 설명하면서 이렇게 말한다. "인간의 자유가 박탈된다면 인간은 돌들처럼 미덕을 발휘할 수 없을 것이다. 그러므로 (경건한 마음으로 말하자면) 전능자는 이런 일을 할 수 **없다**. 이처럼 하나님은 자신과 모순되거나 자신이 한 일을 무효화시킬 수 없다."[21]

하나님은 **반드시** 자유를 주어야 하며 한번 준 선물을 번복할 수 없으므로, 우리는 피조물이 자유를 오용할 때 하나님을 비난하지 말아야 한다. 자유를 오용하는 피조물들이 비난 받아야 한다. 자녀 양육이 이 사실을 보여준다. 성폭행범의 부모는 인과 관계상으로 그를 세상에 태어나게 한 데 대해 책임이 있다. 그 부모들의 성관계를 통해 그가 존재할 수 있게 되었다. 그러나 우리는 그들의 아들이 자유롭게 성폭행을 선택했을 때 그 부모에게 도덕적으로 책임이 있다고 간주하지 않을 것이다. 비록 그 부모에게 애초에 성폭행범을 존재하게 한 데 대한 책임이 있기는 하

21_ John Wesley, "On Divine Providence," Sermon 67, *The Works of John Wesley*, 2권 (Nashville: Abingdon, 1985), paragraph 15에 실린 글. 웨슬리는 또한 하나님은 "당신의 자유, 선악을 선택할 수 있는 당신의 능력을 빼앗지" 않는다고 말한다. 그는 이렇게 주장한다. "[하나님은] 당신에게 **강요하시지** 않았지만, [하나님의] 은혜로 당신이 마리아처럼 더 나은 부분을 **선택**하도록 도우셨다." "The General Spread of the Gospel," Sermon 63, *Works of John Wesley*, 2,281(강조는 원저자의 것임).

지만, 우리는 그의 부모를 비난하지 않고 그 성폭행범을 비난한다.[22]

에이미의 상황에서 본질적 케노시스에 따르면 하나님은 필연적으로 그 아이를 성폭행하고 살해한 범인에게 자유를 주었다. 자유를 사용할 만큼 충분히 복잡한 모든 피조물에게 자유를 주는 것은 하나님의 필연적이고, 한결같고, 자기를 내어주는 사랑의 일부다. 하나님은 악을 저지르는 자가 구가하는 자유를 그에게 주지 않거나 철회하거나 뒤엎을 수 없다. 하나님은 심지어 자유를 잘못 사용하는 이들에게도 자유를 주어야 한다. 따라서 하나님은 에이미가 당한 참상을 막지 않은 데 대한 책임이 없다.

하나님은 자유 의지를 주어야 하며 그것을 빼앗을 수 없다.

하나님이 자유를 주어야 하며 그것을 빼앗을 수 없다고 말한다고 해서 악의 문제가 완전히 해결되는 것은 아니다. 어쨌든 우리는 하나님이 에이미의 고통을 막으면서도 가해자의 자유를 철회하거나 뒤엎지 않고 그에게 자유를 주는 시나리오를 상상할 수 있다. 그렇게 상상된 시나리오들은 우리가 완전한 자유를 표현할 능력을 소유했다고 생각하지 않을 작은 실체들이나 유기체들 가운데서의 변화를 수반할지도 모른다. 우리가 상상할 수 있는 악을 방지하는 시나리오들은 자연의 법칙과 같은 규칙성, 또는 많은 사람이 "자연법칙"이라고 부르는 것에 대한 개입을 수반할 수도 있다. 따라서 악의 문제에 대한 내 해법의 주권적 차원은 하나님이 더 작은 실체들이나 자연법칙을 조종하거나 통제하지 않는 이유에 대한

22_ 하나님이 자유를 줌으로써 어떤 사건을 부분적으로 야기한 것과 하나님이 악을 막지 않은 데 대해 도덕적으로 책임이 있다는 것을 구별할 필요가 있다. 하나님은 자유를 표현하기에 충분히 복잡한 피조물에게 섭리적으로 자유를 주기 때문에, 그 피조물은 하나님이 준 자유를 선하거나 악한 (또는 도덕적으로 중립적인) 활동에 사용할 수 있다. 하나님은 모든 피조물의 활동에 대해 비록 부분적이기는 하지만 필연적 원인 역할을 한다.

설명도 포함한다.

본질적 케노시스는 하나님이 더 작은 실체들을 완전히 통제하거나 법칙과 같은 규칙성에 개입해서 진정한 악을 방지할 수 없다고 말한다. 덜 복잡한 실체들의 경우에 하나님은 필연적으로 자발적 활동과 자기 조직화라는 선물을 준다. 하나님은 모든 피조물을 사랑하기 때문에 그렇게 하는 것은 하나님의 사랑의 일부다. 이는 하나님이 좀 더 단순한 유기체나 실체의 자발적 활동과 자기 조직화를 철회하거나 번복할 수 없으며 그것들을 주지 않을 수 없다는 뜻이다. 하나님의 사랑은 우리 우주의 덜 복잡한 피조물들과 실체들 가운데서도 통제하지 않는다.

하나님이 단순한 실체들을 조종함으로써 일방적으로 고통을 막을 수 없다는 점을 깨달으면 우리가 많은 사람이 "자연적인 악"이라고 말하는 것을 이해하는 데 도움이 된다. 이는 예를 들어 우리가 하나님이 선천적 장애, 암, 감염, 질병, 허리케인, 지진, 쓰나미, 또는 기타 질환이나 재난을 야기하거나 허용한 데 대해 하나님을 비난하지 말아야 한다는 것을 의미한다. 그러한 재앙은 하나님의 뜻을 나타내지 않는다.

본질적 케노시스는 몇몇 학자들이 악에 대한 "자유로운 과정"(free process) 답변이라고 부르는 것의 한 형태를 제공한다. 그러나 본질적 케노시스는 하나님이 창조세계에 자발적 활동과 자기 조직화를 부여하는 데 그러한 부여는 하나님의 자애로운 본질에서 비롯된다고 말하기 때문에, 그것은 하나님이 선물을 주는 것이 전적으로 자발적임을 함축하는 자유로운 과정에 대한 여러 형태의 변호에서 나타나는 문제들을 극복한다. 본질적 케노시스에 따르면 역동적이고 때로는 무질서하며 부분적으로 무작위적인, 다양한 체계와 과정을 갖고 있는 우주는 필연적으로 창조적이고 케노시스적인 하나님의 사랑에서 출현한다. 생명의 자유로운 과정은 신적 은혜의 본질적인 표현이다.

에이미의 성폭행 및 살인의 경우에 하나님은 일방적으로 그 성폭행 범을 중병에 걸리거나 눈이 멀거나 움직일 수 없게 할 수 없었을 것이다. 그렇게 하려면 하나님이 그의 몸의 기본적인 유기체들 및 실체들과 구조들에 부여한 자발적 활동과 자기 조직화를 철회하거나 뒤엎거나 그것들을 주지 않아야 했을 것이다. 필연적으로 자기를 내어주는 자애로운 하나님은 이런 일을 하거나 다른 자연 과정에 개입할 수 없다. 그렇게 하려면 다시 디모데후서의 언어를 사용하자면 하나님이 "자기를 부인"해야 할 것이다.

하나님의 사랑은 필연적으로 자발적 활동과 자기 조직화를 부여한다.

본질적 케노시스는 하나님이 법칙과 같은 존재의 규칙성에 개입할 수 없다고 말한다. 이런 규칙성들이 창조세계에서의 하나님의 지속적이고 자애로운 활동에서 유래하기 때문에 하나님은 그 규칙성에 개입할 수 없다. 하나님의 사랑은 존재하는 모든 것의 원천이며, 하나님의 존재를 부여하는 사랑은 취소될 수 없다.

우리가 세상에서 목격하는 규칙성은 하나님이 자발적으로 삽입한 것도 아니고, 하나님을 초월하는 외부에서 유래한 것도 아니다. 하나님의 자애로운 본성이 창조세계의 법칙과 같은 규칙성의 궁극적인 원천이며, 필연적으로 사랑하는 하나님은 만물에게 신적으로 표현되는 사랑을 중단할 수 없다. 하나님은 외부의 시계 제작자가 아니라 자신 안에서 만물이 살고 움직이며 존재하는 분으로서(행 17:28), 하나님의 지속적이고 언제나 영향력이 있는 사랑은 모든 피조물에게 조건을 부과한다.

나는 "자연이 지닌 기계적 측면의 규칙성은 신학적으로 창조자의 신실성의 표지로 이해되어야 한다"[23]는 폴킹혼의 말에 동의한다. 본질적 케노시스는 창조자의 신실성은 창조자의 본성에서 비롯되는데 그 본성에서 사랑은 논리적으로 일차적이며 필연적으로 창조세계에 표현된다고 덧붙인다. 폴킹혼도 물리학이 묘사하는 규칙성은 "자기의 피조물을 향한 [하나님의] 신실성의 희미한 반영"이라고 말한다. 따라서 하나님은 "변덕스럽거나 예측하기 어려운 방식으로 창조세계의 운행에 간섭하지 않을 것이다. 그것은 영원히 신뢰할 만한 존재가 자신을 간헐적인 마술사로 둔갑시키는 일이 될 것이기 때문이다."[24] 나는 이 대목에서도 폴킹혼의 견해에 동의한다. 그러나 본질적 케노시스는 하나님의 본성이 케노시스적인 사랑이기 때문에 하나님은 법칙과 같은 이 규칙성에 간섭할 수 **없다**고 말할 것이다.

에이미의 경우에 하나님은 우리가 자연에서 발견하는 법칙과 같은 규칙성에 개입해서 일방적으로 그 아이의 성폭행과 살해를 막을 수는 없었을 것이다. 하나님은 필연적으로 모든 피조물에게 존재를 부여하며, 피조물에 대한 하나님의 사랑은 법칙과 같은 규칙성을 나타내기 때문에 하나님이 단독으로 이 비극을 막을 수 없었을 것이다. 범인 위로 나무가 쓰러지게 하거나 중력 법칙을 순간적으로 정지시켜 에이미에 대한 성폭행과 살해를 막으려면 하나님은 창조세계의 일부분과의 사랑의 상호작용

23_ John Polkinghorne, "Province," *The Polkinghorne Reader: Science, Faith and the Search for Meaning*, Thomas Jay Oord 편 (Philadelphia: Templeton Foundation Press, 2010), 124-25에 실린 글.

24_ John Polkinghorne, *Science and Providence: God's Interaction with the World* (Philadelphia: Templeton Foundation Press, 2005), 30.

을 포기해야 했을 것이다. 하나님은 모든 피조물을 사랑하며 "자기를 부인할 수" 없기 때문에, 그분이 자기를 내어주고 타자에게 권한을 주며 존재를 부여하는 사랑을 표현하지 않음으로써 에이미의 고통을 막을 수는 없었을 것이다.

하나님은 자신의 신적 사랑 때문에 필연적으로 법칙과 같은 규칙성을 만들어내는 방식으로 행동한다.

질문 예상하기

내가 악의 문제에 대한 내 5겹 해법과 본질적 케노시스를 설명하면 그 설명을 듣는 사람들은 종종 그것이 일리가 있다고 말한다. 본질적 케노시스는 하나님의 사랑과 피조물의 자유, 자발적 활동, 법칙과 같은 규칙성의 논리를 끝까지 유지한다. 물론 하나님의 능력에 어떤 제한도 두기를 싫어하는 신자들은 ─ 몇몇 성경 구절들과 우리의 경험 그리고 이성이 암시하는 바에도 불구하고 ─ 일반적으로 본질적 케노시스 관점에 마음을 열지 않는다.

그러나 내가 제안한 방식으로 하나님의 능력을 새롭게 생각하는 데 마음이 열린 사람들은 이에 대한 반응으로 종종 두 가지를 묻는다. 나는 이 글을 마무리하면서 그 질문들에 답변하기 원하는데, 그것은 부분적으로는 이 책에 기고한 다른 기고자들이 그런 질문을 할 수도 있다고 생각하기 때문이다.

첫 번째 질문은 피조물이 때때로 할 수 있는 일을 하나님은 할 수 없다는 것과 관련이 있다. 에이미가 처한 상황의 관점에서 우리는 이런 식으로 물을 수 있을 것이다. "우리는 행인이 에이미의 비명을 듣고 숲으로 들어가서 성폭행과 살해를 막는 것을 상상할 수 있다. 아마도 그 구조자는 막대기로 성폭행범의 머리를 쳐서 그가 의식을 잃게 할 수 있을 것이다. 또는 그 구조자가 총을 갖고 있어서 성폭행범에게 에이미를 놔주지 않으면 쏴버리겠다고 위협했을 수도 있다. 또는 그 행인이 폭력을 쓰지 않고 몸으로 성폭행범과 에이미 사이를 막아섰을 수도 모른다. 피조물인 우리도 때때로 악을 저지르는데, 왜 자애로운 하나님은 그럴 수 없는가?"

이 질문에 대답하기 위해 우리는 하나님의 능력이 제한되는 또 다른 방식을 살펴볼 필요가 있다. 이 답변은 하나님이 편재(遍在)하는 영이라는 전통적인 기독교 관점을 인정한다. 그러나 이 관점을 인정하는 사람들은 종종 그것의 함의를 충분히 생각하지 않는다. 하나님은 편재하는 영이기 때문에 하나님께는 독특한 능력과 한계가 있다.

하나님이 자애로운 영이라는 말은 부분적으로는 하나님께는 어느 한 장소에 위치하는 신적인 몸이 없다는 뜻이다. 전통적인 언어를 사용하자면 하나님은 "무형적"(incorporeal)이다. 또는 예수가 표현한 대로 "하나님은 영이시다"(요 4:24).[25] 성경 및 전통도 하나님은 편재(遍在)한다거나 도처에 존재한다고 말해왔다. 창조자는 피조물처럼 특정한 장소에 국지적으로 존재하는 것이 아니라 창조세계 전체에 존재한다.

25_ 나처럼 하나님은 어디에나 존재하는 영이라고 말하는 사람들이 반드시 하나님께는 어떤 물질성도 없다고 주장할 필요는 없다. 우리는 비록 우리의 오감으로 그것을 인식할 수는 없지만, 신적인 현존(presence)에 물리적 차원이 존재한다고 믿을 수는 있다. 나는 이 점을 여러 출판물에서 탐구했지만 특히 다음 두 글에서 탐구했다. *The Uncontrolling Love of God*, 7장; "The Divine Spirit as Causal and Personal," *Zygon* 48, no. 2 (2013): 466-77.

신자들은 다양한 방식으로 하나님을 편재하는 영으로 묘사하려 했다. 예를 들어 기독교 신학 안에는 하나님은 정신이나 영혼과 같다고 말하는 유서 깊은 전통이 있다. 우리는 우리의 오감으로 정신이나 영혼을 지각할 수 없기 때문에 이러한 묘사는 어느 정도 유익하다. 우리는 정신이나 영혼에 인과 관계상의 영향력이 있다고 믿는다.

또 다른 유비에서는 하나님의 무형적 존재가 공기나 바람과 같다고 말한다. 바람은 우리가 볼 수는 없지만 물리적 차원이 있기 때문에 이 묘사도 어느 정도 유익하다. 바람도 인과 관계상의 힘을 행사한다. 하나님을 정신, 영혼, 또는 바람에 비유하는 것은 성경적인 근거가 있으며, 이런 단어들은 하나님의 존재의 무형적인 측면을 강조한다. 그러나 그런 단어들은 하나님의 편재성을 완전하게 전달하지 못한다.

물론 하나님과 피조물 사이의 모든 유비는 미흡한 점이 있다. 하나님을 자애롭고 편재하는 영으로 보면 하나님이 왜 피조물이 때때로 할 수 있는 것과 같은 방식으로 악을 막을 수 없는지를 우리가 이해하는 데 도움이 된다. 어느 한 곳에 존재하는 신적인 몸이 없고 편재하는 영인 하나님은 한 곳에 존재하는 신체로서의 신적인 신체적 영향력을 행사할 수 없다. 이는 하나님이 숲으로 걸어 들어가 하나님의 몸을 사용하여 에이미의 가해자의 범행을 막을 수 없다는 뜻이다. 하나님은 막대기를 쥘 손이나 에이미와 가해자 사이를 막아설 몸을 갖고 있지 않다.

하나님은 어느 한 장소에 존재하는 몸을 갖고 있지 않기 때문에 피조물이 때때로 할 수 있는 것과 똑같은 방식으로 악을 막을 수 없다. 하나님

은 편재하는 영이다.[26]

주의 깊은 독자라면 내가 "하나님이 단독으로" 신적인 몸을 사용하여 악을 막을 수 없다고 말했다는 점을 알아챘을 것이다. 그리고 나는 하나님이 "일방적으로" 악을 막을 수 없다고 말했다. 나는 손과 발과 몸이 있는 피조물은 하나님의 부르심에 잘 응답하여 그들의 몸을 사용하여 악을 막을 수 있다고 믿기 때문에 이런 중요한 수식어들을 포함시켰다. 물론 피조물은 하나님의 부르심에 형편없이 응답하거나 불순종하거나 하나님의 인도하심을 무시할 수도 있다. 피조물이 그렇게 하면 하나님의 뜻이 하늘에서 이루어진 것처럼 땅에서도 이루어지지는 않는다.

두 번째 질문은 이 악의 문제보다는 우리가 일반적으로 기독교 교리와 관련하여 하나님의 활동에 대해 어떻게 생각하는가와 더 관련이 있다. 에이미가 처한 상황의 관점에서 우리는 이런 식으로 물을 수 있다. "우리가 하나님의 자기를 내어주는 사랑 때문에 하나님이 에이미의 살해와 성폭행을 일방적으로 막을 수 없다고 말한다면 이는 역사를 통틀어 많은 이들이 그렇게 간주해왔고 몇몇 기독교 교리에서 명백히 나타나는, 성경에서 발견되는 하나님의 능력에 대한 관점을 우리가 거부해야 한다는 의미인가?"

그리스도인들은 성경을 통해 하나님의 행동에 대한 그들의 관점을 알고자 한다. 그래서 우리가 이 두 번째 질문에 어떻게 대답하는가에 대

26_ 물론 성육신에 대한 관점에 따라서, 우리는 예수야말로 하나님께는 한 장소에 존재하는 신적인 몸이 없다는 관점에 대한 예외라고 생각할 수 있다. 그러한 논의를 하려면 책 한 권이 필요하다. 그러나 나는 하나님의 본질적이고 영원한 존재와 한 장소에 존재하는 인간으로서의 나사렛 예수의 일시적 성육신을 구별하는 많은 신학자들의 견해에 동의한다.

해 성경 해석이라는 이슈가 중요한 역할을 한다. 나는 "'성경이 하나님이 다른 존재들을 통제할 수 있다'고 묘사한다"라고 **해석**해온 사람이 많다는 것을 전혀 의심하지 않는다. 그러나 이 해석을 따르면 유감스럽게도 하나님이 일반적으로는 악을, 구체적으로는 에이미의 고통을 막지 않은 데 대해 책임이 있게 된다. 이 이유와 그 밖의 이유 때문에 우리는 대안적인 해석을 모색해야 한다.

나는 여기서의 도전 과제는 성경을 하나님과 창조세계에 대한 성경의 증거의 전반적 의향, 일반적 취지, 또는 광범위한 범위라는 측면에서 해석하는 것이라고 생각한다. 다른 많은 그리스도인 및 내가 성경을 읽을 때 논리적으로 최상위의 하나님의 속성은 사랑이라는 것이 성경의 주된, 또는 지배적인 관점이다. 이는 우리가 신적인 권능 및 힘과 관련된 성경 구절들을 ─본질적 케노시스에서 주장하듯이 하나님의 본성에서 자기를 내어주는 사랑이 논리적으로 가장 먼저 온다면 특히 더─신적인 사랑 및 관대함과 관련된 구절들에 비추어 해석할 수 있음을 의미한다.

나는 성경을 읽을 때 하나님의 통제하지 않는 사랑이 중심적이고 최우선적인 주제라고 생각한다. 내가 발견한 것을 성경의 핵심 주제로 받아들이면 성경의 나머지 내용을 해석하기 위한 해석학적 렌즈를 얻을 수 있다. 게다가 나는 하나님이 다른 존재들을 완전히 통제한다고 명시적으로 말하는 어떤 성경 구절도 발견하지 못했다. 그러한 진술에 가장 가까운 성경 구절은 아마도 하나님이 바로의 마음을 굳어지게 했다고 언급하는 구절들이겠지만, 그 구절들을 그렇게 말하는 것으로 해석할 필요는

없다.[27]

확실히 하나님을 전능하다고 말하거나 묘사하는 구절들이 있다. 나는 그런 구절들을 굳건히 지지한다. 그러나 이런 성경 구절은 다른 모든 것 **보다 강하고** 다른 모든 것들의 **힘**의 원천이며 다른 모든 것에 **힘**을 행사하는 하나님을 묘사하는 것으로 해석하는 것이 타당하다. 하나님은 다른 존재들을 완전히 통제해서 악을 막을 수 없더라도 이런 의미에서 전능할수 있다. 우리는 성경의 전반적인 취지를 통제하지 않는 하나님의 사랑을 증진하는 것으로 일관되게 해석할 수 있다. 이 해석에서 나타나는 하나님은 장엄하고 영광스럽고 경외감을 느끼게 하며 또한 전능하다.

애석하게도 기독교 전통에서 가장 위대한 신학자 대다수가 기독교 교리를 서술할 때 하나님의 통제하지 않는 사랑을 그들의 해석학적 렌즈나 일차적인 주제로 삼지 않았다. 그들 대다수는 하나님이 다른 존재들을 과거에 완전히 통제했고 지금 통제하고 있거나 장차 통제할 것이라고 가정해왔다. 그들 대다수가 하나님의 자기를 내어주는 사랑이 하나님의 본성에서 논리적으로 최우선일 가능성을 고려해보지 않은 것으로 보인다. 하나님의 본성은 사랑이라는 확신으로 시작하고, 방향을 설정해주는 그 확신을 사용해서 다양한 기독교 교리들을 체계적으로 철저하게 탐구한 것으로 보이는 조직 신학자는 별로 없다.[28]

27_ 이 이야기의 다른 구절들은 바로가 자기 마음을 굳어지게 했다고 말한다. 더 중요한 점은 번역자들이 바로와 관련된 하나님의 행동을 묘사하기 위해 '굳어지게 했다'와 같은 단어들을 선택할 때 신적인 강압을 가정했다는 점이다. 그러나 번역어로 '굳어지게 하다'라는 단어가 지닐 수 있는 강압이라는 어감을 갖고 있지 않은 다른 단어들을 쓸 수도 있다. Terence Fretheim, *Exodus*, Interpretation (Louisville: Westminster John Knox, 2010)을 보라.

28_ 나는 *Nature of Love*에서 하나님의 통제하지 않는 사랑을 자신의 공식적인 신학에 방향을 설

나는 하나님의 통제하지 않는 사랑을 "방향을 설정해주는" 관심사로 사용하는 견고한 기독교 조직신학이 성경과 기독교 신앙의 교리들을 더 일리가 있게 해 줄 수 있다고 믿는다. 그러나 이 주장을 잘 변호하고 발전시키려면 적어도 또 다른 책 한 권을 쓸 필요가 있을 것이다. 그렇더라도 나는 몇 가지 주제에 대해서는 간략하게 언급하고자 한다.

하나님의 통제하지 않는 사랑은 최초의 창조와 지속적인 창조 교리에 더 나은 근거를 제공한다. 결국 성경 저자들은 하나님이 처음에 무(無)가 아닌 무언가와 관련해서 우주를 창조했다고 말한다(창 1:1-3).[29] 하나님의 통제하지 않는 사랑은 창조를 계속하는데, 창조자로서의 하나님을 이렇게 보는 관점은 진화와 같은 현대 과학 이론과 일치한다. 구약과 신약에 수록된 기적들은 흔히 피조물의 협력을 묘사하며, 때때로 피조물이 하나님의 통제하지 않는 사랑에 협력하지 않았기 때문에 기적이 좌절되었다. 하나님은 성령으로 예수가 잉태할 때 통제하지 않는 사랑을 표현했는데, 이 사건에서 마리아는 하나님의 성육신 계획에 협력한다. 즉 마리아는 "말씀대로 내게 이루어지이다"라고 말한다(눅 1:38). 예수는 아바 아버지와 협력하기 때문에 예수의 생애는 하나님의 통제하지 않는 사랑을 강력하게 표현한다. 예수는 자신의 생애와 죽음에서 하나님의 케노시스적인 본성을 드러내는데, 그 본성은 다른 존재를 통제하지 않는다(빌

정해주는 관심사로 삼지 않은 학자들의 몇몇 신학적 실패를 조사한다.

29_ 창 1장 및 성경의 다른 창조 내러티브들은 언제나 하나님의 창조를 무언가(혼돈, 물, 깊음 등)와 관련해서 묘사한다. 어떤 성경 구절도 하나님이 문자적으로 무(無)에서 창조했다고 말하지 않는다. 나는 이 점을 다음 논문에서 설명한다. "God Always Creates Out of Creation in Love: Creatio ex Creatione a Natura Amoris," Theologies of Creation: Creatio Ex Nihilo and Its New Rivals (New York: Routledge, 2014), 109-22에 실린 글.

2:3-7). 우리는 심지어 하나님이 예수를 죽은 자 가운데서 부활시킨 것이 하나님의 통제하지 않는 사랑 및 예수의 몸과 영혼의 협력을 통해 가능했다고 설명할 수 있다.[30] 참여적 종말관에서는 하나님의 완성하는 힘은 완전한 통제가 아니라 사랑이라는 관점을 강조한다.[31] 성령에 의한 예수의 잉태에서, 성육신한 하나님으로서의 그의 전체 생애에서, 그의 죽음과 부활에서, 그리고 종말의 때에 우리가 하나님의 강력한 활동은 언제나 통제하지 않는 케노시스적인 사랑을 통해 역사한다고 믿을 타당한 이유가 있다.

결론

나는 악의 문제에 대한 5겹 해법을 제시했다. 이 해법의 주권적 차원은 가장 논란이 많은 측면일 수도 있다. 이 차원은 하나님의 본성이 자기를 내어주는 사랑이기 때문에 하나님은 필연적으로 창조세계에 자유와 자발적 활동 및 규칙성을 준다는 본질적 케노시스 개념에 기초한다. 하나님은 자유, 자발적 활동, 법칙과 같은 규칙성을 철회하거나 뒤엎거나 그것들을 제공하기를 거부할 수 없다. 하나님의 사랑은 최우선이며 필연적으로 주는 사랑이다.

하나님이 진정한 악을 막지 못하는 것은 어떤 외부의 힘이나 영원히

30_ 나는 *Nature of Love*, 5장에서 예수의 몸과 영혼이 하나님의 부활시키는 행동과 협력하기 때문에 비강압적인 부활을 옹호한다.

31_ 나는 이 점을 *Nature of Love*의 결론에서 간략히 탐구한다.

공존하는 반신반인 때문이 아니다. 그러나 이 무능력은 자발적인 자기 제한도 아니다. 하나님의 제한은 하나님의 본성에서 [필연적으로] 비롯되는데, 하나님의 본성에서 자기를 내어주는 사랑―케노시스―은 하나님에게 본질적이며 논리적으로 최우선이다. 하나님은 자기를 부인할 수 없기 때문에 이 사랑의 본성을 부인할 수 없다.

본질적 케노시스는 하나님이 에이미가 겪은 잔혹 행위를 막지 않은 이유와 우리가 세상에서 목격하는 다른 진정한 악들을 막지 않는 이유에 대한 그럴듯한 답변을 제시한다.

5장
회의적 유신론 관점

스티븐 위크스트라

나는 언젠가 니콜라스 월터스토프가 철학자들은 더 많은 이야기를 해야 한다고 말하는 것을 들었다.

오늘날 회의적 유신론이라고 불리는 견해는 1980년대 초에 철학 분야에서 출현했다. 이 관점은 새로운, **"증거에 입각한 악의 문제"**—오늘날 우리가 **"논리적인 악의 문제"**라고 부르는 것의 붕괴 후 떠오른 새로운 유형의 무신론을 옹호하는 주장—에 대한 대응으로 생겨났다.[1] 철학자인 윌리엄 로우와 폴 드레이퍼가 증거에 입각한 악의 문제에 관한 핵심적인 연구자인데, 로우는 새로운 길을 개척했고 드레이퍼는 그 길을 새로운 방

1_ 우선 대체로 말하자면 악의 문제의 "논리적 형태들"은 **전능한** 하나님께서 하나님으로 하여금 악을 허락할 "필요가 있게" 만들 더 중대한 선은 결코 있을 수 없다는 주장에 의존하는 경향이 있다. 즉 그런 견해들은 전능성은 언제나 그 대안을 통해서 그러한 선이 똑같이 잘 달성될 수 있는, 악에서 자유로운 예비적인 대안을 갖고 있을 것이라고 주장한다. Alvin Plantinga는 그의 자유 의지 변호에서 아우구스티누스와 아퀴나스의 통찰력을 심화시키면서 양상 논리학(modal logic)을 사용하여 이는 전능성의 범위 밖에 속하는 "것들"을 심각하게 과소평가한다고 주장한다. (전능성은 논리적으로 불가능한 세상들을 창조할 수 없을 뿐만 아니라 논리적으로 **가능한** 몇몇 세상도 창조할 수—또는 미약하게 실현할 수—없다. Rowe의 새로운, "증거에 입각한 악의 문제"에서는 이러한 Plantinga의 교훈을 완전히 받아들여 전능한 하나님이라도 말하자면 이러지도 저러지도 못할 수 있음을 인정한다.)

향으로 이끌었다. "회의적 유신론" 관점에서의 응답의 등장은 흔히 윌리엄 올스턴, 피터 반 인워겐, 앨빈 플랜팅가, 그리고 나 자신과 관련이 있는 것으로 생각된다. 증거에 입각한 무신론과 회의적 유신론 간의 논쟁이 최근 주류 철학에서의 다른 복잡한 쟁점들과 점점 더 연결되고 있어서 그 논쟁이 풍부하고 활발해졌다.

소위 회의적 유신론은—이 관점이 대응하는 증거에 입각한 악의 문제처럼—다양한 형태를 띠고 있으며 지금도 발전하고 있다. 나는 다음과 같은 두 가지 주장이 그 모든 형태를 하나로 묶는 요소라고 생각한다. 첫째, **만일** 유신론의 하나님이 존재한다면 우리 인간은—끔찍한 고통을 가져오는 우리 주변의 많은 사건을 허락하거나 심지어 야기하는 신적 행동을 포함해서—하나님의 신적 행동의 목적을 많이 알거나 파악하기를 기대하지 말아야 한다. 둘째, 첫 번째 주장이 사실이라면 그렇지 않을 경우 유신론을 반박하는 강력한 증거로 보이는 것의 대부분은 그다지 강력하지 않다.

따라서 우리가 회의적 유신론의 강점과 한계를 파악하기 위해서는 증거에 입각한 새로운 무신론의 몇몇 논거를 다룰 필요가 있을 것이다. 이 논거들은 그 **분야**(discipline)의 맥락이다. 그러나 철학적 관점의 근원은 흔히 이런 논거들보다 더 깊이 들어가 다른 맥락들로 확장된다. 우리 철학자들이 전문적인 학술지에 동료 철학자들을 위한 글을 쓸 때 우리는 흔히 더 깊은 근원을—심지어 우리 자신에게도—숨긴다. 여기에는 상당한 손실이 있을 수 있다. 이는 우리 철학자들이 철학 학술지만을 위해서 글을 쓰지 말아야 한다는 것을 의미할 수도 있다. 그것이 월터스토프가 더 많은 이야기를 요구하는 이유일지도 모른다.

나는 여기서 단지 동료 철학자들만을 위해 글을 쓰고 있는 것이 아니다. 나는 더 깊은 근원 몇몇을 드러낼 것이다. 그리고 나는 몇 가지 이야기를 할 것이다.

세 근원 이야기

회의적 유신론의 근원은 개인적이면서도 성경신학적이다. 월터스토프는 그의 책 『나는 사랑하는 사람을 잃었습니다』(*Lament for a Son*, 좋은씨앗 역간)에서 매우 적실성이 있는 이야기를 들려준다. 나는 그의 이야기를 간략하게 언급할 것이다.

□　□　□

그러나 먼저 지금은 내가 그냥 아트라고 부를 또 다른 사람의 이야기를 해보자. 아트는 이렇게 썼다.

1963년에는 자세하게 기억나는 두 날이 있다. 첫 번째 날은 11월 22일이다. 내 연령대의 거의 모든 미국인은 그날 일어난 사건─케네디 대통령이 피격당한 사건─을 분명하게 기억하고 있다. 그날로부터 겨우 3주 뒤인 두 번째 날은 12월 15일이었다. 현재 살아 있는 사람 중 그날 벌어진 몇몇 사건들에 대해 분명히 기억하는 사람은 아마 두 명뿐일 것이다.

그날은 일요일이었고 내 선친의 마흔두 번째 생일이었다. 우리가 살던 마틴이라는 작은 마을에서 우리는 여느 때와 마찬가지로 그날 아침에 교회로 걸어갔다. 내 누나인 낸시는 아버지가 우리 여동생 베스의 손을 잡고 그 아이와 함께 교회로 뛰어갔다고 말한다. 그런데 교회에 다녀온 뒤 아버지는 몸이 좋지 않았다. 내가 옷을 갈아입고 계단을 내려가자 누나는 어머니가 아버지를 폰 박사의 병원에 데려갔다고 말했다. 나는 보통의 열네 살 짜리 아이답게 허기져 있었고 우리 세 남매는 우리끼리 식사하기 시작했다. 나는 그날 어머니가 해준 맛있는 돼지 구이 및 육즙을 첨가한 으깬 감자를 기억한다.

우리가 밥을 먹고 있을 때 우리집에서 30미터쯤 떨어진 소방서의 사이렌이 울리기 시작했다. 나는 대수롭지 않게 어디에서 불이 났겠거니 생각했다. 누나만 그 의미를 알아차렸다. 사이렌은 구급차에서도 울린다. 소방차는 한 대도 나타나지 않았다. 나는 음식을 먹으면서 조니 캐시의 새 앨범에 수록된 네 단어로 된, 중독성이 있는 노래 제목―"또 한 사람이 갔다네 (Another Man Done Gone)"―을 흥얼거리고 있었다. 누나는 나를 째려보았다.

잠시 뒤에 어머니가 귀가했다. "얘들아, 어떻게 해." 어머니는 우리를 품에 안으며 말했다. 그리고 이렇게 말했다. "너희 아빠가 돌아가셨어."

이제 그 이유를 아는 사람은 말해보라. 왜 하나님은 그때 우리 아버지를 데려가서 서른여덟 살밖에 안 된 어머니 혼자 세 아이를 키우게 했는가? 우리 아버지를 데려간 하나님의 목적은 정확히 무엇이었는가? 아니면 하나님은 우리 아버지를 "데려간" 것이 아니라 단지 아버지의 죽음을 "허용"했을 뿐인가? 당신은 이렇게 말할지도 모른다. "(상황이 좋을 때는) 의로운 자와 불의한 자에게 똑같이 비가 내리고 (상황이 좋지 않을 때는) 늙은 아버지

뿐만 아니라 젊은 아버지도 심장 마비로 죽는 안정된 법칙이 있는 세상에는 이런 일이 필요하기에, 그 일은 아마도 어떤 "정확한" 목적이 있어서가 아니라 단지 일반적인 목적을 위한 것이었을 것이다." 이것이 그 이유인가?

이유를 아는 사람은 우리에게 말해달라. 당신이 다 말해줘도 낸시 누나와 내게는 당신이 설명해줘야 할 일들이 더 남아 있다.

□ □ □

아트의 이야기에서 분명히 나타나는 몸부림과 악의 문제에 대한 니콜라스 월터스토프의 몇 가지 생각을 나란히 놓고 보면 유익할 것이다. 그가 자기 아들 에릭이 오스트리아에서 경사가 급한 어느 봉우리를 올라가다가 떨어져 죽은 뒤 쓴 『나는 사랑하는 사람을 잃었습니다』라는 감동적인 회고록은 좋은 출발점이 될 것이다.[2]

그 책의 한 구절에서 월터스토프는 죽음은 "우리가 하나님이 우리를 위해 계획한 기간을 다 살았을" 때를 위한 하나님의 "일반적인 도구"라는 견해를 다룬다. "거기 있는 너희 모든 사람들아, 내가 너희들이 타고 있는 비행기 엔진 속에 찌르레기 몇 마리를 보내주마. 그리고 거기 있는 너희들에게는 달릴 때 뇌졸중을 일으키면 되겠군."[3]

2_Nicholas Wolterstorff, *Lament for a Son* (Grand Rapids: Eerdmans, 1987, 좋은씨앗 역간). 이와 관련된 철학적, 신학적 성찰로는 다음과 같은 문헌이 있다. Wolterstorff, "Suffering Love," *Philosophy and the Christian Faith*, Thomas V. Morris 편(Notre Dame, IN: University of Notre Dame Press, 1988)에 실린 글; "The Wounds of God: Calvin's Theology of Social Justice," *The Reformed Journal* 37, no. 6 (June 1987): 14-22.

3_Wolterstorff, *Lament for a Son*, 66.

월터스토프는 이 관점에 도전하면서 이렇게 쓴다.

성경은 대신 하나님이 죽음을 **이김**에 대해 말한다. 바울은 죽음을 극복해야 할 마지막 큰 원수라고 부른다. 하나님은 죽음에 경악한다. 하나님은 내 아들의 죽음에 대한 내 고통에 공감하여 그 죽음에 고통스러워한다. 그리고 나는 **하나님의** 아들의 죽음에 대한 그분의 고통에 동참한다.

하나님을 죽음의 동인(動因)으로 보는 것은 하나님과 우리 자신과 죽음을 합리적으로 조화시키는 한 가지 방식이다. 그러나 다른 방식들도 있다. 그중 한 가지 방식은 랍비 쿠쉬너가 쓴 책에 다음과 같이 언급되어 있다. "하나님도 죽음으로 인해 당신과 나보다 더 고통을 당한다. 그러나 하나님이 죽음에 대해 할 수 있는 일은 많지 않다."

나는 "하나님이 그렇게 했다"라는 말로 그 모든 것을 조화시킬 수도 없지만 "하나님이 죽음에 관해 아무것도 할 수 없었다"는 말로 조화시킬 수도 없다.[4]

하나님은 적극적으로 에릭이 실족하게 해서 에릭의 생명을 **가져가지** 않았다. 그리고 하나님―닉이 나중에 쓴 것처럼 예수를 죽음에서 일으킨 하나님―이 그 일을 막을 수 없었던 것도 아니었다. 그러나 하나님이 그 일이 일어나게 하지 않았고 그 일을 막을 수 없었던 것이 아니었다면, 하나님이 말하자면 그냥 **지켜보기만** 한 이유에 대한 어떤 만족할 만한 설명이 있는가? 월터스토프는 이렇게 말한다.

4_Ibid,.

욥의 친구들은 욥에게 각자의 설명을 늘어놓았다.…

나는 인간에게 하나님의 방식을 정당화하려는 신정론들을 읽어보았다. 나는 그런 신정론들이 설득력이 없다고 생각한다. 나는 내가 지금까지 던져본 가장 괴로운 질문에 대한 답을 알지 못한다. 나는 하나님이 왜 내 아들이 실족하는 것을 방관했는지 모른다. 나는 하나님이 왜 내가 상처 입는 것을 지켜보려고 하는지 모른다. 나는 짐작조차 할 수 없다.[5]

그렇다면 닉은 그 모든 것을 어떻게 조화시키는가? 그는 이렇게 말한다.

나는 그것을 전혀 조화시킬 수 없다. 나는 다만 욥처럼 견디기만 할 수 있을 뿐이다. 나는 하나님이 왜 내 아들 에릭의 죽음을 막지 않았는지 모른다. 해답 없이 사는 것은 불안정하다. 굳건히 서 있기 어렵다.

나는 가장 깊고 가장 고통스런 이 신비에 직면해서 그저 견디는 것 외에는 아무것도 할 수 없다. 나는 전능하신 하나님 아버지, 하늘과 땅의 창조자이시요 예수 그리스도를 부활시키신 분을 믿는다. 나는 또한 내 아들의 생명이 그 절정기에 끊어져버렸다는 것도 믿는다. 나는 이 사실을 조화시킬 수 없다. 나는 어찌해야 할지 모르겠다.[6]

□ □ □

5_Ibid., 67-68.
6_Ibid., 67.

1979년에 「계간 미국 철학」(American Philosophical Quarterly)은 증거에 입각한 악의 문제의 효시가 될 소논문인 빌 로우의 "악의 문제와 무신론의 몇 가지 형태"[7]를 게재했다. 공교롭게도 바로 그해에 나도 피츠버그 대학교에서 "과학사 및 과학 철학" 박사 학위를 받은 직후 털사 대학교에서 처음으로 가르치기 시작했다.

피츠버그 대학교의 과학사 및 과학 철학 학과는 호프 칼리지 출신의 시골 소년이 대학원 과정을 이수하기에 흥미진진한 곳이었다. 나를 가르친 교수들은 과학의 실제 역사와 잘 어울리고 그 역사를 설명해주는 과학적 합리성의 일반 모델을 추구하는 역동적인 운동에 참여하고 있었다. 그리고 그들은 과학사가로서의 그들 자신의 연구를 통해—여러 갈래가 있는 기독교 세계관을 포함한—**세계관들**이 현대 과학의 개념적 혁명에 있어서 핵심적인 긍정적 역할을 했다고 확신하게 되었다. 나를 가르친 교수들은 이러한 역할들을 인식하고 인정했다.

그러나 그들 중 누구도—어쨌건 그들이 내게 털어놓은 바로는—기독교 신앙에 공감하지 못했고, 몇 분은 전투적인 무신론자였다. 내 논문 지도교수인 래리 라우든은 내가 아는 가장 카리스마가 있는 무신론자다. 그분은 내가 기억하기로는 자신의 무신론에 대해 많은 증거를 제시하지 않았다. 그러나 나는 그분의 지도를 받아 연구하면서 나 자신이 무신론에

7_William Rowe, "The Problem of Evil and Some Varieties of Atheism," *American Philosophical Quarterly* 16 (1979): 335-41; Stephen Wykstra, "The Humean Obstacle to Evidential Arguments from Suffering: On Avoiding the Evils of 'Appearance,'" *International Journal for the Philosophy of Religion* 16, no. 2 (1984): 73-83; William Rowe, "Reply to Wykstra," *International Journal for the Philosophy of Religion* 16, no. 2 (1984): 73-83. Lowe-Wykstra-Lowe로 이어진 논쟁은 *The Problem of Evil*, Marylin McCord Adams and Robert Merrihew Adams 편(Oxford: Oxford University Press, 1990)에 재수록되었다. 페이지 인용은 이 책을 참조한 것이다.

강한 매력을 느끼고 있는-그리고 그 매력과 싸우고 있는-것을 발견했다.

그 싸움에는 말로 표현할 수 없는 어떤 차원이 있었다. 그 당시 나는 이 싸움에서 보조를 같이할, 전문적으로 활동하는 그리스도인 철학자-어떻게 그리스도인이면서 철학자가 될 수 있는지 알려줄 잠재적인 멘토-를 아무도 알지 못했다. 나는 처음 참석한 미국 철학 협회 모임에서 호텔 로비에 앉아 앨빈 플랜팅가와 윌리엄 올스턴이 지나가는 모습을 보면서 그들과 사귀기를 간절히 원했던 것을 기억한다. 그러나 나는 숫기가 없었다(지금도 마찬가지다). 나는 그냥 다가가서 조심스럽게 나 자신을 소개할 줄을 몰랐다(그럴 용기가 없었다).

그 무렵에 나는 우연히 「계간 미국 철학」에 실린 로우의 논문을 보았다. 그 논문에서 나는 사람을 합리적으로 무신론으로 끌어당길 수도 있는 증거에 대한 명쾌하고 강력한 표현을 발견했다. 그의 논증이 내 뇌리를 떠나지 않았다. 내게는 그 논증이 무언가, 어디선가 잘못되어 보였다. 털사 대학교에서 맡은 철학 개론 강의에서 그 논증을 놓고 고심하던 나는 드디어 그 답-이 논증이 어디서 잘못되었는지에 대한 결정적인 통찰-을 찾아냈다. 1년 뒤 나는 퍼듀 대학교에 개설된 로우의 6주 과정 국립 인문 재단(National Endowment for the Humanities) 여름 세미나의 일환으로 로우와 대화를 나누면서 이 통찰을 검증해볼 수 있었다.[8] 그것은 효과가 있었고 나는 몇몇 논문에서 세부적인 내용을 다듬었다. 그 후 수십

8_Rowe의 관점에서 본 그 이야기의 재미있는 단면은 그의 다음 논문의 서두를 보라. "Friendly Atheism, Skeptical Theism, and the Problem of Evil," *International Journal for Philosophy of Religion* 59 (2006): 79-82.

년 동안 로우는 새로운 형태의 논증을 가다듬었고 나도 그의 새로운 논증을 따라잡기 위해 내 기본적인 대답을 계속 발전시켰다. 이 과정이 계속되었다.

이 두 사람—라우든과 로우—은 내 초창기 경력에서 철학에 대한 중요한 대화 상대였다. 나로서는 일종의 아버지 같은 역할을 할 그런 사람들을 찾고 있다고 느끼게 되었다. 나는 우리—미숙한 젊은 철학자들—중 몇몇이 얼마나 자주 우리가 우러러보는 선배 철학자들을 진정으로 알고 그들에게 알려지는 특권을 얻고 싶은 열망에서 멘토와 모델을 찾는지 궁금하다. 그리고 나는 우리가 얼마나 많이 그런 "비이성적인" 요소들로 인해 하나의 세계관에 끌리고 다른 세계관에서 멀어질 수 있는지 궁금해지기 시작했다. 오래지 않아서 불로써 불과 싸우려는 시도로—바라기는 비이성적인 요소들의 균형을 잡기 위해—나는 몇몇 선도적인 그리스도인 철학자들에게 나를 소개했다.

이런 식으로 섭리를 통해 내 대화 상대이자 때로는 멘토인 학자들의 범위가 넓어졌다. 내가 나와 비슷한 입장을 취하고 있다고 알고 있는 다른 학자들과 내게는, 그러한 사람들과의 관계가 중요하다. 그러나 그들은 거의 언제나 단지 철학 분야의 사부에 머물렀다. 심지어 내가 그들과 함께 앉아 인간의 고통이 유신론을 반박하는 증거인지 여부를 분석할 때에도 나는 그들의 실제적인 몸부림이나 상처에 대해 거의 들어보지 못했고, 그들도 내 몸부림이나 상처를 듣지 못했다. 그것은 이해할 만한 일이었다. 우리의 실제 아버지 중에서도—특히 전문적인 철학자들의 세계에서는—그런 식으로 곤궁이나 상처를 나누고 감당할 수 있다고 느끼는 분들은 거의 없다. 우리도 그분들에 대해 그렇게 생각한다.

그래서 우리는 우리가 분석하는 분야를 아마도 우리가 쓰러질 때까지 계속 가다듬는다.

로우의 '어떤 유익도 볼 수 없다' 는 논증

새로운, 증거에 입각한 악의 문제의 전형적인 예로 로우의 고전적인 1979년 논문을 다뤄보자. 그의 이후의 몇몇 논문들과 마찬가지로 이 논문도 먼저 우리로 하여금 이 세상에서의 고통의 구체적인 한 가지 예를 숙고해보도록 요청한다. 나는 로우의 1979년 논문을 읽은 직후 한 신문─아마도 「털사 트리뷴」이었을 것이다─에서 본 예를 제시할 것이다. 캘리포니아주에 사는 한 엄마가 여자 아기를 안고 시외버스에 타고 있었다. 그런데 버스의 타이어 하나가 터졌고, 그 타이어에서 쇠줄 하나가 삐져나와 타이어는 물론이고 버스 바닥까지 뚫었다. 그 쇠줄이 빙글빙글 돌다가 아기의 발을 감더니 바닥에 뚫린 구멍 사이로 아기를 잡아당겨서 바퀴 아래 짓이겨 놓았다.

그와 같은 예들은 그것들이 없다면 밋밋했을 논쟁에 생생한 경험을 불어넣기 때문에 중요하다. 1980년대 초에 초보 아빠였던 나는 그런 사건이 부모의 마음을 얼마나 갈가리 찢어놓았을지 애끊는 심정으로 상상할 수 있었다. 우리는 부모가 하나님에 대해 "대체 무슨 목적으로 이런 끔찍한 사건을 허락하셨나요?"라며 절규하는 모습을 상상할 수 있다. 아니면 내 첫 번째 이야기에 나오는 젊은 과부가 그랬던 것처럼 금욕주의적으로 침착하게 살 수도 있을 것이다. "오 하나님, 제 뜻이 아니라 주님의 뜻이 이루어지이다. 주님의 길은 우리의 길과 다르나이다. 주님께 제 남편을 돌려드립니다. 그렇지만…제가 그토록 사랑하는 다른 이들, 즉 제 아이들을 어떻게 당신께 맡겨드릴 수 있겠습니까?" 어느 쪽의 반응을 보이든 우리는 여전히 욥처럼 하나님과 대화하고 있을 것이다. 그러나 우리는 또한 지적인 시험에 빠져 하나님의 존재 자체를 의심할 수도 있을 것이다.[9]

로우의 "증거에 입각한 악의 문제"는 우리로 하여금 이런 일이 어떻게 일어날 수 있는지 알 수 있도록 도와준다. 그의 논증은 두 갈래로 나뉜다. 첫 번째는 말하자면 밑에서 위로 올라오는 경험적인 논증이다. 두 번째는 위에서 아래로 내려오는 좀 더 개념적인 논증이다.

첫 번째 갈래는 경험에서 시작한다. 이 세상에서 우리는—마치 그 버스를 타고 있던 엄마처럼—그 고통에 대해서 우리가 어떤 유익도 **보지 못하기** 때문에 유신론의 하나님이 그 사건을 허용할 필요가 없는 끔찍한 고통이 발생하는 것을 발견한다. 실상이 그렇다는 점에 대해서는 이의를 제기하기 어렵다. 어쨌든 우리는 분명히 그 어린아기가 버스 바퀴에 깔려 죽도록 요구하는 것을 압도할 어떤 유익도 발견하지 못할 것이다. 당신이나 내가 그 버스에 타고 있었는데 어쩌다보니 그 사건이 일어나려 한다는 것을 미리 알았다면 **우리는** 주저하지 않고 이 일에 개입해서 그 엄마와 아기를 그 특정한 좌석에서 끌어 내려 했을 것이다. 우리가 (전지전능하

9_ 나는 Rowe와 마찬가지로 "하나님"이라는 말을 우리가 사는 세상을 창조하고 지탱하며 섭리를 통해 다스리는, 전능하고 전지하며 전적으로 선하고 전적으로 자애로운 전통적인 유신론의 하나님이라는 의미로 사용할 것이다. 악을 근거로 한 증거에 입각한 논증은 오로지 이 **유신론의** 하나님이 존재하지 않는다는 주장을 뒷받침하는 것을 목표로 한다.

기에 그 일을 훨씬 더 쉽게 할 수 있었을) **하나님**으로 하여금 그 사건에 개입하기를 삼갈 필요가 있게 만드는 어떤 압도적인 유익도 발견할 수 없다는 점도 똑같이 분명하지 않은가? 그래서 우리는 로우의 첫 번째 전제―"**어떤 유익도 볼 수 없다**"(See-No)는 전제, 또는 **C-No** 전제―를 다음과 같이 간략하게 표현할 수 있다.

> C-No: 이 세상에서 끔찍한 고통을 주는 많은 사건에 대해서 우리는 (전지전능한 하나님으로 하여금 그 사건이 일어나도록 허용할 필요가 있게 만드는) 어떤 "압도적인 유익"도 **볼 수 없다**(see no).[10]

그런데 이 전제는 추론을 통해서 우리에게 무엇을 알려주는가? 특히 그러한 압도적인 유익을 **볼 수 없다**(seeing no)는 사실에서 추론을 통해 그런 압도적인 유익은 **존재하지 않는다**(being no)는 결론을 얻을 수 있는가? 다시 말해서 우리는 "볼 수 없다"에서 "존재하지 않는다"(Be-No)라는 결론에 도달할 수 있는가? 또는 (가수 에미넴과 비 리얼에게 고개를 끄덕이며) 다음과 같이 간략하게 표현할 수 있는가?[11]

> B-No: 이 세상에서 끔찍한 고통을 주는 많은 사건에 "압도적인 선"은 **존재하지 않는다**(be no).

10_ 내가 자유롭게 바꾸어 표현한 것이다.

11_ 가수 Eminem의 노래 "Love the Way You Lie"("wasn't ready to be no millionaire")나 (B Real과 함께 부른) 그의 노래 "9-1-1"에서와 같이.

물론 '볼 수 없다'는 '존재하지 않는다'가 참임을 **증명**하지 않는다. 그러나 이는 그것이 참임에 대한 **진지한 증거**일 수도 있지 않은가? 로우는 그렇게 생각하고 일련의 중요한 논문들에서 그 이유를 밝히려고 노력했다. 그의 획기적인 1979년 논문은 우리가 **외관으로부터** 바르게 **추론**하는 방식에 의존한다. 그러한 추론은 리처드 스윈번이 "경신(輕信, credulity) 원칙"이라고 부르는 합리성의 일반 원칙에 의존한다.[12] 만일 어떤 인지적 상황에서 입력된 정보(input)로 인해 '상황이 어떻다'라고 **보이면**(또는 그런 것 **같으면**) 이는 반증이 없는 한 일단 '상황이 그렇다'라고 인정되는 외관상의 증거다.[13] 내 아내는 하늘을 보고서 "비가 많이 올 것 같네"라고 바르게 말한다. 그렇다면 내 아내는 곧 비가 내릴 것이라는 진지한 증거를 갖고 있는 셈이다. 그래서 그녀는 집 안으로 돌아가서 우산을 갖고 나온다. 우리는 그런 경우 두 단계를 구분한다. 첫째, 지각적 상황(perceptual situation) 또는 인지적 상황(cognitive situation)에서 나온 입력 정보가 우리에게 인식론적으로 "~으로 보인다"라는 주장을 할 수 있는 자격을 부여하는 어떤 과정이 존재한다.[14] 둘째, 이 "~으로 보인다"라는 주장을 아

12_ Richard Swinburne, *The Existence of God* (Oxford: Oxford University Press, 1979), 254-71. Swinburne의 설명에 대한 교정에 관해서는 Wykstra, "Humean Obstacle," section 2.3을 보라.

13_ 이 원칙은 '[~으로] 보인다(appear)'라는 말을 Roderick Chisholm이 이 말의 현상학적 및 비교상적 의미와는 구별되는 "인식론적" 의미로 사용한다. 더 자세한 내용은 Wykstra, "Humean Obstacle," 152-55를 보라.

14_ Wykstra, "Humean Obstacle," sections 2.1과 3.2에서 나는 "~으로 보인다"라는 주장이 예를 들어 지각 과정에 근거한 기본적인 믿음만큼이나 모든 면에서 추론 과정에 근거한 기본적이지 않은 믿음을 나타낼 수 있음을 보여주기 위해 다양한 예를 제시했다. 초기의 개혁주의 인식론은 기본적인 믿음 개념을 확장시킨 반면에, 대체로 추론적인 믿음에 대한 내향적이고 (internalist) 강한 근본주의적인 개념에 머물러 있었다. 거기서 벗어나려는 나 자신의 노력은 "Externalism, Proper Inferentiality, and Sensible Evidentialism," *Topoi* 14 (1995): 107-21을 보라.

마도 반증이 없는 한 상황이 **실제로** 보이는 그대로일 것이라는 **진지한** 외관상의 증거로 받아들이는 단계가 있다.[15]

로우의 첫 번째 논증은 이처럼 두 단계의 추론이다. 그는 '볼 수 없다'(See-No)는 전제에서 시작한다.

> C-No: 우리는 유신론의 하나님에게 이러한 끔찍한 고통을 주는 사건을 허락할 필요가 있게 만드는 어떤 압도적인 유익도 볼 수 없다.

그는 이어서 곰곰이 생각해보면 우리는 위의 전제로부터 다음과 같은 중간 단계로 나아갈 수 있다고 주장한다.

> Seems-No: 그와 같은 어떤 압도적인 유익도 없는 것 **같다**(없는 것으로 보인다).

그리고 바로 이 경로를 통해 로우는 (암묵적으로 경신 원칙을 사용함으로써) 다음과 같은 결론에 도달한다.

15_ 다른 논문들 —Wykstra and Timothy Perrine and Stephen Wykstra("Skeptical Theism, Abductive Theology, and Theory Versioning," *Skeptical Theism: New Essays*, Trent G. Dougherty and Justin P. McBayer 편[Oxford: Oxford University Press, 2014]) —에서 나는 "지렛대 역할을 하는 증거"(levering evidence)라는 개념을 통해 이 "진지한 증거"(또는 "강력한 증거")라는 개념을 설명했다. 우리가 처음에는 P에 대해 "불가지론적"이라거나 반신반의했다가 E가 P를 믿거나 받아들이는 것을 합리적으로 만들 만큼 충분히 중요한 증거임을 알게 된다면, E는 P에 대해 지렛대 역할을 하는 증거다. 물론 훨씬 더 많은 데이터가 입수되면 이런 의미에서 진지하거나 강력한 증거인 데이터가 기각될 여지가 있다.

B-No: 아마도 유신론의 하나님으로 하여금 이러한 끔찍한 고통을 주는 사건을 허락할 필요가 있게 만드는 어떤 압도적인 유익도 **없을** 것이다.

□ □ □

우리가 이러한 B-No에 이르는 추론을 받아들인다고 가정해보자. 이 추론이 우리에게 무엇을 가져다주는가? 로우는 그것이 우리에게 아마도 하나님은 존재하지 않을 것이라고 믿을 이유를 제공해준다고 주장한다. 여기서 로우의 주장의 두 번째 요소가 들어오는데 이 요소는ㅡ앞의 내용으로부터ㅡ**전적으로 선한** 존재인 유신론의 하나님 개념에 대한 숙고로 시작한다. 로우는 전적으로 **선한** 존재는 끔찍한 고통을 주는 사건은 어느 것이든 모두 **그 자체로** 악으로 간주할 것ㅡ즉 그 자체로 바람직하지 않거나 부정적인 가치가 있는 것이라며 그 가치를 **부정할** 것ㅡ이라고 주장한다. 달리 말하자면 전적으로 선한 존재는 끔찍한 고통 그 자체에서 긍정적인 가치를 발견할 수 없으며, 그런 고통에 대해 단순히 중립적이거나 무관심할 수도 없다. 그 존재는 반드시 그런 사건에 **반대해야** 한다. 그리고 그것은 그 존재가ㅡ하나님만이 아니라 전적으로 선한 **어떤** 존재든지ㅡ모종의 압도적인 유익을 증진하거나 가져오기 위해 **필요할 때만** (필수적인 역할을 할 때만) 그러한 끔찍한 고통을 **허락**할 것임을 의미한다. 로우는 여기에 많은 시간을 할애하지 않는데 이는 아마도 과거와 현재의 많은 사려 깊은 유신론자들이 이 점을 전적으로 받아들이기 때문일 것이다. 로우는 그 점에 대해서는 확실히 옳다.[16] 엘레오노르 스텀프는 이 분야에서의 토마스 아퀴나스의 견해를 지지하면서 그 점을 다음과 같이 표현한다.

현대 철학자들이 주장하는 신정론에 대한 여러 제약은 아퀴나스의 신정론에도 해당한다. 아퀴나스의 견해에서는 선한 하나님이 고통을 허락한다면 그것은 고통을 능가하는 유익을 위한 것이어야 하며, 그 유익은 해당 상황에서 그 고난이 없이는 얻을 수 없는 것이어야 한다. 즉 유익이 고난보다 커야 한다. 아퀴나스의 견해에서는 삼손의 이야기에서 만일 고난 외에 일어날 성싶지 않은 다른 어떤 것─예를 들어 하나님과의 대화─이 삼손에게 그가 얻은 최종적인 구속을 가져다줄 수 있었더라면, 그 이야기에서 하나님이 삼손의 고난을 허락한 것은 정당화되지 않았을 것이다.[17]

□ □ □

다음으로 이 두 요소로부터 우리는 하나님이 없다(No-God)는 로우의 논

16_ 나 자신의 접근법은 Stump의 접근법처럼 이 전제를 받아들이지만, 다른 유신론적인 철학자들은 그것을 거부해왔다. 몇몇 학자들─예를 들어 Marilyn Adams와 James Sterba─은 이를 근본적으로 방향이 잘못된 전제로 본다. 왜냐하면 그들은 마음속에 결과주의자의 윤리를 품는 것은 하나님에 대한 기독교의 관점과 근본적으로 충돌한다고 생각하기 때문이다. 예컨대 Peter van Inwagen 같은 다른 학자들은 이 전제는 지나치게 단순화되어 있어서 본질적인 모호함의 가능성을 고려하지 않고, 그 대신 하나님이 어떤 압도적인 유익을 증진하기 위해 정확히 어떤─그리고 얼마나 많은─끔찍한 고통의 사례들을 허용할 필요가 있는지에 대해 하나님께 알려진 어떤 예리한 "절단선"이 존재하는 것으로 가정한다고 생각한다.

17_Eleonore Stump, *Wandering in Darkness: Narrative and the Problem of Suffering* (Oxford: Clarendon, 2010), 378.

증의 마지막 단계에 도달한다.

No-God 1: 만일 유신론의 하나님이 존재한다면 이 하나님은—전적으로 선하므로—그의 피조물 중 하나가 끔찍한 고통을 겪는 것이 어떤 압도적인 유익(들)을 위해 필요할 경우에만 그런 고통을 허락한다.

No-God 2: 몇몇 끔찍한 고통의 사례에 대해서는 그러한 압도적인 유익이 존재하지 않는다.

No-God 3: 그러므로 유신론의 하나님은 존재하지 않는다.

이 마지막 단계는 **연역적으로 타당한** 논증이다. **만일 두 전제가 모두 참**이라면 하나님은 존재하지 않는다는 결론은 반드시 참이다. 유일한 문제는 우리가—로우가 각 전제를 뒷받침하는 두 갈래의 추론을 통해서나 어떤 다른 방법으로—'두 전제 모두 참이라고 생각할 적절한 이유가 있는가?'라는 것이다. 그런 이유가 있다면 우리가 하나님—전통적인 유신론의 전능하고 전지하며 전적으로 선한 하나님—은 존재하지 않는다고 생각할 타당한 이유가 있다.

다리

로우와 월터스토프는 어떻게 비교되는가? 둘 다 삶을 산산조각 내는 구체적인 사건들에 직면했을 때 떠오르는 "왜?"라는 해묵은 질문을 놓고 씨름한다. 둘 다ー유신론의 하나님이 존재한다면ー해답이 있어야 한다고 믿는다. 즉 전적으로 선한 하나님은 그렇게 하는 것이 어떤 압도적인 유익을 위해 필요할 경우에만 그런 사건들을 허락할 것이라고 믿는다. 둘 다 답을 찾지 못하고, 그런 어떤 유익도 알지 못하며ー월터스토프의 말로 표현하자면ー"그 모든 것을 조화시키지" 못한다. 다시 월터스토프의 말을 빌리자면 그는 이렇게 말한다. "내가 지금까지 물어본 가장 괴로운 질문에 대한 답을 나는 알지 못한다. 나는 하나님이 왜 내 아들이 추락하는 것을 방관했는지 알지 못한다. 나는 하나님이 왜 내가 상처 입는 모습을 지켜보려 하는지 알지 못한다. 나는 짐작도 할 수 없다."

그러나 여기서 월터스토프는 심지어 하나님이 숨어 있는 가운데서도 여전히 하나님과 많은 대화를 나눈다. 그에게 있어서 과제는 **견디는 것**ー"매우 깊고 고통스런 이 신비에 직면하여"[18] 견디는 것ー이다. 그는 그 고통에 아무런 의미도 없고 (따라서) 하나님도 없다는 추론에 저항한다. 확실히 그는 그러한 결론의 매력을 느낀다. 그러나 그는ー우리가 앞으로 살펴보겠지만ー그 결론에 저항하기에 충분한 자원을 발견한다. 그러한 자원들은 하나님은 **실재한다**는ー그리고 이것이 사실이라면 그가 그 방법을 알 수 없을 때도 그 모든 것이 전부 조화되는 어떤 방법이 반드시

18_Wolterstorff, *Lament for a Son*, 67-68.

있을 것이라는-그가 가진 확신의 원천에 달려 있을 것이다.

그리고 로우의 입장-그가 "우호적인 무신론"이라고 부르는 것을 지지하는 입장-도 이 점을 고려한다. 로우는 외관상 무의미한 고난은 무신론을 뒷받침하는 강한 증거라고 주장하면서도 그런 증거는 모든 확률론적인 증거와 마찬가지로 **폐기될 수 있는** 증거라고 단언한다. 즉 그런 증거는 어떤 경우에는 반대되는 증거에 의해 상쇄되거나 심지어 압도당할 수도 있다. 그리고 그런 증거는 간접적일 수도 있다. 즉 만일 누가 하나님이 존재한다고 믿을 만큼 충분히 강한 근거가 있다면 이는-로우가 G. E. 무어의 전환이라고 부르는 논리 조작을 통해-겉으로 보기에 무의미해 보이는 데이터에도 불구하고 그 고난이 의미를 지닌다는 간접적인 증거일 수도 있다. 로우는 이 데이터는 중대한 증거이며 너무도 중대해서 이 증거를 상쇄하거나 능가하려면 저울 반대편의 "유신론" 쪽 저울판 위에 **많은** 증거를 올려놓아야 한다고 주장한다.

그러나 이에 관해 로우는 **옳은가**? 그리고 그 데이터를 "능가"하기를 바라는 것이 정말로 유일한-또는 최상의-증거에 입각한 반응인가? 여기서 회의적 유신론이 등장한다.

회의적 유신론의 두 가지 핵심

나는 앞에서 소위 회의적 유신론은 두 가지를 주장한다고 말했다. 첫 번째 주장은, **만일** 하나님이 존재한다면 우리 인간은 이 하나님의 목적에 관해 많이 알거나 이해할 것이라고 기대하지 말아야 한다는 것이다. 두 번째는, 이 점을 감안하면 우리는 하나님의 존재를 부정하는 강력한 증거로 보일 수도 있는 많은 것들이 전혀 강력한 증거가 아님을 알 수 있다는 것이다.

우리는 월터스토프에게서 힌트를 얻어 이 두 주장이 욥기에 표현된 것을 발견할 수 있다. 월터스토프는 욥의 친구들이 "욥에게 자기들의 설명을 시험해 보았다"고 말한다.[19] 욥은—월터스토프처럼—그들의 대답이 설득력이 없다고 생각한다. 욥은 하나님을 부인하기를—"하나님을 욕하고 죽기"를—거부하면서 직접 하나님 앞에 자신이 부당하게 대접받고 있다는 불평을 제기하기를 간절히 원한다. 그러나 욥이 마침내 그 기회를 얻었을 때 하나님의 대답은 단호하다.

> 무지한 말로
> 생각을 어둡게 하는 자가 누구냐?
> 너는 대장부처럼 허리를 묶고
> 내가 네게 묻는 것을 대답할지니라.
> 내가 땅의 기초를 놓을 때에 네가 어디 있었느냐?
> 네가 깨달아 알았거든 말할지니라(욥 38:2-4).

하나님은 이런 식으로 길게 얘기하면서 말하자면 욥에게 우주를 창조하고 유지하는 일은 하찮은 일이 아니라는 사실을 상기시켜준다. 그리고 나서 하나님은 욥에게 이렇게 되묻는다. "트집 잡는 자가 전능자와 다투

19_Ibid., 67.

겠느냐? 하나님을 탓하는 자는 대답할지니라." 그러자 욥은 이렇게 대답한다. "보소서, 나는 비천하오니 무엇이라 주께 대답하리이까? 손으로 내 입을 가릴 뿐이로소이다"(욥 40:2, 4).[20]

이것이 많은 철학자에게 감명을 줄 것 같지는 않다. 우리는 일반적으로 자기 입에 손을 갖다 대지 않는다(나는 이것이 다문 입을 계속 다물기 위해서라고 생각한다). 그리고 저자가 하나님께 하는 말은 언뜻 보면 우리 중 많은 사람에게 감명을 줄 것 같지 않다. 우선 우리는 회전하는 지구에 기초 따위는 없다는 것을 알고 있으므로 하나님은 천문학 기초에 대해 교정받을 필요가 있어 보인다. 더 깊이 들어가면 우리는 거기서 단순히 힘에 호소하는 모습을 보고 너무나 많은 오류―이런 오류들에 대한 라틴어가 준비되어 있다―를 발견할 수도 있다.

그러나 이 고대의 책의 저자는―물리학 지식은 우리보다 뒤처졌을지라도―우리에게 많은 것을 가르쳐준다. 기도하는 마음으로 훌륭한 학자들의 도움을 받아 이 책을 읽어보라. 이 책은 하나님이 욥을 침묵하도록 강요하지 않고, 그에게 어떤 하나의 대답을 주지도 않으며, 오히려 그의 질문을 존중하고 그의 신뢰를 회복하기를 추구하는 복잡한 과정을 통해 욥과 만나는 이야기를 우리에게 전해준다. 나는 이 복잡성의 몇몇 측면을 고찰할 것이다. 그러나 나는 그곳에 회의적 유신론의 하나의 "순간"이 들어 있다고 주장한다. 거기서 하나님은 욥과 우리에게 중대한 질문을

20_ 나는 고대의 저자는 분명히 욥으로 하여금 이는 그가 하나님 앞에서 그토록 말하고자 했던 그 하소연과 관련이 있음을 **깨닫게** 한다고 생각한다. 욥은 하나님께는 자신에게 닥친 끔찍한 사건들을 허락할 타당한 이유가 없다는 데 생각이 미치자 자신이 경솔했음을 깨닫는다(욥 42:3). "나는 깨닫지도 못한 일을 말하였고 스스로 알 수도 없고 헤아리기도 어려운 일을 말하였나이다."

던진다. **만일** 진화하는 우리의 물리적 우주가 한 분 하나님, 즉 이 전통에서 오직 야웨라고 부르는 "스스로 있는 자"의 피조물이라면 야웨의 지성과 우리의 지성 사이에는 말하자면 어떤 **불균형**(disproportionality)이 있지 않겠는가? 회의적 유신론의 첫 번째 주장은 바로 이 불균형 명제다(나는 이를 줄여서 "DISPRO"로 부를 것이다).

> DISPRO: 만일 하나님과 같은 존재가 정말 존재한다면 우리의 지성이 우주에서 일어나는 사건들을 평가할 때 보고 파악하고 의도하는 것은 이런 존재의 지성이 보고 파악하고 의도하는 것보다 훨씬 적을 것이다.

이제 여기서 나는 이 불균형 명제를 염두에 두고 우리(그리고 욥)의 입장에 대해 **회의적 유신론**이라는 명칭을 붙인 사람에게 약간의 불만을 제기하고 싶다. 철학에서 "회의적" 입장을 취한다는 것은 우리가 일반적으로 안다고 생각하는 (또는 아마도 자신있게 강하게 믿는) 경향이 있는 어떤 것들은 사실은 우리가 알지 **못하는** (또는 그것에 대해 많은 확신을 가져서는 **안 되**는) 것들이라는 입장을 취하는 것이다. 따라서 외부 세상에 대한 회의론자는 일반적인 견해와 달리 우리는 개와 고양이와 탁자와 의자가 있는 일반적인 물리적 세상이 참으로 존재하는지 실제로는 알지 못한다고 생각한다. (회의론자는 우리가 아는 한 그 모든 것은 "매트릭스"의 일부일지도 모른다고 말할 것이다.) 그러나 회의적 유신론자(또는 욥)가 불균형 명제를 긍정할 때, 그(녀)는 우리의 일반적인 가정과 반대되는 어떤 것을 인정하고 있는 것인가?

나는 그렇게 생각하지 않는다. 결국 (만일 하나님이 존재한다면) 우리 인간이 하나님이 인식하고 파악할 수 있는 **모든 것을 매우 잘** 인식하고 파악할 수 있다는 일반적인 가정이 널리 퍼져 있는 것은 아니다. 소수의 철학자―**회의적 유신론자들**―만 이것은 다소 자만심이 강한 가정이라고 주장하는 것도 아니다. 그러기는 고사하고 이 문제에 대해 잠시라도 숙고해보면 누구라도 이 우주를 창조하고 유지하는 지성이 존재한다면 이 지성은 인간의 지성보다 훨씬 큰 식견을 가지고 있다는 점을 인정할 것이다. 불균형에 관한 한 우리의 입장에 대한 더 적절한 용어는 **분별 있게 겸손한** 유신론일 것이고 불균형을 부정하는 유신론을 가리키는 보다 적절한 용어는 **비상식적으로 오만한** 유신론일 것이다.[21] 그렇지만 우리의 이름을 "과거에 회의적 유신론으로 알려졌던 접근법"으로 바꾸려면 군주가 칙령이라도 내려야 할 판이다. 나는 이따금 접두사를 덧붙여 "소위 회의적 유신론"이라고 부르는 데 만족할 것이다.

소위 회의적 유신론의 두 번째 주장은, 만일 첫 번째 주장이 사실이라면 유신론을 반박하는 중요한 데이터로 보일 수도 있는 증거에 입각한 많은 논증은 대수로운 것이 아니라는 점이다. 이 점이 로우의 증거에 입각한 논증―나 자신의 회의적 유신론은 그에 대한 응답에서 나왔다―에 대해서도 적용될 수 있는가? 이에 대해 앨빈 플랜팅가는 이렇게 말한다. "로우와 드레이퍼의 이 새로운 논증들은 미묘하고 정교하다. 이 논증들을 고찰할 때 심오하고 흥미로운 많은 주제들이 떠오른다."[22]

21_ 그것은 조건부 주장이므로 유신론자와 비유신론자에게 똑같이 질문을 제기한다.

22_ 우리는 Plantinga가 이어서 말하는 바에 주목해야 한다. "그러나 자세히 살펴보면 이 논증들은 성립하지 않으며, 그것도 전혀 성립하지 않는다." Plantinga, *Warranted Christian Belief* (Oxford: Oxford University Press, 2000), 391. 내가 알기로는 Plantinga의 이 책에서 이에 관해 논의한 장 전체가 회의적 유신론자의 감수성과 다면적인 악의 문제에 대한 명쾌한 분석을

이 논증 중 몇몇이 실제로 앞서 말한 조건부 유신론적 겸손과 같이 단순한 사항에 저촉될 수 있는가? (어쨌든 내가 보기에는) 그런 논증이 단순한 사항에 **명백하게** 저촉하는 경우는 드물다. 그러나 똑똑한 사람들의 "미묘하고 정교한" 논증에는 대체로 문제가 있는데, 그런 논증에 근본적인 문제—고칠 수 없을 정도로 결함이 있는 어떤 전제나 추론 단계—가 있을 때 그 문제의 정확한 위치와 본질은 흔히 전혀 명백하지 않다.

그래서 나는 로우의 1979년 추론을 다소 자세하게 설명했다. 거기서 근본적인 문제는 어디에 있는가? 문제는 명백하지 않다. 사실 우리 유신론자들은 그 추론에 반드시 어떤 근본적인 문제가 **있는** 것이 분명하다고 생각해서는 안 된다. 유신론이 사실일지라도 우리가 적어도 한동안은 유신론을 반박하는 진지한 외관상의 증거인 **약간의** 데이터를 접하게 되는 일이 전적으로 가능하고 심지어 그럴 가능성이 높다. 이런 일은 우리가 사실로 간주하게 된 과학 이론에서 자주 일어난다. 그런 기간 동안 우리의 최선책은 단지 그 문제를 인정하고 그 이론에 대한 전반적인 긍정적 증거/근거가 부정적 증거를 능가하는지 묻는 것이다.

그러나 내가 알게 된 로우의 1979년 논증에는 **실제로** 근본적인 문제가 있다. 그리고 그 문제는 회의적 유신론의 "분별 있게 겸손한" 첫 번째 주장과의 충돌에서 발생한다. 그러나 그 문제의 정확한 위치는 미묘하고 놀라우며—플랜팅가의 표현대로—"심오하고 흥미로운" 철학의 주제 중 하나와 긴밀하게 연결되어 있다.

결합한 최고의 논의다.

외관상의 악을 피하기에 대하여

이 경우의 관련 주제는 "~으로 보이다"라는 관용적 표현의 인식론이었다. 로우의 논증에서 핵심적인 전제는 "~으로 보이다"(appears)라는 단어를 사용하는데, 바로 그 단어(및 그 단어와 어원이 같은 단어인 "외관상으로"[apparently])가 그의 논문 전체에 걸쳐 사용된다. 여기서 "~으로 보이다"라는 단어는 우리가 말한 대로 "인식론적" 기능을 하고 있는데 그래서 이 단어가 20세기 중반의 인식론에서도 자주 등장하게 되었다. 일상 언어에서는 "~으로 보이다"(appears) 및 그 단어의 동족어들(외관상으로, ~인 것 같다 등)에는 다양한 기능이 있고, 실제로 사람들은 이런 단어들을 별로 힘들이지 않고도 정확하게 사용할 수 있다. 그러나 이 일상적인 관용어들이 비일상적인 주제에 적용될 때에는 방향을 상실할 수 있고, 그런 혼란을 바로잡으려면 상당한 숙고가 필요하다.

□ □ □

그러면 로우의 추론 과정을 다시 살펴보자. 간결하게 표현하자면 그의 추론은 다음과 같이 진행된다.

No-God 2.1 우리는 끔찍한 사건 E에 대해 어떤 의미도 **볼 수 없다.**

여기서 다음과 같은 주장이 나온다.

No-God 2.2 그러므로 E에 어떤 의미가 **있다고 보이지 않는다.**

그리고 여기서 다음과 같은 또 다른 주장으로 이어진다.

NO-God 2.3 그러므로 아마 E에는 아무 의미가 **없을 것이다.**

이제 여기서 이 추론에 어떤 근본적인 문제가 있다면 그것은 2.2에서 2.3으로 옮겨가는 데 있을 것으로 생각하기 쉽다. No-God 2.2는 별로 해롭지 않은 주장으로 보인다. 언뜻 보면 그것은 No-God 2.1을 풀어서 말한데 지나지 않는 것으로 보인다. 그러나 잘 생각해보면 여기서 외양은 기만적이라는 것을 보여준다. 먼저 알아야 할 것은 이 맥락에서 "있다고 보이지 않는다"는 말에서 "않는다"(doesn't)는 말을 본래 상태로 되돌린 의미로 사용하고 있다는 점이다. 누군가가 당신에게 날카롭게 "나는 네가 진실을 말하고 있다고 믿지 않는다"(I don't believe you're telling the truth)라고 말한다면 그 말은 보통 그 문제에 대해서 "나는 조금도 믿지 않는다"라는 말이 아니다. 그는 "나는 네가 진실을 말하지 않고 있다고 믿는다"(I believe you are not telling the truth)라고 말하고 있다. 그러므로 나는 여기서도 면밀히 고찰해보면 로우가 No-God 2.2를 주장할 때 그가 사실은 "E에는 어떤 의미도 **없다고 보인다**"라고 말하고 있음을 알 수 있다고 주장해왔다. 이것은 우리가 처음 생각했을 법한 것보다 더 대담한 주장이다. 그리고 그것은 2.1에서 2.3로의 이동은 사실상 다음과 같이 진행됨을 의미한다.

No-God 2.1 우리는 끔찍한 사건 E에 대해 어떤 의미도 볼 수 **없다.**

여기서 다음과 같은 주장이 나온다.

No-God 2.2 그러므로 E에 어떤 의미도 없다고 **보인다.**

그리고 여기서 다음과 같은 또 다른 주장으로 이어진다.

NO-God 2.3 그러므로 아마 E에는 아무 의미가 **없을 것이다.**

우리는 이제 2.1에서 2.2로의 이동이 사소하지 않다는 것을 알 수 있다. 물론 어떤 사안에 대해서는 이런 식으로 추론해도 무방하다. 만일 내가 무심코 어떤 교실을 둘러봤는데 그 교실 안에 말이 보이지 않는다면 내가 "이 교실에는 말이 한 마리도 없는 것으로 보인다"라고 주장하는 것은 완전히 합리적이다. 그러나 이런 추론이 전혀 타당하지 않은 사안도 있다. 만일 내가 무심코 어떤 교실을 둘러봤는데 그 교실 안에 벼룩이 보이지 않으면 내가 "이 교실에는 벼룩이 한 마리도 없는 것으로 보인다"라고 말해도 무방한가?

아니면 이 문제를 다음과 같은 방식으로 생각해보라. 당신이 병원에서 매일 진통제 주사를 맞고 있는데 간호사가 피하 주사 바늘을 바닥에 떨어뜨렸다. 그 간호사는 주사 바늘을 바닥에서 집어올려 오염된 데가 있는지 육안으로 자세히 살펴보고는 이렇게 말한다(이 말 자체는 반박할 여지가 없는 사실이다). "이 주사기 바늘에는 간염 바이러스나 기타 바이러스가 보이지 않네요." 그녀는 잠시 말을 멈추더니 이렇게 덧붙여 말한다. "그러니 이 바늘에는 간염이나 기타 바이러스가 **없다고 보여요**. 따라서 이 바늘은 **외관상** 바이러스가 없어요!" 그리고 나서 그녀는 바늘을 주사기에 꽂고 당신에게 주사를 놓기 시작하며 이렇게 덧붙인다. "그러니 아마 이 주사 바늘에는 바이러스가 없을 거예요."

이제 이 일련의 추론 중 어디서 간호사의 가장 큰 실수가 발생했는가? 바로 첫 번째 이동 ─ "이 바늘에는 어떤 바이러스도 **보이지 않는다**"에서 "이 바늘에는 아무 바이러스도 **없다고 보인다**"로의 이동 ─ 에서 발생했다(또는 나는 그렇게 생각한다). 그러한 논리 전개는 어떤 사안(가령 바늘에서 **개털**이 보이지 않을 경우)에 대해서는 매우 설득력이 있겠지만 어떤 문제(바늘에 **먼지**가 보이지 않을 경우)에 대해서는 설득력이 덜 할 것이고 또 다른 문제(바늘에 **바이러스**가 보이지 않을 경우)에 대해서는 터무니없이 설득력이 약할 것이다.

□　□　□

우리가 방금 살펴보았듯이 "~으로 보이지 않는다"는 추론의 설득력은 매우 강한 것부터 터무니없이 약한 것까지 다양하다. 우리의 질문은 '로우의 추론이 이 연속선상에서 어디에 속하는가?'여야 한다. 여기서는 우리가 그런 모든 추론의 강점 측정에 사용할 수 있는 어떤 기준을 갖고 있으면 큰 도움이 될 것이다. 우리가 위에서 고려한 사례들에 대해 생각해 보면 그런 기준 하나가 자명해진다. 장비의 도움을 받지 않는 가까운 범위의 일반적인 육안 관찰에서 어떤 것들은 꽤 잘 보이는 종류에 속하고,

개털이나 벼룩은 잘 보이지 않고, 바이러스는 전혀 안 보인다. (좀 더 정확하게 표현하자면 장비의 도움을 받지 않는 특정한 종류의 육안 관찰에 대해서는 이것이 사실이다. 그러나 10km 상공에 떠 있는 보잉 727기에서는 지상에 있는 말은 전혀 보이지 않는다.) 자명한 기준은 (어떤 인지 기능[cognitive faculty]을 행사했을 때) 어떤 종류의 사물이 더 잘 "보일"수록 (그 사람의 인지 능력[cognitive power]이 행사되었을 때) 그 사물이 보이지 않는다는 사실로부터 로우의 논증과 같은 방식으로 "~으로 보이지 않는다"는 주장으로 이어지는 추론은 더 강력해진다는 것이다.

내가 이러한 일반적인 아이디어를 바탕으로 로우에 대응해서 최초로 발표한 글에서 나는 "~으로 보인다"는 주장에 이르는 추론을 평가하는 일반적인 기준을 제안했다. 나는 그 기준을 "합리적인 인식론적 접근 조건"(Condition Of ReasoNable Epistemic Access)의 다소 무원칙한 약어인 '코르네아'(CORNEA)라고 불렀다.

> 코르네아: 인지된 상황 s를 토대로 H라는 사람은 다음 조건이 충족될 경우에만 "p인 것으로 보인다"라고 주장을 할 자격이 부여된다: H가 자신의 인지 기능 사용에 비추어 볼 때, 만일 p가 사실이 아니라면 s가 현재 상황과 다를 것이라는 점을 자신이 알아볼 수 있다고 믿는 것이 합리적이다.[23]

우리는 코르네아를 우선 앞에서 언급한 주사바늘의 예에 적용해서 이 기준이 어떻게 작동하는지 알아볼 수 있다. 여기서 그 간호사의 "인지 상

23_Wykstra, "Humean Obstacle," 85.

황"은 주사바늘을 육안으로 자세히 살펴보고 바늘에서 어떤 바이러스도 보지 못한 것이다. 그 간호사는 "이 바늘에는 바이러스가 전혀 없는(p) 것으로 보인다"라고 주장한다. 코르네아는 그 간호사는 그 주사바늘 사례에서 위에서 강조된 구절의 조건이 충족될 경우에만, 즉 다음과 같은 경우에만 이런 주장을 할 자격이 있다고 말한다.

> 그 간호사가 자신의 인지 상황에 비춰볼 때 만일 그 주사바늘에 바이러스가 있다면 의사의 지각적 경험(또는 "인식된 상황")은 아마도 그 바늘에 바이러스가 보이지 않는다는 사실과 다를 것이라고 믿는 것이 합리적이다.

그러나 장비의 도움을 받지 않은 인간의 시각적 인지 능력의 한계를 고려하면 그 간호사가 그렇게 믿는 것은 확실히 합리적이지 않다. 그녀는 그 바늘에서 아무 세균도 **보이지 않는다**고 말할 자격은 있지만—코르네아에 따르면—"~으로 보인다"라는 주장을 추론할 자격은 없다. 세균이 보이지 않는다는 그 간호사의 시각적 증거는 결국 바늘에 세균이 **있었더라도**—세균은 본질상 인간의 시각적 인지 능력의 한계 안에 들어올 가능성이 없다는 점을 고려할 때—그녀가 예상했을 법한 내용일 뿐이다. 세균이 있든 없든 우리는 그 바늘을 똑같은 방식으로 보았을 것으로 예상할 것이다.

코르네아는 이처럼 이 사례 및 우리가 인식론적 주장에 속하는 "~으로 보인다"는 주장을 하는 다른 많은 사례에서 우리의 직관과 일치하고 그것을 조명해주는 듯하다.

□ □ □

그렇다면 '이 기준을 No-God 2.1에서 No-God 2.2로 넘어가는 로우의 추론에 적용하면 어떤 판단을 내리겠는가?'가 문제다. 코르네아에서 굵은 글자체로 강조한 조건이 이 추론에서 충족되는가?

여기서 불균형 명제가 개입한다. 특정한 악을 정당화하는 유익이 존재한다면 우리가 그 유익을 알아볼 가능성이 높다고 생각하는 것이 과연 합리적인가? 나는 1984년에 발표한 논문에서 여기서 쟁점이 되는 압도적인 선은 "특별한 종류의 유익, 즉 만물의 창조자이고 그래서 그 시각과 지혜가 우리의 시각 및 지혜보다 훨씬 더 큰 존재가 의도한 유익"이라고 언급했다. "얼마나 더 큰가? 수수하게 제안하더라도 그 존재의 지혜와 우리의 지혜의 관계는 대략 어른의 지혜와 생후 1개월 된 영아의 지혜의 관계와 비슷할 것이다."[24]

이어서 나는 이 점을 코르네아와 관련시켰다. "그러나 고통의 사례와 관련해서 설사 쟁점이 되는 종류의 압도적인 유익이 존재한다고 하더라도 우리가 그런 유익의 대부분을 알아볼 가능성은 대략 1개월 된 아기가 자기 부모가 자기로 하여금 고통을 겪도록 허락할 때 염두에 둔 목적의 대부분을 파악할 가능성 쯤 되어 보인다. 즉 그럴 가능성은 전혀 없다."[25]

그런데 이 말이 옳다면 로우의 '볼 수 없다"(See-No) 추론은 첫 단계부터 옳지 않다. 우리는 어떤 끔찍한 사건에 대해 어떤 의미도 볼 수 없다는

24_Ibid., 155.

25_Ibid., 88.

점을 근거로 그 사건에 어떤 의미도 없어 보인다고 단언해서는 안 된다. 우리는 "외관상 무의미한 고통"의 데이터에 대해 말해서는 안 된다. 그렇게 하는 사람은—코르네아의 조건이 충족되지 않는다면—주사바늘을 뚫어져라 바라보고서 거기서 아무 세균도 보이지 않자 "바늘에 아무 세균도 없어 보인다"라고 주장하고 그 바늘에 "외관상 세균이 없다"라고 단언하는 간호사와 비슷하다.[26]

소위 회의적 유신론의 새로운 방향

하나님을 믿는 믿음을 강하게 반박하는 것처럼 보일 수도 있는 모든 유형의 증거에 두루 적용되는 단 하나의 접근법은 존재하지 않는다. 우리가 살펴본 대로 소위 회의적 유신론은 그 첫 번째 국면에서 내가 여기서 "조건부 유신론적 겸손"이라고 부르는 것—만일 유신론의 하나님이 실제로 존재한다면(즉, 단순한 유신론이 참이라면) 하나님의 "행동"의 신적인 목적은 종종 우리의 시야를 벗어날 것이라는 사실에 대한 인정—에 강하게 의존한다. 수수한 이 조건부 겸손은 그것이 없었을 경우 유신론에 치명적으로 보일 수 있는 **몇몇** 증거에 입각한 논증들에서 그 독침을 제거

26_Ibid., 89. 다른 방면에서는 유능한 독자들도 이 결정적인 요점을 계속해서 자주 놓친다(또는 이에 대해 반대한다). 그들은 코르네아 비판을 마치 그것이 외관상 무의미한 악이 존재한다는 주장을 허용하고(또는 허용해야 하고), 그런 악들은 **실제로** 무의미하다는 결론만 반대하는 것처럼 다룬다. 이 지점에서 '~으로 보이다'의 적실한 의미를 구별하지 못하는 것이 관련되었을 수도 있다. 참조. Stephen J. Wykstra and Timothy Perrine, "Foundations of Skeptical Theism: CORNEA, CORE, and Conditional Probabilities," *Faith and Philosophy* 29, no. 4 (2012): 375-99.

한다.

그러나 여기서 "몇몇"이라는 말이 중요하다. 소위 회의적 유신론은 그 첫 번째 국면에서 증거 평가에 우리가 "최소주의자"(minimalist) 접근법이라고 부를 만한 접근법을 취한다. 이 접근법은 아무것도 섞지 않고 희석하지 않은 "단순한 유신론"—말하자면 그대로 받아들인 유신론적 가설—에서 무엇을 예상할 수 있는지를 묻는다. 철학적 상황에서든 개인적 상황에서든 나는 이 접근법이 중요한 위치를 차지한다고 확신한다. 그러나 그 위치를 분간하려면 그 한계도 알아야 한다.

로우와 같은 유형의 논증을 만나는 철학적 상황에서 최소주의자 접근법은 특히 분별이 있다. 우리가 단순한 유신론에 말하자면 오로지 로우의 데이터를 수용하기 위해 고안된 보조적 가설을 **추가로** 덧붙임으로써 단순한 유신론을 확대하면 로우의 데이터를 예상할 수 있음을 보여주는 것은 별 도움이 되지 않을 것이다.[27] 확대된 가설은 이제 로우의 데이터에 들어맞겠지만 또한 이제 전보다 더 복잡하고 불안정하기 때문이다. 우리의 개인적인 여정에서도 교리상의 첨가물을 한쪽으로 제쳐두고서, 그 주요 대안들과 비교하여 단순한 유신론을 새롭게 생각할 필요가 있는 상황이 존재한다. 그런 접근법은 "최소주의자" 접근법이지만 단순한 유신론으로 들어가는 첫걸음의 중요한 특성을 존중할 것이다.

그러나 모든 것에는 계절이 있다. 일단 유신론이 우리의 개인적인 믿

27_ 최소주의자적인 대응의 뿌리에 대한 회고에 대해서는 내 논문 "Suffering, Evidence, and Analogy: Noseeum Arguments versus Skeptical Gambits," *Philosophy Through Science Fiction*, Ryan Nichols, Fred Miller, and Nicholas Smith 편 (New York: Routledge, 2009), 179-81에 실린 "Rowe's First Dagger" 단락을 보라.

음의 공간에서 겨자씨 크기만 한 공간이라도 차지하게 되면 그것은 자라기를 원할 것이다. 새로운 질문과 새로운 가능성이 탐구하라고 손짓할 것이다. 철학적인 상황에서도 증거에 입각한 몇몇 도전들은 "최소주의자" 접근보다 "확대주의자"(expansionist) 접근이 필요하다. 로우 식의 악을 근거로 한 논증은 성격상 강력하게 "귀납적"이지만, 증거에 입각한 무신론을 최상의 설명에 이르는 추론 방법인 "귀추법"적으로 기술해서─나는 그것이 더 낫다고 생각한다─유신론과 이에 대한 대안적인 세계관들을 설명력 측면에서 비교할 수도 있다.[28] 세계관 가설에 대한 그런 추론에서 증거를 사용할 때에는, 우리가 과학 연구에서 과학적 가설을 평가할 때 사용하는 데이터에 대한 기준과 유사한 기준을 사용할 것이다. 어떤 기준들이 있는가? 우리는 이 지점에서─심지어 과학 연구에 있어서도─방법론이 너무 많아 (아마도 방법론의 바벨탑) 당황한다. 과학 철학자들과 사색적인 학자들은 합리적인 이론 평가 기준을 어떻게 표현할지에 관해 상당한 이견을 보인다. 그러나 과학적 통찰은 "최소주의자" 접근법이 아니라 "확대주의자" 접근법에서 나온다는 점은 분명하다.

나는 최근에 대략적으로 러커토시의 접근법이 여기서 우리에게 많은 것을 제공한다고 주장했다.[29] 이 관점에서는 경쟁하는 이론상의 개념

28_ Paul Draper는 귀추법적 접근법을 제시하는 데(그리고 회의적 유신론이 그것과 관련 있다는 생각에 안달하는 데) 크게 기여했다. 이 점에 관해서는 Dougherty and McBrayer, *Skeptical Theism: New Essays*에 실린 그의 논문 및 그 책에 있는 참고 문헌에 언급된 책들에 실린 그의 논문들을 보라.

29_ 내가 "러커토시" 접근법을 언급하는 이유는 Imre Lakatos의 통찰이 그가 1974년 불시에 사망한 이래 다른 학자들에 의해 꾸준히 심화되었고, Bayes의 확률론과 형식적 인식론 분야의 지속적인 연구로 그 통찰들이 결합했기 때문이다. 참조. Perrine and Wykstra, "Skeptical Theism, Abductive Atheology, and Theory Versioning," 151.

들―예컨대 빛의 파동 개념 대 입자 개념―은 그 자체로는 검증할 수 없지만(그러기에는 너무 모호하다), 그 개념들은 경쟁 관계에 있는 조사 연구 프로그램들의 "핵심"(hard core)으로 사용되는 "핵심" 역할을 한다. 각 프로그램은 그것이 특별한 관심을 기울이는 개념에 더 많은 설명력과 더 많은 경험적 검증 가능성을 부여하기 위해서 핵심 개념에 접목할 수 있는 다양한 보조 주장들에 대한 지속적인 탐구를 통해 그 개념을 "최고의 버전"으로 "확대"하려 한다. 또한 러커토시의 "과학 연구 프로그램 방법론"에서 이론들에 대한 지속적인 평가에는 매우 "통시적인" 요소가 있다. 각 연구 프로그램은 핵심 이론의 "버전" 시리즈를 생성하며, 평가에는 이 시리즈에 대해 기준에 근거해서 평가하는 것―어느 시점에서의 특정 버전에 대한 공시적 "스냅사진" 평가만이 아니라 핵심 개념이 시간이 흐름에 따라 어떻게 펼쳐지는지에 대한 통시적 또는 "비디오" 평가―이 포함되기 때문이다.

나는 러커토시의 접근법이 증거에 입각하여 경쟁하는 세계관 개념을 평가하는 것에 대한 우리의 사고에 많은 것을 제공한다고 생각한다. 그러한 접근법에서는 내가 "단순한 유신론"이라고 불렀던 것이―다른 세계관들의 핵심 개념과 마찬가지로―세계관 연구 프로그램의 핵심으로 다루어질 것이다. 각각의 연구 프로그램 안에서 이러한 핵심 개념들은 세계관 연구 프로그램을 통해 러커토시의 기준과 유사한 기준에 의해 평가될 연속적인 "이론 버전들"로 구체화되겠지만, 과학 이론들과 주요 세계관 이론들 사이의 차이를 반영하는 적당한 조정을 거칠 것이다. 세계관들을 최고의 버전으로 구체화하려 할 때, 그러한 세계관 탐구는 과학적 접근법 이외의 접근법들―유신론 전통들 안에 들어 있는 신적 계시와 신적 조명에 대한 추정상의 증거 및 그 인상적인 공통성과 문제가 많은 차이 포함―을 무시하지 않을 것이다. 이 탐구는 경쟁하는 세계관들을 이 세상에 대한 이론적 통찰에 있어서의 발견 학습적인 유익 면에서뿐만 아니라 한 사람이 그 안에서 신중하지만 열정적으로 살아가는 데 있어서의 실제적인 지혜―이 또한 세계관의 영역에 속한다―면에서도 장기간에 걸쳐 그 통시적인 실적 측면에서 평가할 것이다.[30]

일관성 문제

나는 위의 내용을 회의적 유신론의 새로운 방향―두 번째 국면―으로 제안하고 있다. 이 제안은 아마 사람들로 하여금 눈살을 찌푸리게 할 것

30_ 과학 연구 프로그램과 세계관(또는 형이상학) 연구 프로그램 간의 관계는 내가 여기서 제시할 수 있는 것보다 많은 주의를 필요로 한다. 그러나 Lakatos의 과학 철학은―그것이 대체하려 하는 Karl Popper의 과학 철학과 마찬가지로―이 두 종류의 이론화 사이의 풍성한 관계의 씨앗을 품고 있다. 그러한 관계는 2010년에 쓰인 다음 글의 마지막 두 단락이 잘 알려준다. "panpychism", William Seager and Sean Allen-Hermanson, *Stanford Encyclopedia of Philosophy*, Edward N. Zalta 편, 2015년 가을호에 실린 글, http://plato.stanford.edu/archives/fall2015/entries/. 그들은 범심론과 같은 세계관은 결정적인 경험적 검증에 회부할 수 없다는 점을 인정하면서도 이렇게 말한다. "그럼에도 불구하고 형이상학적인 관점들은 모든 과학에 대해 필수불가결한 배경을 형성한다. 그런 관점들은 우리의 세계관을 통합하고 우리로 하여금 우리의 과학적 시도들을 더 큰 전망 안에 놓게 해주며 (Fechner의 정신물리학의 예가 잘 보여주듯이) 경험적 탐구의 유익한 새로운 노선을 제안할 수도 있다. 특히 범심론은 물리주의적인 환원주의를 배척하면서도 의식과 신경 간의 상관관계에 대한 연구를 요구하는 접근법과 일치하며, 창발론이 부정하는 이 세상 안의 근본적 통일성을 알거나 알고자 한다. 따라서 범심론은 현재의 경험적 연구와 불화하는 교의가 아니다. 세상의 근본적인 본질에 대한 형이상학적 추측에 언제나 저항할 수 없었고 지금도 여전히 저항할 수 없다. 과학이 존재해온 한 과학은 이러한 추측에 정보를 제공해왔고, 형이상학은 그에 대한 보답으로 우리에게 과학의 요점이 무엇인지 말해주는 데 도움을 준 동시에 새로운 과학을 위한 길을 닦았다."

이다. 나는 어떤 이들에게는 새로운 방향이 소위 회의적 유신론과 별로 관계가 없고 심지어 생경하게 보일 것이라고 예상한다. 또 어떤 이들에게는 그것이 회의적 유신론의 본질 자체와 모순된다고 보일 수도 있다.

두 가지 이유에서 나는 그렇게 생각하지 않는다. 첫째, 위에서 언급했듯이 **회의적 유신론**은 다소 잘못된 명칭이다. 인식론적 겸손은 철학적인 의미에서는 회의론의 한 형태가 아니다. 더구나 소위 회의적 유신론이 우리에게 요구하는 것은 조건부 유신론적 겸손이다. 그것은 실제로는 우리에게 **유신론이 사실이라면** 무엇이 예상되는지에 대해―어떤 가능성이 유신론에 있어서 **필수적**인지에 대해―매우 진지하게 생각해볼 것을 요구한다. 어느 세계관의 핵심이든 마찬가지다. 만일 **일반적인** 세계관이 참이라면, 그것의 좀 더 특정한 몇몇 형태도 참이다(그리고 다른 형태에서는 참이 아니다). 예를 들어 일반적으로 이렇게 말하는 물질주의/자연주의 세계관을 생각해보라. "존재하는 모든 것은 사실은 **물질**이다." 만일 이 세계관이 참이라면, 이 물질이 영원히 존재해왔다고 말하는 형태 **또는** 물질은 한정된 기간 동안만 존재해왔다고 말하는 형태에 대해 참일 것이다. 이 두 가능성은 모두 자연주의의 필수 요소이며 자연주의적인 연구 프로그램은 그 둘을 모두 구체화해서 어느 것이 장기적으로 가장 경험적·이론적으로 점진적인 프로그램을 산출하는지를 파악하고자 할 것이다. 유신론적 세계관, 범심론적 세계관 등 다른 주요 세계관에 대해서도 마찬가지다. 소위 회의적 유신론이 요구하는 조건부 인식론적 겸손은 통합적인 (integral) 이론화에 대한 근저의 열심을 반영하기 때문에 내가 회의적 유신론의 "두 번째 국면"이라고 부르는 것에 대한 자연적인 보완물이다.

여기에는 실제적인 모순이 있다는 두 번째 우려는 어떠한가? 나는 이런 우려는 회의적 유신론이 -조건부 유신론적 겸손을 적용함에 있어서 -논리적으로 우리를 더 극단적인 형태의 회의론으로 몰고 갈 것이라는 논증에서 나온다고 생각한다. 이러한 논증은 자세히 다루기에는 너무 다양하고 복잡하다. 그러나 그런 논증들의 일반적인 요지는 아마도 다음과 같이 대략 비슷하게 "모형" 형태로 표현될 수 있을 것이다. 비판자들은 회의적 유신론이 옳다고 가정하면, 외관상 무의미한 수많은 끔찍한 악을 하나님이 허락하는 이유는 이 악이 하나님만이 알 수 있고 파악할 수 있는 어떤 기막히게 좋은 압도적인 선에 기여하기 때문이라고 말한다. 비판자들은 '우리가 그 점을 인정한다면, 우리가 거기에 그와 비슷한 압도적인 선이 있을지도 모른다는 것을 알고 있기는 하지만 우리가 물리적 감각을 사용할 때마다 이 하나님이 우리로 하여금 -영화 "매트릭스" 식으로 -기만당하도록 허락한다는 것도 인정해야 하지 않는가?'라고 말한다. 그리고 우리의 도덕적 판단은 어떤 악은 우리를 통해 (예컨대 119에 전화함으로써) 방지되어야 한다라고 말하지만, 우리는 실상은 그 악이 하나님이 어떤 감추어진 압도적인 선을 위해 일어나기를 원하는 사건들이라는 점을 인정해야 하지 않는가? 또한 우리가 하나님이 신적 계시를 통해 "드러낸" 것이라고 올바로 받아들이는 것들도 사실은 거짓이지만, 하나님이 자신만이 파악할 수 있는 압도적인 선을 위해 우리에게 가르친 것이라는 점을 인정해야 하지 않는가?

만일 내가 소위 회의적 유신론의 핵심 주장에서 이런 질문 중 어느 것이라도 나온다고 생각했다면 나는 이에 대해 우려했을 것이다. 그러나 나는 우려하지 않는다. 나는 사실 논리가 전혀 그렇게 이어지지 않는다고 생각한다. 내가 비판자들이 제기하는 모든 논증의 약점을 찾아낼 수 있다는 뜻인가? 아니다. 사실 나는 그럴 수 없다. 그러나 설사 그렇더라도 나는 그다지 우려하지 않는다. 내게는 이 우주를 창조하고 유지할 수 있는 하나님의 목적을 우리 인간이 **얼마나 많이**, 또는 얼마나 **자주** 알거나 파악할 것으로 기대해야 하는지에 관한 조건적인 유신론적 겸손은 그럼에도 불구하고 우리가 하나님과 그분의 목적에 대한 매우 많은 진리를 알고 파악**할 수 있다**는 입장과 충분히 **양립할 수 있다**고 보이기 때문이다. 내게는 이와 반대되는 어떤 논증이든—비록 내가 정확한 위치는 알 수 없더라도—어딘가 잘못되었다는 점이 충분히 명백해 보인다.

이런 생각이 당신에게는 다소 무모하다고 느껴진다면 아마도 한 가지 비유가 도움이 될 것이다. 나는 우리—당신과 나—는 우주에 있는 별의 수가 우리가 볼 수 있는 별의 수를 **훨씬** 능가한다는 사실을 굳게 확신한다고 생각한다. 그럼에도 불구하고 우리는 이 확신을 맑은 날 밤에 어두운 하늘을 올려다볼 때 (최소한 시력 교정 안경을 쓰면) 우리가 상당히 많은 수의 별을 볼 수 있다는 확신과 완벽하게 양립할 수 있다고 받아들인다. 이제 우리가 이 두 확신은 양립할 수 없으며 그중 하나를 지키고 싶으면 나머지 하나는 포기해야 한다는 정교한 많은 논증이 있다는 사실을 알게 되었다고 가정해보자. 우리는 확실히—그리고 올바르게—각 논증은 어딘가 잘못되었다고 판단할 것이고, 설사 우리가 그러한 논증들 중 일부 혹은 전부에 대해 정확히 어디가 잘못되었는지는 알 수 없을지라도 그렇게 판단할 것이다.

나는 이 비교가 완벽하다고 생각한다. 사도 바울은 이렇게 말한다. "우리가 지금은 거울로 보는 것같이 희미하나 그때에는 얼굴과 얼굴을 대하여 볼 것이요"(고전 13:12). 회의적 유신론은 최소주의 국면에서는 하나님의 목적은 ─ 만일 유신론의 하나님이 존재한다면 ─ 우리가 인식할 수 있는 수준을 훨씬 능가한다고만 말한다. 회의적 유신론은 조건부 유신론적 겸손이 합리적인 사람이라면 누구나 관심을 가질만한 것이며, 따라서 증거에 입각하여 유신론에 반대하는 논증에 대한 제약이라고 상정하여 "소극적 변증"에 관여한다. 회의적 유신론은 그 **건설적** 국면에서 우리가 점진적으로 접근할 수 있을지도 모르는 하나님의 생각과 마음의 어떤 부분이든 탐구해서, 이것을 세상에 대해 우리가 파악할 수 있는 특성 및 우리가 살면서 쌓아온 세상에 대한 경험, 그리고 마땅히 우리의 동의를 얻을 자격이 있는 신적 계시의 모든 원천과 관련시키고자 한다. 이러한 건설적 국면 ─ 또한 통합적 유신론의 한 양식 ─ 은 이 세상과 우리 자신에 대한 성찰을 사용해서 하나님에 대해 더 많이 배우고, 하나님에 대한 성찰을 사용해서 우리 자신과 세상에 대한 더 깊은 통찰을 얻는다. 사도 바울이 말하는 "지금"과 "그때" 사이의 중간 기간에 **건설적인** 회의적 유신론은 이처럼 인식론적으로 겸손한 동시에 ─ 그 빛이 놀라운 교정을 갖다 주기를 완전히 기대하는 한편, 거울 속에서 희미하게 본 많은 것들을 떠나고 전혀 보지 못한 더 많은 것들을 떠나기 위해 더 많은 빛을 찾아 ─ 열정적으로 탐구할 수 있다[31]

31_ 여기서 나는 Eleonore Stump의 견해에 대해 정중하게 동의하지 않는다. 그녀는 회의적 유신론은 자신이 *Wandering in Darkness*에서 수행하는 방대한 기획과 현격하게 다르다고 여긴다. Stump 자신의 입장과 우리의 접근법에 대한 그녀의 짧은 대조(예컨대 13-14; 408)는 독자들에게 인간의 인지적 한계에 대한 우리의 접근법에서는 인간은 하나님이 고난을 허락하는 **모든** 이유에 대한 **모든** 접근이 차단되었다고 암시할 수도 있다. 그러나 (이 글이 분명히 밝히고자 노력하는 바와 같이) 그렇지 않다. Stump가 회의적 유신론은 ─ 우리가 하나님의 목적을 분간하려는 노력을 방해함이 없이 ─ 어떤 설명도 적절해 보이지 않을 때 "활력을 불어넣는" 중요한 역할을 할 수 있다고 긍정하는 보다 이전의 글들이 더 정확하다. Stump 자신이 그녀의

시험받을 때의 자원

그리고 이 중간 시기에 **몇몇** 반대 증거들은 경쟁하는 주요한 세계관 이론들 **각각**에 대해서와 마찬가지로 유신론에 대해 심각하게 불리한 것으로 여겨질 수도 있다. 심지어 가장 훌륭한 과학 이론들도 불완전한 증거로 인해 자주 그런 식으로 생각되어왔다. 세계관 이론에 대해서도 마찬가지이지 않겠는가?

아마도 월터스토프는 "그 모든 것을 조화시킬" 수 없어서 – 하나님의 목적을 "추측조차" 할 수 없어서 – "해답 없이 사는 것은 불안정"하고 "굳건히 서 있기가 어렵다"고 인정했을 것이다.[32] 몇 페이지 뒤에서 그는 이렇게 말한다.

> 저는 막다른 골목에 와 있습니다. 오! 하나님, 주님께서 저를 여기로 데려오셨습니다. 저는 아주 어렸을 때부터 주님을 믿었습니다. 저는 주님의 백성의 삶에, 그들의 기도에, 그들의 일에, 그들의 노래에, 그들이 주님의 말씀을 듣고 주님의 임재를 기다리는 일에 동참했습니다. 제게 주님의 멍에는 쉬웠었습니다. 제 위에 주님의 임재가 미소 지었었습니다.

글의 마지막 부분에서 자신의 주장을 보호하는 방식도 주목할 가치가 있다. 그녀는 자신의 토마스 아퀴나스적인 설명이 하나님이 그것을 위해 끔찍한 고통이 "완전히 기능을 발휘하는 성인"을 괴롭히도록 허락하고 인도하는 선의 **전** 범위를 – "일반적인 방식"으로 – 잘 포착할 것이라고 생각한다. 그러나 그녀는 또한 이러한 선이 완전히 기능을 발휘하지 않는 성인을 포함한 지각 있는 존재를 포함해서 이 세상에서의 끔찍한 고통 **전체**를 설명해 주는지에 대해서는 태도를 정하기를 삼간다(476).

32_Wolterstorff, *Lament for a Son*, 67.

그런데 한낮이 어두워졌습니다. 제 아내가 "그 애가 죽었다"라고 말하자마자 그 빛이 희미해졌습니다. 그런데 이렇게 캄캄할 때 주님은 어디에 계십니까? 저는 빛 가운데 있을 때는 주님을 찾아내는 법을 배웠습니다. 저는 여기 이 어둠 속에서는 주님을 찾을 수가 없습니다.…

제 눈이 이 어둠에 적응할까요? 제가 어둠 속에서 ─남아 있는 빛줄기 속에서가 아니라 어둠 속에서 ─주님을 발견하게 될까요? 누가 거기서 주님을 발견한 사람이 있었는지요?…아니면 어둠 속에서는 침묵 가운데 기다리는 것이 최선인가요?[33]

월터스토프는 믿음을 잃지 않는다. 그는 여전히 하나님과 대화를 나눈다. 그러나 우리는 그의 세계관이 새로운 시험의 시기에 들어갔음을 알아차린다. 그는 이렇게 말한다.

믿음은 당신이 그 위를 걸을 수밖에 없게 될 때 비로소 알게 될, 당신을 깊은 구렁 위로 떠받쳐줄 다리다.

나는 지금 그곳 깊은 구렁 위에 서 있다. 나는 그 다리를 살펴본다. 하나님 안에는 세상의 상처들로 인해 사람들이 절규하는 질문들에 대한 해답이 있을 것이라고 믿는 나는 속은 것일까? 언젠가는 내가 그 답을 알게 될 것이라고 믿는 나는 속은 것일까? 그 답을 알고 나면 사랑이 [사망을] 정복했음을 알게 될 것이라고 믿는 나는 속은 것일까?[34]

33_ Ibid., 69.
34_ Ibid., 76-77.

여기에 진정한 지적 시험이 있다 해도 그것은 놀랄 일이 아니다. 월터스토프는 하나님이 에릭의 실족과 세상의 다른 모든 상처를 허락한 이유는 알 수 없지만, 만일 하나님이 없다면—만일 그 모든 것이 아무 뜻도 없이 시끄럽고 정신없는 일에 불과하다면—우리는 **바로** 사랑하는 이들이 자주 추락사하거나 무의미한 사고로 깔려 죽는 일이 일어날 것이라고 예상해야 한다는 것을 안다. 어느 훌륭한 베이즈주의자가 당신에게 말해주듯이 이 점은 **어느** 정도는 유신론에 불리하게 여겨지는 증거로 간주되어야 한다.

그렇다면 월터스토프가 몇 페이지 뒤에서 다음과 같이 말하는 것이 이해가 된다. "고통을 당해 적의에 찬 내 친구 하나는 내게 '왜 하나님에 대한 믿음을 때려치우지 않느냐?'라고 말한다. 세상은 썩었고 너나 나나 속았을 뿐이라는 것이다."[35]

그러나 여기서 월터스토프는 자신 안에 있는 소망의 이유도 없이 침묵하고 있지는 않는다.

나는 꼼짝할 수 없다. 이 거대하고 복잡한 세상을 살펴보면 나는 세상이 그냥 생겨났다고 믿을 수 없다. 그렇다고 내가 세상이 창조된 것을 뒷받침하는 어떤 타당한 논거를 갖고 있고 그 논거를 믿는다는 뜻은 아니다. 내 말은 세상에 대해 생각할 때 내 안에서 억누를 수 없는 확신이 솟아오른다는 뜻이다. 그 확신을 버리려는 실험은 성공하지 못한다. 하늘을 바라볼 때 나는 하늘이 하나님의 영광을 선포하지 않는다고 믿을 수가 없다. 땅을 바라볼

<hr>

35_Ibid., 76.

때 나는 땅이 하나님의 작품을 드러내지 않는다고 믿으려는 시도에 성공할 수가 없다.

그리고 내가 신약성경을 읽고 그것을 둘러싼 자료를 조사할 때 나는 나사렛 예수라는 사람이 죽은 자들 가운데서 부활했다고 확신한다. 그의 부활에서 나는 예수가 예언자 이상의 존재였다는 표지를 본다. 그는 하나님의 아들이었다.[36]

그래서 그 모든 것이 어떻게 조화되는지 전혀 알 수 없음에도 불구하고 월터스토프는 로우의 결론으로 미끄러지기를 거부한다. 나는 여기서 예수의 역할에 깊은 인상을 받았다. 모든 세계관은—우리가 경험한 세상에서 실재의 핵심에 대한 일별(glimpse)로 해석되는 것을 제공하는—"가장 좋은 창문"으로 선택할 무언가를 발견한다. 피터 애트킨스 같은 자연주의자는 그가 사랑하는 열역학 제2법칙—그는 거기서 최종 결론은 죽음(물리적 우주 전체의 엔트로피 소멸)일 것이라는 보증을 발견한다—에서 그 창문을 발견한다. 월터스토프는 다른 곳에 시선을 고정한다. 그는 하나님이 왜 "에릭이 추락하는 것을 그냥 지켜보기만 했는지"에 관한 답을 알지 못한다. 그러나 나사렛 예수의 삶과 죽음과 부활에서 그는 견뎌야 할—"하나님 안에는 세상의 상처들로 인해 사람들이 절규하는 질문들에 대한 해답이 있을 것"이고, 에릭의 죽음에 대해 "언젠가는 내가 그 답을 알게 될 것"이며 또한 그날에 "사랑이 사망을 정복했음을 알게" 될 것이

36_Ibid.

라고 믿을—충분한 이유를 발견한다.[37]

　나는 월터스토프가 예수 안에 있는 그 자원을 발견함에 있어서 그러한 일들에 대한 우리의 접근을 증거에 근거시키는 것이 아니라 철저하게 기본적인 믿음으로 다루는 개혁주의 인식론에서 다소 벗어나는 것으로 보이는 점에서도 깊은 인상을 받았다. 예수에 대한 월터스토프의 확신은 예수의 부활에 대한 증인들에 초점을 맞추는 것으로 보이는데, 그는 그 확신이 "내가 신약성경을 읽고 **그것을 둘러싼 자료를 조사할 때**" 생겨난다고 말한다. 나는 월터스토프가 시험을 받을 때 자신의 믿음을 지탱해 주는 자원을 묘사하는 방식에 최소한 증거주의의 흔적이 있기를 바라고 싶다.[38]

해답을 넘어서

나는 유신론에게 불리해 보이는 증거의 모든 부분에 두루 적용되는 하나의 해답이 존재할 것으로 기대하지 말아야 한다고 주장했다. 또한 우리는 삶을 찢어놓는 사건들의 한가운데서 회의적 유신론에서 슬픔을 치유할 많은 위안이나 심지어 그냥 견디는 데 필요한 많은 도움을 받기를 기대해서도 안 된다. 그와 반대로 회의적 유신론의 "유신론적인" 부분은—특히 우리가 신앙적으로 활발한 유신론 전통에 속해 있다면—우리의 하늘

37_ Ibid., 77.

38_ 참조. Stephen Wykstra, "'Not Done in a Corner': How to Be a Sensible Evidentialist About Jesus," *Philosophical Books* 43, no. 2 (2002): 81-135.

아버지이신 하나님께 대한 기대를 줄 것이고, 우리의 여정은 어느 정도는 우리로 하여금 하나님이 관심을 기울이는 일들에 관심을 갖게 해줄 것이다. 이 모든 것은 우리의 비탄과 고통을 단지 비탄의 원천만이 아니라 다른 많은 것의 원천―지적인 질문의 원천은 물론이고 유신론에 기반을 둔 우리의 실망과 항의와 심지어 비난까지 하나님께로 향하게 하는 것의 원천―으로 만들 수 있다. 이렇게 표현해도 된다면 유신론은 계집애같이 유약한 사람을 위한 것이 아니다.[39]

앞에서 나는 조건부 유신론적 겸손은 욥이 절정의 순간에 하나님을 만나는 복잡한 내러티브 안에서 중요한 한 "순간"이라고 주장했다. 그러나 우리―특히 우리 철학자들―는 이 고대의 텍스트를 "하나의 해답"을 담은 책으로 축소하려는 유혹에 저항해야 한다.[40] 최근의 욥기 연구의 여러 가닥들을 자신의 논의 속에 엮어 넣은 린지 윌슨의 최근 저서 『욥기』는 욥의 "하나님을 향한 강한 항변의 말"이 어떻게 "그의 이전의 경건을 어색하게 대체"하는 것으로 보이는지에 초점을 맞춘다. 그런 다음 윌슨은 한 가지 중요한 질문을 던진다. "참된 믿음은 그런 진술 및 고발과 항의를 포함할 수 있는가, 아니면 욥이 진정한 경건의 경계선을 넘었는가?"[41]

내가 윌슨의 책을 읽은 바로는 그러한 항의가 참으로 진정한 믿음과 경건의 일부라는 것이 욥기의 근본적인 교훈 중 하나다. 하나님이 욥에

39_ 그들을 모욕할 의도는 없다. 내 가장 친한 몇몇 친구들도 계집애같이 유약한 사람들이다.

40_ 내가 욥기에 대한 더 넓은 관점을 통합할 수 있도록 자극을 주고 유용한 몇몇 지침을 준 신학 동료인 John Schneider에게 나는 큰 빚을 졌다.

41_ Linsay Wilson, *Job* (Grand Rapids: Eerdmans, 2015), 249.

게 가까이 다가왔을 때 "너는 대장부처럼 허리를 묶어라"(욥 38:3)는 하나님의 말씀은 욥을 겁주거나 그를 침묵시키려는 의도가 아니다. 오히려 그 말씀은—마치 하나님이 욥의 등을 떠미는 것처럼—욥에게 담대히 대화를 나누도록 권면한다. 최근 학자들은 이 지혜의 책에서 이처럼 일종의 "항의의 지혜"를 발견한다. 욥기에서 그런 항의들은 윌슨이 말하는 바와 같이 "하나님을 모욕하거나 폄하하려는 것이 아니라 욥의 정당한 관심사와 질문들을 그의 창조자 앞에 가져오려는 것이다.…이런 의미에서 욥은 그 스승과 더불어 핵심적인 종교 공동체 주위에 모여 있는 것이 아니라, 세상이 제기하는 도전과 질문에 귀 기울이면서 목장 주위를 순시하는 목동에 속한다."[42]

그러나 욥이 공동체의 "주위를 순시하는 목동"이라면 그는 또한 자신과 하나님의 관계 속에서 여행 중이기도 하다. 그리고 그는 어느 정도 이 사실을 깨닫는다. 윌슨은 책 전체에 걸쳐서 욥만 홀로 기도한다는 점을 발견한다. 그의 네 친구들—엘리바스, 빌닷, 소발, 그리고 나중에 등장하는 젊은이 엘리후—과 달리 욥만이 대화 중에 "하나님에 관해서만이 아니라 하나님께" 말한다. 그리고 이 점은 "욥의 주된 한탄은 그가 과거에 누렸던 하나님과의 개인적인 관계의 상실"이라는 그의 인식을 반영한다.[43] 윌슨은 욥이 절정의 순간에 하나님을 만났을 때 하나님은 "욥

42_Ibid., 297. 여기서 항의의 지혜에 대한 Wilson의 논의는 다음 문헌들에 의존하고 있다. William S. Morrow, *Protest Against God: The Eclipse of a Biblical Tradition*, Hebrew Bible Monographs 4 (Sheffield: Sheffield Phoenix, 2006); Anson Laytner, *Arguing with God: A Jewish Tradition* (Northvale, NJ: Aronson, 1990).

43_Wilson, *Job*, 370. 이 마지막 구절에서 Wilson은 R. Norman Whybray, *The Good Life in the Old Testament* (London: T&T Clark, 2002), 139를 인용하고 있다.

의 가장 절실한 필요는 그의 많은 질문에 대한 지적인 대답을 얻는 것이 아님을 명백히 알고 욥의 비난에 일일이 답변하지 않는다"고 지적한다.[44] 하나님은 욥의 질문들에 대답하지도 않고 그 질문들을 억누르지도 않으면서 욥으로 하여금 계속 대화하게 만들려고 한다. 그리고 하나님의 긴 질문 목록은 욥을 겁주려는 것이 아니라, 욥에게 하나님과 창조세계의 다른 부분들 사이의 관계 — 엘레오노르 스텀프가 통찰력 있게 설명하듯이 부드럽게 대화하는 개인적인 관계 — 의 일부인 목적들의 풍성함에 대한 보다 심오한 관점을 넌지시 알려주려는 것으로 보인다.[45]

그런데 그렇게 암시한다고 해서 — 윌슨이 말하듯이 그리고 우리 회의적 유신론자들이 동의하듯이 — 욥과 그가 사랑한 사람들로 하여금 끔찍한 고통을 당하게 한 사건들을 허용한 하나님의 동기를 욥이 지적으로 인식할 수 있는 위치에 있게 되는 것과는 거리가 멀다. 물론 욥기 서론은 이 동기가 하나님이 사탄과 거래한 데 있다고 밝히는데 거기서는 하나님의 명예에 관한 문제가 걸려 있는 것으로 보인다. 그러나 그 내러티브에서 욥은 이 점에 관해 전혀 알지 못하며, 우리가 (성경 텍스트의 독자로서) 얻었다고 생각할 수도 있는 약간의 이해는 대개 — 심지어 신적 계시가 있다 할지라도 — 그런 일들에 대한 우리의 지식이 완전한 지식에 얼마나 미치지 못하는가를 부각하는 역할을 한다. 그래서 나는 하나님과 그렇게 만나서 하나님의 더 큰 목적에 대해 암시를 받는다 해도 그것은 신정론에 기여하는 것이 아니라 욥으로 하여금 "하나님을 새로운 방식으로 신

44_ Wilson, *Job*, 370.

45_ Stump, *Wandering in Darkness*, 188.

뢰"할 수 있게 해주는 데 기여한다는 윌슨의 말이 옳다고 생각한다. 무엇보다도 욥은 아마도 하나님이 자기를 버리지 않았다는 것을 알게 되었을 것이다. 그는 혼자가 아니었다.

□ □ □

나는 욥의 친구들 역시 온갖 한계에도 불구하고 이 과정에서 긍정적인 역할을 한다고 생각한다. 여기서 나는 "아트"가 말해준 이야기로 돌아가 보겠다. 어떤 독자들은 짐작했겠지만 그는 이따금 철학자처럼 보이는 스티브 위크스트라의 다소 반대되는 분신인 "아트스키 W. 이베츠"다. 매년 한겨울에 나와 내 누나 낸시는 전화상으로 존 리처드 위크스트라의 심장이 박동을 멈추었던 1963년 12월 중순의 그 일요일에 관한 대화를 나눈다. 최근에 우리는 그날 오후뿐만 아니라 그 후 몇 주 동안 마틴 개혁 교회 교인들이 우리집에 와서 우리와 함께 있어주었던 일을 자세하게 기억하고 있는 것을 발견했다. 그들은 우리의 손을 잡아주고, 우리를 안아 주고, 우리와 같이 있어주었다. 그들은 우리를 지원해주고 케이크와 찜 냄비 요리도 갖다 주었다. 몇몇 분들은 주저하듯이 "하나님의 방식은 신비롭단다"라거나 "하나님의 길은 우리 길과 다르단다"와 같은 말들을 했다. 그러나 그들은 회의적이든 뭐든 간에 장황한 유신론적 담론을 늘어놓지는 않았다. 그것은 잘한 일이었다. 이제 내가 깨달은 바로는 그들이 말한 내용이 아니라 그들이 그곳에 있었다는 사실이 중요했기 때문이다. 내가 아버지를 잃었을 때 그들은 하나님이 우리와 함께 계신다는 상징이자 표지—말하자면 작은 성육신들—였다. 예수의 몸이 우리를 위해 찢

겼다. 그리스도의 몸이 우리와 함께 찢기고 있었다. 우리는 버려지지 않았다. 우리는 혼자가 아니었다.

우리가 언제나 그렇게 느낀 것은 아니다. 인간의 고통의 척도에서 아직 젊은 한 아버지의 죽음은 결코 "끔찍한" 한쪽 극단에 있지는 않다. 그러나 내 부친은 조용하고 복잡하고 아직 발전하고 있는 분이었다. 내 부친은 내게 소중한 추억을 많이 남겨주었지만, 우리의 관계 단절로 인해 내가 사춘기 초기에 접어들었을 때 그 복잡함과 모호함이 가중되었다. 그분이 좀 더 오래 사셨더라면 이런 사정 중 일부는 내가 가장 사랑하는 사람들에게 덜 걱정되는 방식으로 저절로 해결되었을 것이다.[46]

그러나 마틴 교회 교인들의 방문에서, 그리고 그 이후 내가 걸어온 인생길 곳곳에서 나와 동행해준 아버지 같고 형님 같은 많은 분들에게서 나는 이제 ─비록 거울을 통해 희미하게 보기는 하지만─ 씨앗과 표지와 신호를 본다. 그 이후로 은혜로 주어진 치유의 씨앗들이 찾아왔고 앞으로도 찾아올 것이다. 언젠가 얼굴과 얼굴을 마주 보는 날, 월터스토프의 말을 빌리자면 "하나님 안에서 세상의 상처들로 인해 사람들이 절규하는 질문들에 대한 해답이" 발견되는 날의 표지가 찾아왔다. 사도 바울이 에베소 교인들에게 말하는 것처럼 먼 데 있는 자들과 가까운 데 있는 자들에게(엡 2:17) 그리스도 안에서 "아버지께 나아갈 수 있는" 새로운 신호가 찾아왔다. 나는 그렇게 하나님께 나아가 우리의 모든 인간 아버지의 결점이 치유와 용서를 받고 우리의 인간 아버지에 대한 갈망이 최종적으로 충족되기를 소망한다. 그래서 만일 오늘 내가 어떻게 유신론을 전개하고

46_ 그렇지 않았을 수도 있다.

확인하려 하느냐는 질문을 받는다면 나는 그리스도 안에서 "유신론을 이렇게 전개한다"라고 답변할 것이다.

2

다른 기고자들의 글에 대한
각 기고자의 답변

필립 캐리

신정론들의 문제는 그것들이 너무 많이 설명할 수 있다는 점이다. 신정
론은 하나님이 악을 막지 않는 것을 정당화할 타당한("도덕적으로 충분한")
이유들이 존재할 수 있음을 보여줌으로써 악이 존재한다는 사실로부터
하나님이 존재하지 않는다고 추론하는 것을 차단하고자 한다. 그렇게 매
우 협소한 의미에서의 악은 진정으로 악하지만 쓸데없는 것이 아니라 **정
당화된다**. 대다수의 신정론들은 이런 이유들이 무엇인가에 대해 너무 구
체적으로 진술하기를 주저한다. 그러나 악을 정당화함에 있어서 신정론
이 너무 나갈 수도 있다. 현대의 신정론을 최초로 시작한 G. W. 라이프니
츠가 좋은 예다. 그는 하나님께는 가능한 모든 세상 중에서 최고인 이 세
상에서 악을 허용할 만한 가능한 최상의 이유가 있다고 주장한 뒤, 우리
는 하나님의 뜻에 대해 불평하는 대신 "우리에게 닥친 모든 일에 진정으
로 만족해야 한다"라고 주장한다.[1] 그러나 불평하는 사람들을 꾸짖는 것

1_G. W. Leibniz, *Discourse on Metaphysics*, §4, *Discourse on Metaphysics and Other Essays*, Daniel
Garber and Roger Ariew 역(Indianapolis: Hackett, 1991)에 실린 글.

은 곧 더 나은 뭔가에 대한 소망을 차단하는 것이며, 성경에 나오는 "오 주여, 언제까지니이까?"라는 절실한 소망의 기도를 드리기를 거부하는 것이다.

그래서 현명한 신정론은 지나치게 야심적이지 않을 것이다. 그런 신정론은 소망의 이유를 빼앗아 가지 않도록 하나님을 정당화하는 이유들을 제시하는 데 주저할 것이다. 신정론이 제시하는 논증이 기독교적이려면, 그 논증은 우리가 살고 있는 이야기 안에 중간에는 불평하다가 결국에는 기뻐하는 쪽으로 옮겨 갈 가능성을 열어둘 필요가 있다. 악의 문제는 하나님이 존재하지 않는다는 추론을 차단하는 논증 이상의 것을 필요로 하기 때문이다. 악의 문제는 하나님이 현재의 상황을 변화시킬 것이라고 소망할 수 있는 이유를 요구한다. 이는 단지 목회적 또는 감정적 요건에 불과한 것이 아니라 모든 기독교 신정론의 논리적인 함의다. 하나님이 악을 허용하는 것을 정당화하는 이유는 바로 그것이 하나님이 현재의 악에서 더 큰 유익을 가져올 것이라고 우리가 소망하는 이유이기 때문이다. 같은 맥락에서 이런 이유들이 우리로 하여금 현재에 대해 너무 편안하게 느끼게 할 위안을 제공하지 않아야 한다. 그 이유들은 우리로 하여금 지금 이 시대의 정당화된 악에 만족하게 할 이유여서는 안 된다.

바울은 이렇게 말한다. "생각하건대 현재의 고난은 장차 우리에게 나타날 영광과 비교할 수 없도다"(롬 8:18). 따라서 기독교 신정론은 종말론적으로 두 시점 사이, 즉 악이 매우 좁은 의미에서 (하나님께 나름의 이유가 있어서) 정당화되는 "지금"과 악이 정복되는 때인 "아직" 오지 않은 때 사이에 위치한다. 악은 사실 극악하고 받아들여질 수 없는데도 불구하고 지금 정당화되고 있는 이유는 오직 그것이 장차 패배할 것이기 때문이다.

악은 승리에게 삼켜질 것이고, 그때에는 부활의 주일이 성 금요일의 의미를 바꾸어놓은 것처럼 악의 의미도 바뀌어서 드러날 것이다. 그래서 악을 너무 능숙하게 정당화하는 신정론은 기독교 신정론이 될 수 없으며, 기독교 신정론은 악을 정당화하는 일을 결코 마치지 못할 것이다. 신정론은 스스로는 줄 수 없는 해법, 즉 하나님 나라가 하늘에 임한 것처럼 땅에도 임할 때 비로소 드러날 영광을 기다려야 한다. 그때까지는 모든 기독교 신정론은 악 자체의 매우 불만족스러운 본질을 반영하여 불만족스러워야 한다.

□ □ □

토머스 제이 오어드의 악의 문제에 대한 해법은 내게는 너무 많이 설명하는 신정론 중 하나로 보인다. 그는 하나님이 악을 허락하는 이유 대신 하나님이 악을 막을 수 없는 이유를 제시한다. 그리고 그것은 숨겨진 이유가 아니라 하나님의 "사랑의 본성"에 대한 확고한 이해에 바탕을 둔, 우리가 충분히 이해할 수 있는 이유다. 이는 라이프니츠의 합리주의보다 더 야심적인 합리론이다.

그것은 또한 신적 사랑의 본성을 놀랄 만큼 무기력하다고 본다. 많은 케노시스 신학이 하나님 안에서 발견하는 자발적인 자기 제한 대신 오어드는 본질적 케노시스 즉 실질적으로 하나님을 영원히 제한하는, 필연적인 자기 내어줌을 상정해서 특히 하나님이 인간의 자유와 자발적 활동, 또는 창조세계의 법칙과 같은 규칙성에 개입할 수 없다고 암시한다. 이는 과정신학과 마찬가지로 자연주의의 규칙에 따라서 작동하는 신정론인데, 나는 이 견해는 이 이유만으로도 충분히 문제가 있다고 생각한다. 그러나 더 심각한 점은 이 견해는 하나님의 능력이 누구든 막대기를 주워 숲에서 어린 소녀를 성폭행하려는 남자의 머리를 후려칠 수 있는 사람의 능력보다 못하다고 주장한다는 점이다. 나는 그런 성폭행범의 자유와 자발적 활동에 관해서 무엇이 보존할 만한 가치가 있는지 결코 발견하지 못했고, 또한 막대기를 주워서 휘두르기를 거부하려는 사람에게서 자애롭거나 "자기를 내어주는" 어떤 것도 볼 수 없다. 오어드 자신도 케노시스의 표본인 예수가 이 일에 개입하지 않으리라고 상상할 수 없다는 점을 인정한다. 그러므로 바로 이 지점에서 케노시스 개념은 하나님이 왜 악을 막지 못하는지를 설명하지 못하며, 오어드는 그 대신 건강한 인간의 몸을 가진 사람이면 누구나 할 수 있는 일—아이에게 끔찍한 짓을 저지르려는 범인의 자유로운 활동에 저항하는 일—조차도 할 수 없는 무소부재한 영이라는 이상한 개념에 의존해야 한다.

이 문제는 일반화될 수 있다. 만일 하나님이 어린 소녀를 구할 수 없다면 그가 어떻게 세상을 구원할 수 있겠는가? 악을 막을 수 없는 하나님께 "오 주님, 언제까지니이까?"라고 기도해봐야 아무 의미도 없다. 오어드가 주장하듯이 이런 하나님은 우리가 탓하거나 비난하거나 책임을 물을 수 없는 하나님이다. 그러나 그 하나님은 우리가 그 안에서 악의 최종적인 패배를 간청할 수 있는 이야기를 우리에게 제공해줄 수 없는 하나님이기도 하다. 나는 그것이 하나님을 곤경에서 완전히 벗어나게 하는 신정론에 대해 우리가 치르는 대가라고 생각한다. 하나님은 악에 대한 책임이 없으며 심지어 악을 허용한 데 대한 책임도 없다. 그러나 그것은 하나님이 형이상학적으로 악을 중단시킬 수 없기 때문이다. 나는 욥처럼 하나님께 책임을 묻는 것이 낫다고 생각한다. 하나님을 연루시키고 시편 저자처럼 하나님 나라가 임할 때까지 계속 불평하라.

"진정한 악"이라는 오어드의 특이한 개념은 그의 제안이 과격하다는 데 대해 많은 것을 알려주는 일례일 뿐이다. 그가 말하는 진정한 악은 더 큰 유익을 위해 필요하지 않은 악, 함축적으로 하나님이 그 악으로부터 가져올 수 있는 어떤 선으로도 정당화되지 않는 악이다. 그것은 세상을 더 나쁘게 만들기만 한다. 이것이 바로 윌리엄 레인 크레이그가 좀 더 표준적인 어휘를 사용하여 "쓸데없는 악"이라고 부르는 것이다. 나는 그런 것이 존재한다면 하나님은 존재하지 않는다고 생각하는 사람들의 의견에 동의한다. 표준적인 어휘로 말하자면 하나님이 허용해도 정당화되는 악은 진정한 악이며, 하나님이 그 악을 허용하는 것을 정당화하는 더 큰 유익이 있다 해도 그 악이 진정한 악보다 덜 악한 것이 되지는 않는다. **쓸데없는** 악은 진정한 악과는 다르고 그것보다 더 나쁘다. 그것은 정당화되지 않는 악이며 아무 이유가 없는 악이다. 즉 그것으로부터 어떤 유익도 나오지 않으며, 그것의 궁극적인 패배나 구속에 대한 소망도 없다. 나는 그러한 악의 존재를 긍정하는 것은 자포자기하라는 충고라고 생각한다.

고전적 관점과 오어드의 신정론 사이의 더 중요한 차이는 케노시스 개념 자체와 관련이 있다. 오어드가 지적하듯이 이전의 신학자들은 케노시스 구절(예수가 "자기를 비웠다"고 말하는 빌 2:7)에 근거해서 성육신―예수가 어떻게 하나님이면서 인간인가―에 대해 생각했다. 이는 예수를 사람의 모습을 한 하나님 자신으로 보지 않고, 하나님이 어떤 존재인가에 대한 계시로 보는 오늘날의 "케노시스적인" 신학과는 판이하다. 물론 악에 대한 고전적 관점은 이전의 이 탄탄한 성육신 교리를 지지한다. 이 교리에 따르면 예수의 인간으로서의 비천은 신의 무기력을 드러내는 것이 아니라 하나님 자신이 자유롭게 선택한 겸손이며, 예수는 하늘에서 내려와 전능한 하나님이기를 중단한 것이 아니라 우리의 연약하고 죽을 수밖에 없는 인성을 취해서 그것을 자신의 본성으로 삼았다. 아우구스티누스가 다양한 형태로써 즐겨 사용하는 방식으로 표현하자면 예수는 이전에 갖고 있던 본성을 그대로 유지하면서 이전에 갖고 있지 않던 본성을 취했다.[2]

이는 오어드의 관점 및 해스커의 열린 유신론의 관점에서 말하는 바와 다르다. 참된 하나님인 영원한 하나님의 아들은 우리의 연약함과 고난과 죽음을 취해서 이것들을 자신의 것으로 삼으면서도 예전과 같이 전능하고 무감각하고(impassible) 사멸하지 않는 존재다. 따라서 십자가에서 고난당하고 죽는 존재는 고통당할 수 없고 사멸하지 않는 하나님이다. 모든 교부들이 이러한 결론에 도달한 데 즐거워한 것은 아니지만 그것은 수백 년에 걸친 삼위일체 및 성육신 교리 논쟁의 정통적인 결과였고, 그 모든 교리들은 신성의 불변성과 고통당할 수 없음을 당연시했다. 나는 이 두 교리 모두 예수 그리스도의 복음이 하나님의 고난에 대해 말하는 바를 요약해준다고 생각한다.

우리는 "고난당하는 하나님만이 도움을 줄 수 있다"는 디트리히 본회퍼의 생각에 많이 공감하는 시대에 살고 있다. 교부들의 생각은 달랐다. 그들은 고난과 죽음을 겪지 않는 하나님만이 우리를 고난과 죽음에서 건

2_ 예를 들어 Augustine, *Sermons 148-229Z*, Edmund Hill, OP 역(Hyde Park, NY: New City Press, 1993)에 수록된 설교 184.1, 186.2, 187.3을 보라.

져줄 수 있다고 생각했다. 그것은 마치 사람들이 깊은 물에 빠져 죽어가는 것을 보는 것과 같다. 그들과 함께 물에 빠져 있는 사람만이 도와줄 수 있다는 생각은 착각일 것이다. 가장 신뢰할 만한 구조는 단단한 땅 위에 서서 장대를 내밀거나 구명도구를 던져줄 수 있는 사람에게서 나온다. 물론 삼위일체 및 성육신 교리를 기억할 때 그 이야기는 좀 더 복잡해진다. 자신의 영원성이라는 단단한 기반 위에 서 있는 성부 하나님은 자기의 사랑하는 아들을 마치 구명도구처럼 우리가 빠져 있는 물속에 던지고, 우리는 하나님의 아들을 우리가 빠져 있는 깊은 물속으로 끌어내리며, 그 아들은 익사한다. 그러나 부활을 통해 성부는 그 아들을 그에게 매달려 있는 모든 사람들과 함께 끌어올린다. 그리고 성부와 성자 및 성자에게 매달려 있는 모든 이들을 연결하는 사랑의 끈은 성령이다. 삼위 하나님은 바로 이런 식으로 우리가 경험하는 죽음을 겪을 뿐만 아니라 그것을 이긴다. 고전적 관점의 케노시스는 하나님이 오직 신적인 사랑의 힘으로 죽음을 이기기 위해 죽음에 직면해서 자발적으로 우리의 무력함을 공유하는 것을 의미한다.

□ □ □

윌리엄 해스커는 자신의 신정론을 가급적 다양한 신정론들과 관련하여 고려함으로써 이 책의 기고자들에게 편의를 제공한다. 그의 접근법은 오어드의 접근법보다 온건하고 그것의 불만족스러움을 좀 더 공개적으로 드러내는데, 나는 그 점을 높이 평가한다. 우리는 그의 신정론이 다른 신정론들과의 비교를 통해서 달성하려 하는 것과 달성하려 하지 않는 것을 알 수 있다. 해스커는 단순히 하나님은 존재하지 않는다는 추론을 저지하는 데서 그치기를 원하지 않지만, 하나님이 왜 이러저러한 특정한 악을 허용하는지를 설명하려고 시도하지도 않는다. 그는 하나님께 **특정한** 악을 허용할 이유를 부여하는 더 큰 유익을 구성할 "특별한 유익"을 적시하지 않으면서, 하나님이 우리가 목격하고 있는 **종류**의 악을 허용하는 것을 정당화하는 "일반 정책"을 적시함으로써 세상에서의 악의 역할에 관해 무엇인가를 이해하기 원한다. 그래서 그는 어떤 특정한 이야기를 하지 않고 여러 종류의 악이 들어설 자리를 마련하는 자연 세상과 인간 세상의 넓은 구조의 개요를 제시한다. 그의 접근법의 큰 강점은 그가 적시하는 일반적인 구조가 하나님이 특정한 악에서 더 큰 유익을 가져오는 방식에 대한 특정한 이야기들에 열려 있다는 점이다. 그것은 마치 가능한 연극을 몇 개든 상연할 수 있는 무대를 만드는 것과 같다.

고전적 관점이 이의를 제기하는 지점은 그 무대가 그것 자체로 충분히 좋아서 그 위에서 벌어지는 모든 악을—심지어 하나님이 무대에 올리는 특정한 연극과 별도로—정당화할 수 있다는 해스커의 주장이다. 해스커가 말하는 바와 같이 선한 세상은 불가피하게 악에 노출되어 있기 마련이라는 점은 사실이다. 아우구스티누스는 이것이 피조물의 존재론 자체에서 나온다고 생각한다. 하나님만이 부패할 수 없을 만큼 선하기 때문이다(『고백록』 7.12.18). 그러나 하나님은 자신의 의지로 세상을 창조하기로 작정했기 때문에 나는 이 취약한 창조세계가 해를 입지 않게 보호하고 그것을 악에서 구할 책임이 하나님께 있다고 덧붙이고 싶다. 그러려면 세상의 창조자가 어떻게 세상의 구속자이기도 한지에 대한 특정한 이야기가 필요하다. 그 특정한 이야기만이 우리가 실제로 경험하는 특정한 악을 이해하게 할 수 있다. 일반 정책에 대한 고려만으로는 충분하지 않다.

악의 문제가 지닌 목회적 차원을 살펴보면 이러한 불충분성이 특히 명확해지는데, 이 차원은 해스커가 지적하듯이 신정론의 다른 과제들과 무관한 것이 아니다. 그는 세상에서의 악의 위치에 대해서 이해하면 우리가 자신의 삶에서 악을 받아들이는 법을 배우는 데 도움이 될 수 있기 때문에 신정론은 우리에게 일종의 위로를 주는 것을 목표로 한다고 올바로 주장한다. 그러나 나는 논리가 그와 반대 방향으로 전개될 수도 있다는 점을 강조하고 싶다. 즉 우리를 위로하는 이유들은 논리적으로 신정론의 성공을 위해 필요하다. 하나님이 세상에 악이 들어설 자리를 허용하는 것을 정당화하는 모든 이유는 반드시 우리가 하나님이 궁극적으로 악을 이길 어떤 일을 하고 있는 이야기 속에서 살고 있다고 소망할 이유여야 하기 때문이다. 하나님이 악을 허용하는 것을 정당화하는 이유들은 상황이 달라질 것이라고 기대할 이유를 포함해야 하는 반면, 일반 정책에 대한 고려는 상황이 어떻게 변하지 않는가에 관한 것이기 때문에 그것은 충분하지 않다. 그리고 하나님이 악을 허용하는 것을 정당화하는 이유를 위해 우리에게는 어떤 이야기가 필요하다.

그래서 나는 (자연 세상과 인간 세상에 대한 단락의 끝에 나오는 요약의 세 번째 요점에서 해스커가 두 번이나 말한) "도덕적으로 하나님께 책임을 물을 근거가 없다"는 주장에 만족하지 않는다. 이는 부분적으로는 내가 하나님을 곤경에서 벗어나게 하는 것으로 보이는 모든 논증에 대해 조심하기 때문이다. 확실히 하나님이 커다란 많은 악을 허용한 데 대해 잘못이 있는(culpable) 것은 아니지만 (오어드의 추론과 대비되는 해스커의 추론에 따르면) 하나님은 그것에 대해 **책임이 있다**(responsible). 그러므로 우리는 하나님을 신뢰하려면 하나님으로 하여금 미래를 우리가 지금 겪고 있는 고통과 달라지게 만들 책임을 지게끔 할 수 있어야 한다. 그것이 우리가 기도하는 이유 중 하나다. 그리고 그것은 나아가 우리가 언제나 "하나님은 이보다 더 잘 할 수 있지 않은가?"라고 질문함으로써 세 번째 요점에 나타난 결론을 무너뜨릴 수 있음을 의미한다. 이 질문은 이해할 수 있고 사실 하나님이 **실제로** 더 나아지게 할 미래를 기다리는 모든 사람에게 필요한 질문이다. 성경적 사고에 따르면 주 하나님은 자신을 믿는 모든 사람의 언약 상대자인데, 이는 하나님께는 지켜야 할 약속이 있고 우리는 하나님이 그 약속을 다 지켰다는 것을 우리 스스로 알게 될 날을 고대하고 있음을 의미한다. 그때까지는 우리가 겪는 특정한 악들은 때때로 우리로 하여금 하나님이 자신의 말에 충실한 것으로 보이지 않는다고 걱정하고 탄식하며 불평하게 만들 이유를 제공할 것이고, 어떤 일반 정책에 대한 고려도 우리의 불평을 막기에 충분하지 않다. 하나님이 우리에게 기도하도록 시편을 주셨기 때문에 우리는 하나님이 우리의 불평을 들을 것이라고 믿을 수 있다.

내가 해스커의 신정론에 만족하지 않는 더 심오한 이유는 열린 유신론의 한 가지 핵심적인 특징, 즉 하나님이 위험을 무릅쓴다는 믿음에서 비롯된다. 하나님이 위험을 무릅쓴다면 때때로 하나님은 지게 된다. 이 관점에서는 내가 내 기고문에서 주장했듯이 하나님은 마치 결국에는 전쟁에서 승리할 것이 확실하지만 사상자를 내지 않고는 결코 승리할 수 없는 장군과 같다. 그리고 그 사상자는 오어드는 "진정한 악"이라고 부르고 나는 "쓸데없는 악"이라고 부르는 악이다. 그것은 어떤 특정한 구속 목적에도 기여하지 않는 특정한 악이다. 그것은 하나님께 지속적이고 돌이킬 수 없는 패배다. 나는 우리가 하나님으로 하여금 결국―세상의 이야기의 행복한 결말에 비추어볼 때―그런 식의 악은 확실히 존재하지 않게 할 책임을 지도록 해야 한다고 생각한다.

□ □ □

윌리엄 레인 크레이그는 자신이 세상의 모든 것에 걸친 이야기를 어떻게 보는가에 관한 약간의 단서를 제공하기는 하지만, 그의 논증은 주로 하나님이 존재하지 않는다는 추론을 막는 것과 관련이 있다. 그의 몰리나주의 접근법은 우리가 해스커와 오어드에게서 발견하는 관점보다 고전적인 아우구스티누스의 견해와 더 가까운, 섭리에 대한 확고한 개념을 포함하고 있다. 그래서 고전적 관점과 몰리나주의 관점의 차이를 분명히 밝힐 만한 가치가 있다. 그러나 나는 나와 크레이그의 가장 첨예한 의견 차이는 그가 세상의 이야기를 어떻게 보는지와 관련이 있을 수도 있다고 생각한다.

고전적 관점과 마찬가지로 몰리나주의는 하나님이 위험을 무릅쓰지 않는다고 주장한다. 하나님의 섭리는 꼼꼼하다. 하나님은 이 세상 끝날까지 발생할 모든 악을 알고 있으며 그 악들은 오로지 하나님이 허락하기 때문에 발생할 수 있다. 하나님은 그 악에서 어떤 더 큰 유익을 가져올지 알기 때문에 하나님께는 그 악들을 허용할 타당한 이유가 있다. 그러나 그분의 이유는 우리에게 숨겨져 있는데, 그것은 주로 역사의 전 범위가 너무 방대해서 우리가 하나님이 특정한 악을 허용할 때 무슨 일을 하려는 것인지 파악할 만한 위치에 있지 않기 때문이다. 이 모든 점에 있어서 몰리나주의 신봉자는 몰리나 자신이 그랬듯이 아우구스티누스와 완전히 견해를 같이한다.

그러나 몰리나주의는 (현대 철학자들이 그렇게 부르는) "자유 의지론적인" 자유 의지만이 진정으로 자유롭다고 가정하며, 그 가정을 중심으로 섭리 교리를 구축한다는 점에서 아우구스티누스와 다르다. 자유 의지론적인 자유 의지는 하나님의 섭리에 아우구스티누스는 인식하지 못한 한계를 설정한다. 이는 (오늘날의 몰리나주의에 따르면) 발생했을 수도 있지만 발생하지 않은 특정한 상황에서 특정한 사람들이 자유롭게 선택했을 법한 일에 대한 참된 명제인 **피조물의 자유의 허위 조건**들이 있음을 의미하기 때문이다. 이러한 명제들은 필연적인 진리도 아니고 하나님의 창조 의지에 의존하는 것도 아니다. 그것들은 크레이그의 비유로 표현하자면 하나님이 받은 카드의 일부다. 그 카드들은 하나님이 가능한 모든 세상을 현실화할 수 있는 것이 아님을 암시하기 때문에 그것들은 하나님이 취할 수 있는 대안을 제한한다. 그러나 한계와 더불어 이점도 있다. 하나님은 피조물의 자유의 모든 허위 조건에 대한 완벽한 이해를 포함하는 자신의 "중간 지식" 덕분에 이 모든 카드가 무엇인지를 알기 때문이다.

몰리나주의 신봉자가 아닌 사람들은 사실 이런 명제를 매우 이상하다고 생각한다. 피조물의 자유의 허위 조건은 불합리하다. 세상 안이나 세상 밖 어느 곳에도 그것을 참이 되게 하는 것이 아무것도 없기 때문이다. 하나님의 의지도, 심지어 선택하는 사람의 자유 의지조차도 그것을 참이 되게 하지 않는다. (플랜팅가가 사용한 유명한 가상의 예를 사용하자면) 컬리라는 어느 정치인이 충분한 액수의 뇌물을 제안받는다면 그는 그 뇌물을 받겠지만 그보다 적은 금액을 제안받으면 퇴짜놓을 것이라는 점은 단순한 사실이다.[3] 컬리조차도 이것이 자신의 자유 의지가 이것을 참이 되게 만든다고 생각하지 않는다. 그것은 단순한 사실일 뿐이다. 몰리나주의 신봉자가 아닌 사람들은 그렇게 전혀 설명할 수 없는 [허위 조건적인] 사실이 존재한다고 믿기가 어렵다고 생각한다.

더구나 몰리나주의에 따르면 하나님이 컬리의 자유 의지를 보존하기 원한다면 하나님은 이 사실을 극복해야 한다. 하나님은 자신이 받은 카드를 가지고 카드놀이를 하면서, 사람들이 자신이 섭리적으로 마련해 놓은 상황에서 자유롭게 선택할 것이라고 알고 있는 일을 활용하여 자신의 목적을 성취할 수 있도록 세상을 다스려야 한다. 그래서 하나님은 컬리가 하나님의 선한 목적에 따라 뇌물을 받을―또는 받지 않을―상황에 처하도록 상황을 마련한다. 이처럼 하나님이 자신의 중간 지식을 통해 그 모든 내용을 알고 있는 인간의 자유 의지는 일종의 도구, 즉 하나님이 자신의 목적을 성취하기 위해 사용하는 수단이 된다. 이런 식으로 몰리나주의는 자유 의지를 존중함에도 불구하고 하나님을 거대한 조종자처럼 보이게 만든다. 하나님은 우리의 의지를 침해할 수 없고 심지어 신성불가침한 것으로 남겨 놓지만, 우리가 자유의사로 자신의 계획에 일치하는 선택을 할 상황에 처하게 만듦으로써 결국 우리로 하여금 하나님 자신이 원하는 일을 하게 한다.

아우구스티누스의 관점에서는 악을 행할 수 있는 자유가 그렇게 신성불가침한 것이 아니다. 사실 그것은 전혀 자유가 아니며 오히려 자유

3_Alvin Plantinga, "The Free Will Defense," Alvin Plantinga, *The Analytical Theist* (Grand Rapids: Eerdmans, 1998), 38-39에 실린 글.

로와지지 못한 것이다. 시각 장애가 시력과 관련이 있듯이 도덕적인 악은 자유 의지와 관련이 있다. 확실히 도덕적으로 악한 사건이 발생할 수 있지만, 그것은 존재론적인 결함이지 자유나 다른 어떤 힘의 행사가 아니다. 그것은 (바울이 롬 6:6에서 표현한 대로) 죄에 대한 속박으로 귀결된다. 왜냐하면 그것은 의지가 더 이상 그 창조된 목적, 즉 우리의 이웃과 더불어 하나님을 사랑하고 누리는 일을 할 수 없음을 의미하기 때문이다. (아우구스티누스와 몰리나가 공유하는 고전적 관점의 입장에서 볼 때 우리가 행복을 위해 창조되지 않았다는 크레이그의 생각은 유별나며, 그가 참된 성취와 영원한 행복은 하나님을 아는 지식 — 아우구스티누스 전통에서는 여기에 하나님을 아는 지식은 필연적으로 기쁨뿐만 아니라 사랑으로 묶이는 하나님과의 연합이라고 덧붙일 것이다 — 에 있다는 점을 알아차린다면 그는 거의 즉시 그러한 생각을 철회해야 한다.)

도덕적인 악은 자유 의지의 실패이기 때문에 하나님이 그것을 바로 잡음 — 의사가 병든 몸을 치료하듯이 우리의 타락하고 손상된 의지를 치료함 — 으로써 우리에게 해를 끼치는 것은 아니다. 이것이 바로 아우구스티누스주의자들이 "은혜"라는 말을 통해 의미하는 바인데, 은혜는 우리의 자유 의지와 양립할 수 있을 뿐만 아니라 우리의 자유 의지가 좋은 선택을 할 수 있는 자유를 회복하기 위해 필요하기도 하다. 따라서 아우구스티누스 전통에서는 악한 의지를 선한 의지로 되돌리는 하나님의 은혜는 죄에만 반대되는 것이지 자유 의지와 반대되는 것이 아니다. 그러나 이는 크레이그가 신봉하는 자유 의지에 대한 자유 의지론자의 관점이 아니라 현대 철학자들이 양립가능론(compatibilism)이라고 부르는 것의 한 형태다.[4] 그것은 현대 사상가들이 "자유로운" 행동이라고 지칭하는 특정 형태의 행동(agency)이 사실은 범죄자의 활동이나 죄를 지으려는 죄인의 성향과 같은 부패와 속박의 형태임을 의미한다. 스스로의 눈을 멀게 할 수 있는 우리의 능력을 보호할 의무가 의사에게 없는 것과 마찬가지로 하나님은 이런 능력을 보호할 의무가 없다.

그러므로 아우구스티누스의 관점에서는 하나님은 우리를 조종하고 우리의 자유 의지를 자신의 목적을 달성하는 수단으로 이용하는 것이 아니라 우리가 행복해질 수 있도록—이것이 하나님이 우리를 창조한 목적이다—우리의 의지를 치유한다. 하나님은 이미 영원한 선이기 때문에 우리가 하나님께 드릴 수 있는 어떤 선도 필요로 하지 않는데, 이는 하나님이 우리에게 은혜를 줄 때 오직 우리의 유익만 추구할 뿐임을 의미한다. 우리는 하나님의 영광을 위해 지음 받았는데 이는 우리가 우리 자신의 행복을 위해 지음받았음을 의미한다.

하나님이 우리를 위해 추구하는 행복은 공동의 선인데 성경은 이를 하나님 나라라고 부른다. 따라서 하나님이 어떤 사람에게 은혜를 베풀 때 그것은 (창 12:3에서 아브라함이 "모든 족속의 복"을 위해 선택된 것처럼) 다른 이들의 유익을 위한 것이라는 점은 당연하다. 그러나 하나님이 **악**을 허용할 때는 하나님이 그 악을 통해 취하는 더 큰 유익이 결국에는 그 악을 겪는 사람에게도 좋아야 한다. 기독교의 소망은 겉으로 보기에는 터무니없이 가능성이 낮아 보이지만 우리는 영광스러운 하나님 나라에서는 도스토

4_ 더 자세한 내용은 다음 문헌을 보라. Philip Cary, "Augustinian Compatibilism and the Doctirne of Election," *Augustine and Philosophy*, Kim Paffenroth et al. 편 (Lanham, MD: Lexington Books, 2010), 79-102에 실린 글.

옙스키의 소설에 나오는 고통당한 아이들(그들은 실제 아이들이었고 그들의 이야기는 러시아의 신문에서 나온 것이었다는 점을 기억하라)이 하나님이 그들에게 주신 생명의 선함에 대해 기쁜 마음으로 하나님을 찬양하고 하나님께 감사할 수 있을 것이라고 기대해야 한다.

이 소망은 크레이그가 인식하는 세상 역사의 모습과 확실히 다르다. 크레이그는 하나님이 잔혹 행위와 재난과 대규모 기아를 허용하는 한 가지 이유는 결국 더 많은 그리스도인이 생겨나게 하기 위해서라고 주장한다. 만일 이것이 영광스럽게 변호될 순교자들이 받는 박해에 관한 것이라면 그럴 수도 있을 것이다. 그러나 크레이그의 주장은 거기서 더 나가는 것같다. 나는 내가 그의 말을 오해했기를 바라지만 그는 많은 사람들의 고통과 죽음이 훗날 **다른** 사람들이 구원을 받는 결과를 가져오기 때문에 가치가 있다고 생각하는 것같다. 그것이 크레이그의 주장이라면 그의 생각은 확실히 천국행 입장권을 반납하는 이반 카라마조프를 정당화할—사람들을 자신의 목적을 위해 이용하는 조종자인 하나님과 더 많이 관련된—일종의 도구적 추론에 의존하고 있다.

□ □ □

이 책의 공동 기고자 중에서 나는 스티븐 위크스트라에게 가장 많이 공감한다. 이는 고전적 관점의 본질적인 요소보다는 내가 내러티브에 영향을 받아 특정한 내용을 덧붙이는 방식과 더 관련이 있다. 나는 복음을 그것을 믿는 모든 이들에게 그리스도를 선사하는 이야기로 보는 마르틴 루터의 이해를 따름으로써 아우구스티누스의 은혜 교리의 여백을 채운다.

나는 철학자들이 더 많은 이야기를 해야 한다는 내 스승 니콜라스 월터 스토프에게 동의한다. 그러나 나는 모든 학문 중에서 신학만이 최고의 이야기를 할 수 있는 위치에 있다고 생각한다. 신학만이 예수 그리스도의 복음에 사로잡힐 수 있기 때문이다. 철학은 복음에 의해서 사는 것이 아니라 비판적 사고에 의해서 살기 때문에 철학자들의 이야기는 좀 더 회의적일 수밖에 없다. 그러나 **기독교** 철학자들은 당연히 그들의 이야기가 더 크고 더 나은 복음 이야기에 열려 있기를 원할 것이다. 그것이 바로 내가 위크스트라에 대한 답변에서 탐구하고 싶은 개방성의 모습이다.

회의적인 이야기들에는 찬성할 점이 많다. 그 이야기들은 "일반 정책"에 대한 고려가 우리에게 소망을 주기에 충분치 않은 이유를 보여준다. 특정한 고난—그 고난에서 하나님이 악을 허용하는 이유는 대체로 우리에게 숨겨져 있다—에 대한 그 이야기들의 초점은 우리로 하여금 너무 많은 것을 설명하려 하지 않게 하는 데 적절하다. 그 이야기들의 회의주의는—성경의 탄식 장르에 나타난 고뇌와 마찬가지로—하나님을 곤경에서 벗어나게 하는 경향이 없다. 또한 내러티브 형식 자체가 악을 지적인 문제와 감정적인 문제로 구분하는 것과 같이 너무도 쉽게 구분하는 이분법에 저항하는 경향이 있다. 이야기들—특히 성경에 나오는 이야기들—은 우리에게 우리의 지성과 감정 모두를 관여시켜야 할 소망의 이유가 필요함을 보여준다.

회의적인 이야기들에는 그것들에 찬성할 점이 하도 많다보니 나는 자신의 회의적 유신론을 "분별 있게 겸손한 유신론"으로 묘사하는 것이 더 낫다는 위크스트라의 말에 동의하고 싶은 마음이 강하게 든다. 그러나 나는 그것과는 다르고 좀 더 신학적인 종류의 겸손에도 관심이 있는데,

아우구스티누스는 그러한 겸손을 권위에 대한 믿음과 결부시킨다. (아우구스티누스 전통에서 "권위"는 정치적인 개념이라기보다 인식론적인 개념이다. 왕들에게는 권력이 있지만 선생에게만 권위가 있다. 우리가 "자신이 가르치는 과목에 대해 권위가 있는" 선생에 대해 말할 때와 같이 말이다). 겸손은 이런 의미에서 나보다 더 잘 아는 누군가가 내게 말해주는 것을 기꺼이 믿으려는 자세다.

아우구스티누스적인 신자는 믿음에서 이해로 나아가기를 목표로 삼는다. 우리는 기독교의 권위자들이 가르치는 것을 믿는 데서 출발하지만 결국 스스로 깨닫는다. 아우구스티누스에게 이는 하나님을 훗날 가톨릭 전통에서 "축복을 주는" (즉 우리를 행복하게 해주는) 분으로 이해하는 관점에서 보는 것을 의미한다. 그러나 이렇게 하나님을 행복을 주는 분으로 이해하기 위해서는 믿음에서 시작해야 하는데, 이는 외부의 권위자들, 특히 성경에서 그리스도를 증언하고 있는 예언자들과 사도들이 우리에게 가르쳐주는 바를 믿는 겸손을 요구한다. 아우구스티누스는 하나님의 존재를 언뜻 보기 위한 그의 내적 상승에 대해 말한 직후 이 겸손의 필요를 설명한다(『고백록』 7.17.23). 그는 자신의 불순한 마음 때문에 이러한 철학적 시각을 유지할 수 없었다(마 5:8에 따르면 하나님을 보는 사람은 마음이 깨끗한 사람이기 때문이다). 그리고 그는 자신이 쓴 가장 아름다운 문장 중 하나인 글에서 설명하는 바와 같이, 자신의 교만이 성육신한 그리스도의 외적인 권위를 받아들이는 데 방해가 되는 한 순수한 마음에 도달할 수 없었다. "나는 겸손한 내 하나님 예수께 매달릴 만큼 겸손하지 않았다."[5]

5_ 이 번역은 내가 아우구스티누스의 아름다운 라틴어(*non enim tenebam Deum meum Jesum, humilis humilem, Confessions* 7.18.24)를 적절히 번역하는 불가능한 과업에 도전해본 것이다.

이러한 신학적 겸손은 위크스트라의 표현을 사용하자면 그 주장에 있어서 최소주의적이라기보다는 확대주의적이다. 그러나 신학적 겸손도 지속적인 연구 프로그램을 위한 일종의 "핵심"을 제공한다. 이 핵심은 "하나님이 존재한다"가 아니라 "예수는 주님이시다"라는 원시 기독교의 신앙고백이다. 여기서 비롯되는 연구 프로그램은 새로운 제안이 아니라 전체 기독교 전통 자체이며, 기독교 전통은 약 2천 년 동안 예수를 주님으로 고백한다는 것이 무엇을 의미하는지를 배워왔다. 러커토시가 말하는 하나의 전통 전체를 포괄하는 연구 프로그램이라는 개념의 풍부함은 알래스데어 매킨타이어의 인식론의 핵심이다.[6] 그것은 (우리의 지적인 자서전을 포함하는) 우리 자신의 이야기를 (교회의 역사적 삶 속에서 성령의 역사를 통해 복음 그 자체에서 나와 성장해가는) 훨씬 더 큰 이야기에 속한 것으로 보는 하나의 이해 방식을 암시하는데, 그 이야기는 지적인 탐구뿐만 아니라 예전적 실천, 금욕적 규율, 사랑의 수고도 포함한다.

그러나 내가 옹호하는 아우구스티누스주의의 루터교적인 형식으로 돌아가기 위해, 나는 이 전통에서 언제나 목표로 삼는 이해는 내적인 지적 시각이라기보다 우리가 결말에 이르러서야 비로소 그 모든 것이 선한 이유를 깨닫게 되는 어떤 이야기의 의미를 파악하는 것과 더 비슷하다고 제안하고 싶다. 그 행복한 결말은 중간의 이야기는 우리가 깨달은 것보다 더 많고, 그것과 다르며, 그보다 나은 어떤 것을 의미한다는 점을 드

6_ Alasdair MacIntyre, "Epistemological Crises, Dramatic Narrative and the Philosophy of Science," *The Tasks of Philosophy* (New York: Cambridge University Press, 2006), 3-23에 실린 글을 보고 이를 Alasdiar MacIntyre, *Whose Justice? Which Rationality?* (Notre Dame, IN: University of Notre Dame Press, 1988) 20장에 실린 "The Rationality of Traditions"에 대한 그의 설명과 비교해 보라.

러낸다. 우리는 부활의 주일이 성 금요일의 참된 의미에 대해 알려주는 내용 때문에 그날을 좋다고 말할 수 있다. 그리고 우리는 하나님 나라가 하늘에서 이루어진 것처럼 땅에서도 이루어질 때 드러나는 것을 보게 되면 세상의 역사가 왜 선한 이야기인지를―그것은 사실 예수 그리스도의 복음 안에서 들려진 이야기의 충만함이라는 점을―이해하게 될 것이다. 나는 이것이 우리가 도스토옙스키의 소설에 나오는 고통 받은 아이들이 기쁜 마음으로 하나님이 그들에게 주신 생명으로 인해 하나님을 찬양할 수 있게 되리라는 터무니없는 소망을 품을 수 있을 만큼 겸손해질 수 있는 이유라고 생각한다. 루터교인이 되어야만 이 점을 이해하는 것은 아니다. 그것은 노리치의 율리아나가 환상 속에서 예수가 자기에게 말하는 것을 들은 예수의 약속이다. "너는…내가 내 말을 지켜 만물을 올바르게 바로잡는 것을 직접 보게 될 것이다."[7]

7_ Julian of Norwich, *A Revelation of Love*, Marion Glasscoe 편 (Exeter, UK: University of Exeter Press, 1976), §31-32(내 번역이다).

7장
몰리나주의의 답변

윌리엄 레인 크레이그

내 대화 상대들은 주로 악의 지적인 문제의 비논리적인 형태들, 즉 오늘날의 논쟁의 중심에 있고 섭리에 대한 몰리나주의의 관점과 가장 관련이 있는 형태들에 관심이 있다. 우리의 다양한 접근법을 이해하고자 할 때 나는 윌리엄 해스커의 일반 정책 신정론과 구체적 유익 신정론을 구별하는 것이 특히 유익하다고 생각한다. 나는 해스커와 토머스 오어드의 접근법은 일반 정책 신정론인 반면 필립 캐리, 스티븐 위크스트라와 나 자신의 접근법은 구체적 유익 신정론, 또는 적어도 구체적 유익의 변호라고 생각한다. 즉, 우리 세 사람은 그 이유가 우리에게 알려지지는 않았을지라도 하나님이 이러저러한 악한 사건이 발생하도록 허락하는 데는 특정한 이유가 있다고 믿는다. 해스커가 지적하는 대로 이 두 접근법 사이에는 모순이 없다. 사실 나는 몰리나주의 관점이 일반 정책 접근법을 보완한다고 본다. 나는 해스커나 오어드의 일반 정책 신정론에 하나님이 중간 지식을 갖고 있지 않다는 내용이 포함되어 있지 않으므로 이러한 신정론은 특정한 유익도 포함하도록 확대될 수 있다는 점을 발견하고 기분 좋게 놀랐다. 일반 정책 신정론이 그 자체만으로 그리고 확대되지 않고서 악의 문제에 대한 확률론적인 내적·외적 진술의 힘을 저지하는 데 성공할 수 있다면 이는 놀랍고 환영할 만한 일일 것이고 나는 내 동료들이 그 일을 잘 해내기를 바란다.

나는 몰리나주의 관점을 캐리가 묘사한 대로 하나의 고전적 관점으로 본다. "고전적 관점을 통해 주어진 악의 문제에 대한 기본적인 대답은 '어떤 악도 하나님이 허용하지 않으면 발생하지 않으며 하나님께는 각각의 악을 허용하는 데 대한 타당한 이유가 있다'는 것이다." 고전적 관점의 몰리나주의 형태는 캐리의 더 큰 유익 원리의 두 번째 부분에 대한 설명을 제공하는 이점이 있다. 이 원칙에 따르면 하나님은 "바로 자신이 막을 수도 있었던 이런 악에서 어떻게 더 큰 유익을 가져올 수 있는지 알기 때문에 자유롭게 악을 허용하기로 선택한다." 하나님은 자신의 중간 지식을 통해 이것을 안다.

나는 또한 악의 존재론적 상태는 결핍이고 따라서 하나님에 의해 창조된 것이 아니며, 도덕적인 악은 피조물의 의지가 최고의 선인 하나님에게서 그보다 못한 선으로 돌아선 데서 비롯되었다는 캐리의 주장에도 동의한다. 자유 의지론적인 자유를 믿는다면 애초에 어떻게 피조물의 의지가 이렇게 병들 수 있는지에 대해 고심할 필요가 없다. 의지가 자유롭다면 어떤 사람의 자유로운 선택에 대한 작용인(efficient cause)은 존재할 수 없기 때문이다. 따라서 캐리가 인용한 "그러므로 아무도 악한 의지의 작용인을 알려고 하지 마라"는 아우구스티누스의 권면은 지극히 정당하다.

'하나님이 왜 부패할 수 있는 피조물을 만드는가?'라는 질문에 대한 대답은 "모든 피조물은 본래 부패할 수 있기에 창조가 존재하려면 부패할 수 있는 것들에 대한 대안은 존재하지 않는다"라는 캐리의 주장은 앞의 주장보다 덜 유익하다. 이 주장은 뒤에 나오는 종말의 때에 "우리 몸이 병들거나 죽을 수 없게 되듯이 우리는 죄를 지을 수 없게 될 것"이라는 그의 주장과 잘 어울리지 않기 때문이다. 자연과 은혜 사이의 차이에 호소함으로써 외관상의 모순을 설명하려 하더라도, 그 관점에서는 여전히 부패할 수 있는 존재들에 대한 대안이 있는 것으로 드러난다. 새 창조에서는 우리가 죄를 짓고 병들거나 죽는 것이 불가능할 것이라는 견해를 버리지 않는 한 '부패의 가능성이 본질적으로 피조물에 속한 본성이기 때문'이라는 것이 '하나님이 왜 부패할 수 있는 존재를 만드는가?'에 대한 대답이 될 수는 없다.

고전적 (몰리나주의) 관점은 위크스트라가 "분별 있게 겸손한 유신론"이라고 부르는 관점의 한 형태이기도 하다. 몰리나주의의 중간 지식 교리를 통해 그러한 신중한 유신론이 매우 그럴듯해지는데, 이 교리는 왜 우리가 하나님이 세상에서 다양한 악을 허용하는 이유를 분간하기를 기대하지 말아야 하는지를 분명하게 밝혀준다. 나는 위크스트라가 "그것은 p로 보이지 않는다"와 "그것은 p가 아닌 것으로 보인다"를 구분하는 것이 특히 통찰력이 있다고 생각했다. 그가 보여주듯이 우리가 '부정(negation)의 범위에 무엇이 놓여 있다고 생각하는가?'는 큰 차이를 가져올 수 있다. 그의 글을 읽은 결과 나는 자신이 그가 경고한 함정에 빠져 있음을 깨달았다. 외적인 악의 문제를 다루면서 나는 이렇게 썼기 때문이다. "유신론자는 우리가 세상에서 목격하고 있는 많은 악은 무의미하고 불필요하며 따라서 쓸데없어 보인다는 점을 기꺼이 인정할 것이다. 그러나 유신론자는 이의 제기자가 쓸데없어 보이는 악의 외양에서 쓸데없는 악의 실재를 추론하는 데 도전할 것이다." 나는 기껏해야 "세상의 많은 악은 의미가 있는 것으로 보이지 않는다"는 주장에 동의해야 했는데 너무 많은 것을 시인하여 사실상 "세상의 많은 악은 의미가 없는 것으로 보인다"는 주장을 인정했다. 하나님의 중간 지식을 고려하면 세상의 많은 악은 확실히 무의미하다고 보이지 않는다. 위크스트라가 강조하는 바와 같이 우리는 전혀 그런 판단을 내릴 입장에 처해 있지 않기 때문이다.

나는 확실히 위크스트라가 단순한 유신론을 세계관 연구 프로그램의 핵심으로 다루는 것에 공감한다. 내가 유신론에서 악이 존재할 확률을 높이기 위해 단순한 유신론에 기독교 세계관에서 도출된 다양한 보조적 가설을 덧붙이는 것은 그처럼 더 풍성한 관점의 한 가지 예이기 때문이다. 내 접근법은 분별 있게 겸손한 유신론이지만 우리는 이것을 회의적 유신론이라고 부르지 않아야 한다. 나는 우리에게는 기독교적인 유신론이 참이라고 믿을 타당한 이유가 있다고 생각하기 때문이다.

이제 오어드의 접근법을 살펴보자. 오어드는 다음과 같이 주장함으로써 악의 문제를 해결하려 한다. (1) 하나님은 타자의 자유나 행동이나 기본적인 존재를 철회하거나 뒤엎거나 공급하지 않을 수 없다. (2) 하나님은 법칙과 같은 존재의 규칙성을 방해하거나 그것에 간섭할 수 없다. 이 신정론이 지닌 근본적인 문제는 그것이 수반하는 관점이 기독교가 아니기 때문에 이 신정론이 그리스도인에게 쓸모가 없다는 점이다. 우리는 이것을 그 실체 그대로 자연신론이라고 불러야 한다. 실제로 이는 매우 급진적인 자연신론이다. 전형적인 자연신론자라면 그렇게 간섭하지 않는 신, 처음에 세상을 존재하게 했고 지금은 세상을 순간순간 보존하는 신의 존재를 긍정하겠지만 내가 아는 한 어떤 고전적인 자연신론자라도 하나님은 본질적으로 세상에 간섭할 수 없다는 오어드의 견해에 동의하지 않을 것이다.

그러한 견해는 명백히 성경적이지 않다. 하나님이 외관상 기적적이지 않은 방식으로 개입한 한 가지 작은 예를 들자면, 동방 박사들이 떠난 뒤 하나님이 예수가 헤롯왕의 살해 계획에 희생되는 것을 어떻게 막았는지 생각해 보라. "헤롯이 아기를 찾아 죽이려 하니 일어나 아기와 그의 어머니를 데리고 애굽으로 피하여 내가 네게 이르기까지 거기 있으라"(마 2:13). 이것은 법칙과 같은 존재의 규칙성을 방해하거나 그것에 간섭하는 초자연적인 천사의 현현이 아니었다. 요셉은 꿈을 꾸었을 뿐이다. 그렇다면 이것은 하나님이 요셉의 자유 의지를 **뒤엎은** 것으로 간주되는가? 우리가 인간사에 대한 그러한 관여를 인간의 자유에 대한 침해로 받아들인다면 오어드의 관점은 명백히 성경적이지 않다. 성경에서 하나님은 자주 인간 행위자들과 상호작용해서 사건들의 경로를 지도하는 것으로 묘사되기 때문이다. 그것이 인간의 자유에 대한 침해가 아니라면 오어드의 견해는 하나님이 왜 헤롯의 칼에 자식을 잃은 베들레헴에 있는 다른 부모들에게 그와 비슷하게 경고하지 않았는지 또는 다른 수많은 악을 막기 위해 행동하지 않았는지를 전혀 설명하지 못한다.

하나님이 인간과 초자연적으로 상호작용하는 것에 관해서는 예수가 동산에서 체포될 때의 다음과 같은 장면을 생각해 보라. "그의 주위 사람들이 그 된 일을 보고 여짜오되 '주여, 우리가 칼로 치리이까?' 하고 그 중의 한 사람이 대제사장의 종을 쳐 그 오른쪽 귀를 떨어뜨린지라. 예수께서 일러 이르시되 '이것까지 참으라' 하시고 그 귀를 만져 낫게 하시더라"(눅 22:49-51). 여기서 예수는 법칙과 같은 규칙성에 개입해서 자기 제자 중 한 명이 자유롭게 저지른 악을 무효화한다. 인간이라는 중개자가 있든 없든 성경에서 하나님이 그렇게 기적적으로 활동한 많은 예를 쉽게 찾을 수 있다. 해스커와 같은 일반 정책 신정론자는 그러한 개입을 통해 일반 정책이 무효화되지 않도록 하나님 편에서의 그러한 개입은 빈번하거나 기대될 수 없다는 점을 강조할 것이다. 그러나 하나님은 본질적으로 세상에서 2차적인 원인에 개입할 수 없다는 개념은 성경적 유신론과 전적으로 모순된다. 사실 그러한 관점은 예수의 성육신과 부활, 그 밖에 다른 많은 것들을 배제한다.

더구나 오어드의 관점은 철학적·신학적으로 옹호될 수 없다. 신학적으로 이 관점은 신적 섭리에 대한 몹시 부적절한 교리를 수반한다. 중간 지식이 없이는 본질적으로 자유로운 행위자나 자연의 법칙과 같은 규칙성에 개입할 수 없는 하나님이 세상을 인도할 방법이 없기 때문에 사실 이 관점은 신적 섭리를 완전히 부정하는 것이나 다름없다. 섭리에 관한 오어드의 자연신론은 자연주의와 다르지 않다. 오어드의 관여하지 않는 자연신론은 해스커의 하나님을 바쁜 비버처럼 보이게 한다. 적어도 그 하나님은 악과의 싸움에 적극적으로 관여하니 말이다!

철학적으로 오어드의 신정론은 자연신론에 대한 변호로조차도 성공적인지 의문스럽다. 사실 악의 문제 자체가 오어드의 자연신론에 극복할 수 없는 이의를 제기하지 않는가? 오어드의 견해에서는 하나님은 인간사에 개입해서 사람들에게 임박한 위험을 경고하거나 누군가를 움직여 또 다른 사람의 고통을 방지하거나 그 사람을 고통에서 구조하기를 거부한다. 하나님은 개입하지 않는 데 대한 타당한 이유 없이 아무런 도움도 주지 않으면서 한가하게 좌시한다. 하나님이 자연의 법칙과 같은 규칙성에 개입할 수 없다고 하더라도, 아마도 하나님은 적어도 애초에 자유롭게 현재 시행되고 있는 자연 법칙을 선택했을 것이다. 그렇다면 오어드의 신은 다른 법칙들을 선택하거나 창조를 삼가지 않고, 자연적인 악에 그토록 취약한 피조물을 만들게 될 법칙을 선택한 데 대한 책임을 져야 한다.

오어드의 견해에서는 하나님은 인간사의 경로나 자연의 경로에 개입해서 악을 막거나 교정할 수 있는 원초적인 능력이 없는 것이 아니다. 우주를 창조하고 우주의 존재를 유지할 수 있는 존재라면 틀림없이 그렇게 행동할 수 있는 능력이 있을 것이다. 그러나 하나님이 본질적으로 법칙과 같은 규칙성에 개입하지 못하는 것은 그분의 도덕적 본성에서 유래한다. 하나님은 창조 질서를 매우 사랑하고 존중하기에 개입할 수 없다. 그러나 본질적으로 자연 법칙의 규칙성을 인간의 행복보다 더 가치 있게 여기는 신이라면 우리가 인식할 수 있는 어떤 의미에서도 선하다고 불릴 수 없다. 오어드의 하나님은 에이미 먼로가 성폭행당하고 목졸려 죽을 때 자연의 규칙성에 개입할 만큼 그 아이를 사랑하지는 않는다. 미국의 형사 사법 체계에서 오어드의 신은 그의 "타락한 무관심"(depraved indifference)과 "무모한 위험 초래"(reckless endangerment)로 인해 과실치사나 심지어 살인과 같은 범죄에 대해 유죄일 것이다. 오어드는 그런 특성을 하나님의 본질로 만드는 것이 문제를 해결하는 데 도움이 된다고 진지하게 생각하는가? 오어드의 신은 본질적으로 무모하고 타락했는데, 이는 그가 선하지 않다는 말이다. 오어드의 신이 사람들의 이익보다 자연 법칙을 더 가치 있게 여긴다는 사실 자체가 그러한 존재는 오어드의 단언에도 불구하고 사실은 자애롭지 않다는 확증이다. 그런 신은 사람보다 사물을 더 소중히 여기는데 이는 비뚤어진 심성이기 때문이다.

그렇다면 우리는 뭐라고 말해야 하는가? 하나님의 선함을 보존하려면 우리는 하나님이 본질적으로 자연의 규칙성을 사람들의 행복보다 중시하는 분이라고 말해서는 안 된다. 일반 정책 옹호자는 오히려 하나님이 악을 막기 위해 세상에 자주 개입하는 것을 자발적으로 배제한다는 해스커의 관점으로 되돌아가야 한다. 그러나 그럴 경우 하나님 편에서의 그러한 자발적인 자기 제한에 대한 오어드의 이의가 해스커를 추궁한다. 자연적인 악과 관련해서 나는 해스커가 "이런 식으로 전개된 세상이─우리 조상들이 아주 최근까지 믿었던 바대로─우주의 주된 특징들과 각기 다른 종류의 생명체들이 말하자면 창조자의 손으로 만들어진 경우보다 더 나은가?"라는 질문에 대응해서 더 많은 말을 할 필요가 있다고 생각한다.

해스커가 인용하는 저자들을 통해 표현된 생물학적 진화에 대한 외경과 경이는 그것을 받아들이는 데 소요되는 것으로 보이는 엄청난 대가를 은폐한다. 고통은 단지 생물학적 진화의 부속물이 아니다. 고통은 생물학적 진화에 필수적이며 그것을 견인한다. 필립 키처는 유려한 언어로 그 점을 강조한다.

많은 사람이 인간의 고통과 지각 있는 다른 생명체의 고통으로 인해 괴로움을 겪어왔고, 그런 고통이 어떻게 전능하고 자애로운 하나님의 설계와 양립할 수 있는지 궁금하다고 생각해왔다. 생명의 역사에 관한 다윈의 설명은 고통이 발생하는 규모를 크게 확대한다. 아마도 많은 종이 전부 멸종한 뒤 진화 계통도의 어느 가지 끝에서 우리로 하여금 창조자를 예배할 수 있게 만들어주는 특별한 특성을 지닌 한 종이 출현할 수 있도록 수백만 년 동안 수십억 마리의 동물들이 엄청난 양의 고통을 경험했을 것이다. 인간의 고통과 다른 동물들의 고통 사이에 —아마도 우리에게 일어나는 일을 이해하고 그 끔찍한 결과를 표현할 수 있는 능력에서 비롯되는 —어떤 질적인 차이가 있을지라도 덫에 걸린 짐승이나 낚시 바늘에 걸려 몸부림치는 물고기를 본 적이 있는 사람이라면 누구든 우리만이 고통을 받는 유일한 유기체가 아니라는 것을 분명히 알 수 있다. 더구나 동물의 고통은 생명의 전개에 부수적인 것이 아니라 그것에 필수불가결한 요소다. 자연 선택은 격렬한 경쟁을 바탕으로 하는데, 그 경쟁이 언제나 냉혹한 것은 아니지만 (다윈 이전에 테니슨이 사용한 표현을 사용하자면) "인정사정 봐주지 않는 자연"을 낳는 경우가 많다. 우리의 섭리적인 창조자 개념에서는 그 창조자가 엉뚱하고 지루한 이야기 —한 존재가 30억 년 동안 휘장을 걸어 올리고 나서야 주요 사건이 등장하는데, 그동안 수없이 많은 지각 있는 존재들이 종종 격렬하게 고통을 받았고 그 고통은 창조자가 쓰기로 작정한 대본의 부산물이 아니라 그 구성요소인 역사 —를 지어냈다고 가정해야 한다.[1]

이렇게 펼쳐지는 세상이 젊은 지구 창조론자들의 세상보다 낫다고 생각해야 할 이유는 무엇인가?

해스커의 인신공격적인 생각과 관련해서 나는 "무신론자들은 세상이 자연적으로 진화하도록 허락된 것이 아니라 복잡한 일련의 구체적인 신의 행동에 의해 창조되었다면 훨씬 더 나을 것이라는 주장을 어색하게 여길 가능성이 높다"고 생각하지 않는다. 나는 무신론자가 하나님이 존

1_Philip Kitcher, *Living with Darwin: Evolution, Design, and the Future of Faith* (Oxford: Oxford University Press, 2007), 123-24.

재한다면 그분은 아마도 생물학적 영역을 그토록 고통스러운 과정을 통해서가 아니라 새로이(de novo) 창조해야 하거나 그렇게 할 것이라고 생각하는 것을 어색하다고 보지 않는다. 참으로 생물학적 진화는 "자연 세상에 존재하는 고통과 괴로움에서 비롯되는 유익한 결과를 보여줌으로써 이 문제에 약간의 도움을" 준다. 그러나 그것은 해스커가 제기한 원래의 질문에 답하지는 않는다.

나는 하나님이 오랜 진화 과정을 통해서 인간을 창조한 데 타당한 이유가 있을 수 있다고 생각한다. 예를 들어 문명을 가능하게 하는 화석 연료는 과거에 누대(eon)에 걸쳐 번성했던 광대한 원시림의 잔여물이다. 생존 가능한 생태계는 그 생태계의 일부인 동물들을 포함할 것이다. 모든 조건이 동일하다면 진정한 과거를 가진 세상이 마술적으로 나이든 것처럼 보이도록 만들어진 세상보다 나아 보인다. 그러나 "자연 질서 신정론은 그 대가를 치를 만한 가치가 있다고 주장한다"는 해스커의 주장을 정당화기 위해서는 더 많은 이야기를 할 필요가 있다.

나는 동물의 고통 문제에 대한 마이클 머레이의 저서가 진화론적 과거를 받아들이는 데 드는 대가를 줄여줌으로써 일반 정책 신정론자들에게 도움이 될 수 있다고 생각한다. 키처는 "인간의 고통과 다른 동물들의 고통 사이의 질적 차이"를 스쳐 지나가듯이 언급하기는 하지만, 사실 그 차이를 심각하게 받아들이지는 않는다. 머리는 그의 책 『인정사정 봐주지 않는 자연: 유신론과 동물의 고통 문제』(*Nature Red in Thooth and Claw: Theism and the Problem of Animal Suffering*)에서 고통의 위계를 다음과 같이 세 단계로 구별한다.

3단계: 자기 자신이 고통을 경험하고 있다는 2차적(second-order) 인식

2단계: 1차적(first-order), 주관적인 고통의 경험

1단계: 유해한 자극에 의해 산출된 정보를 지니는 신경 상태; 회피 행동을 초래함.

거미와 곤충은 1단계를 경험한다. 그러나 그런 피조물이 2단계를 경험한다고 생각할 이유는 없다. 그것들은 결코 모종의 주관적이고 내적인 생명을 지닌 지각 있는 존재가 아니다. 지각의 경험은 동물계에서 척추동물의 단계에 이르기 전까지는 아마도 생겨나지 않을 것이다. 그러나 개, 고양이, 말과 같은 동물들은 고통을 경험하기는 하지만 증거에 의하면 이런 동물들이 자기 자신이 고통을 당하고 있음을 인식하는 3단계를 경험하지는 않는다. 자기 자신이 고통을 당하고 있다는 인식은 자의식을 필요로 하는데 자의식은 아마도 인간에 가까운 영장류 외에는 어떤 동물에게도 없을 것이기 때문이다. 따라서 놀랍게도 동물들은 고통을 경험할 수도 있지만 자기 자신이 고통을 당하고 있다는 사실을 알지 못한다.

머레이는 맹시(盲視)라는 주목할 만한 현상이 동물의 고통 경험과 유사하다는 것을 발견했다. 맹시 환자는 사물을 볼 수 있다는 사실을 알지 못한다. 그들은 모두 사실상 눈이 멀었다. 그렇지만 그들은 실제로 볼 수 있다! 그들은 자신에게 던져진 공을 잡거나 방을 건너 오라는 요청을 받으면 그 방에 놓인 의자를 피해서 올 것이다. 그들은 볼 수 있지만 그들이 볼 수 있다는 것을 알지 못한다. 이와 비슷하게 동물들은 고통을 당하고

있지만 그들 자신이 고통을 당하고 있다는 사실을 알지 못한다.

하나님은 그의 자비로써 명백히 동물들이 그들 자신이 고통을 당하고 있다는 사실을 알지 못하게 했다. 따라서 동물들의 고통은 우리의 고통과 성격이 판이하다. 머레이는 우리 인간에게는—인간의 마음 상태를 (윌리엄 로우의 새끼 사슴과 같은) 동물에게 투사하는 그리고 심지어 무생물에게까지 투사하는—인간 이외의 존재가 인간과 똑같은 감정을 느낀다고 생각하는 고질적인 경향이 있다는 점을 지적한다. 그래서 동물의 고통 문제와 인간의 고통 문제는 사실은 아주 다름에도 불구하고 그 둘을 구별할 수 없어진다. 동물의 고통에 대한 그와 같은 이해는 진화 과정은 그 대가를 치를 만한 가치가 있었다는 해스커의 주장을 정당화하는 데 도움이 될 수 있다.

내가 말한 대로 나는 비록 하나님이 고통과 악을 허락하는 것을 정당화할 구체적인 유익이 있다고 생각하지만 일반 정책 신정론이 효과가 있기를 원한다. 우리는 여기서 조직신학이 아닌 변증론을 펼치고 있으며 유신론 신앙에 대한 이의를 물리치려 하고 있다는 점을 기억하라. 일반 정책 신정론은 신적 섭리에 대한 적절한 교리를 제공해주지는 않겠지만 오어드의 신정론에서처럼 자신의 창조세계에 직접적으로 관여하는 하나님을 배제하지 않는 한 그런 교리와 모순되지 않을 것이다.

8장
열린 유신론 관점의 답변

윌리엄 해스커

나는 먼저 철학 및 신학 분야의 극도로 어려운 문제에 대한 동료 기고자들의 사려 깊고 심사숙고한 성찰에 감사하고 싶다. 각 기고문은 이 주제에 대한 농축된 사고를 드러내며 각기 소중한 통찰과 견해를 담고 있다. 더 나아가 각각의 관점들은 이 세상의 악을 선하고 자애로운 하나님의 존재와 조화시키는 문제를 놓고 씨름하는 사람들에게 어느 정도 위로와 해결을 가져다줌으로써 그 유용성을 입증했다. 그럼에도 흔히 말하듯이 "진리는 신비에 쌓여 있으며" 이제 내가 평가하기에 내가 할 일은 왜 열린 유신론이 그 문제에 대해 이 책에서 제시된 해법 중 최선의 것인지를 설명하는 것이다.

나는 먼저 스티븐 위크스트라가 그의 글 서두에서 우리에게 자기 아버지를 잃은 자신의 경험담과 니콜라스 월터스토프가 그의 아들 에릭의 죽음으로 인해 겪은 슬픔을 소개하는 부분에 대해 몇 마디 말하고 싶다. 위크스트라는 여기서 우리에게 악에 대한 우리의 관심의 인간적이고 실존적인 맥락을 상기시킴으로써 큰 기여를 한다. 이러한 관여가 없다면 이 문제에 대한 우리의 철학적 숙고는 쉽사리 형식적이고 추상적이며 인간의 삶의 몸부림과 동떨어질 수 있다. 그러나 우리 중 몇 사람이 관찰한 바와 같이 자신 및 자기와 가까운 이들의 삶에서 일어나는 고통과 악을 이해해보려고 몸부림치는 사람들에 관한 "목회적인"(또는 감정적이거나 실존적인) 문제와 악의 존재와 하나님의 존재, 능력, 선하심의 조화(또는 적어도 양립가능성)를 보여주는 철학적 문제 사이에는 차이가 있다. 이 둘은 같은 문제가 아니며 우리의 사고에서 목회적인 문제를 배제해서는 안 되겠지만, 우리는 이 지면에서 주로 철학적 문제에 관심을 기울일 것이다.

먼저 이 문제에 대한 필립 캐리의 "고전적" 답변을 살펴보자. 캐리는 고전적인 신학자들의 악에 대한 논의에서는 중요하지만, 이 주제에 대한 최근 문헌에서는 덜 눈에 띄는 몇몇 주제들을 상기시킴으로써 소중한 기여를 하고 있다. 예를 들어 창조 교리에 비추어볼 때 하나님이 창조한 모든 존재는 그 자체로 선하며 악은 (아우구스티누스의 마니교파 반대자들이 그렇게 본 것처럼) 그 자체로 어떤 실체가 아니라 본질적으로 선하고 귀중한 것 안에 있는 어떤 결함 또는 부패라는 점을 깨닫는 것이 중요하다. 확실히 이 점이 너무 강조될 수도 있다. 악은 사실 **실체가 아니지만**(no thing), 그렇다고 해서 악이 **아무것도 아니고**(nothing) 실재하지 않으며 따라서 우리가 무시할 수 있고 진지하게 고려할 필요가 없는 것이라는 뜻은 아니다. 인간 면역 결핍 바이러스(HIV)는 일종의 바이러스로서 존재론적으로 말하면 그 자체로는 선한 것일 수도 있지만 그것이 감염시키는 인체에 엄청난 피해를 줄 수 있다.

캐리의 설명에서 내가 느끼는 주된 문제점은 전반적으로 자유 의지의 본질에 대한 명료한 설명이 결여되어 있다는 점이다. 여기서 기본적인 문제는 자유 의지에 대한 **양립가능론**의 설명과 **양립불가론** 또는 **자유**

의지론의 설명의 차이와 관련이 있다. 양립가능론의 설명에 따르면 사람의 의지는 그 사람이 어떤 주어진 상황에서 자기가 가장 하고 싶어 하는 일을 무엇이든 할 수 있는 경우에만 자유롭다. (여기에는 복잡한 설명과 세련된 설명이 있지만 그런 것들은 기본적인 쟁점에 영향을 끼치지 않으므로 우리는 그것들을 무시할 것이다.) 그런 원인들이 행위자 자신이 원하는 일을 하는 것을 가로막지 않는 한 사람의 선택과 행동이 그 이전의 원인에 의해 결정되는지 여부는 중요하지 않다. (감옥에서와 같이) 문이 밖에서 잠겨 있어서 방 안에 머물러 있는 사람은 이런 의미에서 자유 의지가 **없다**. 반면에 자발적으로 방에 머물러 있는 사람은—비록 그(녀)의 이전의 삶과 성격에 비추어볼 때 그(녀)가 방에 머물러 있는 편을 선택하는 것이 불가피하더라도—자유 의지가 **있다**. 여기서 중요한 점은 이런 종류의 자유 의지는 그(녀)가 다른 방식이 아니라 이런 식으로 행동할 것을 **보장**하는 그 이전의 원인의 존재와 충분히 **양립할 수 있다**는 점이다. 자유 의지론적(또는 양립불가론적) 자유 의지는 이와 대조적으로 어떤 주어진 상황에서 심지어 입수하는 모든 상황뿐만 아니라 그 사람의 성격과 이전의 경험에 관한 모든 것까지 고려하더라도 어떤 사람이 복수의 대안 중 어느 쪽을 택하든 그것이 **완전히 가능하다**는 것을 의미한다. 따라서 이런 종류의 자유 의지는 그 이전의 원인에 의해 결정되는 상황에서의 그 사람의 선택과 **양립할 수 없다**. 특히 그것은 어떤 사람이 특정한 방식으로 행동해야 한다고 예정하는 신의 작정(decree)의 존재와 양립할 수 없다.

그런데 캐리는 그의 글에서 의지에 대해 할 말이 상당히 많을 텐데도 내가 알 수 있는 한 그는 이 주제에 대해 아주 다른 이 두 견해 사이에서 결정적인 말은 전혀 하지 않는다. 따라서 이 지점에서 나는 해석상의 결정을 내릴 수 밖에 없다. 이 결정을 내릴 때 나는 부분적으로는 캐리의 설명의 주된 후원자인 아우구스티누스―그는 자신의 원숙한 저작에서 발생하는 모든 일은 그렇게 되리라는 하나님의 영원한 결정 때문에 발생한다고 주장한다―는 의심할 여지없이 양립가능론자이자 결정론자라는 사실에서 단서를 취한다. 캐리 자신이 이런 취지로 많은 말을 하지는 않지만 내가 알 수 있는 한 그가 하는 말은 이러한 아우구스티누스의 견해와 일치하며 자유 의지에 대한 자유 의지론적인 견해를 긍정하거나 명백히 암시하는 내용은 아무것도 없다. 그래서 나는 그의 관점을 그런 식으로 해석할 것이고 때때로 악의 문제에 대한 그의 "아우구스티누스적인 관점"을 언급할 것이다. (내가 캐리의 입장을 잘못 해석했다면 언젠가 그가 이 주제에 대한 자신의 관점을 명백히 밝혀주기를 희망한다.)

이 책의 독자는 이미 내가 결정론적인 접근법은 악의 문제에 대한 해법으로서 아무 희망이 없다고 본다는 사실을 알고 있을 것이다. 효과적인 작정(efficacious decree)을 통해 이 세상에서 발생하는 모든 일을 결정하는 하나님은 성경과 기독교 신앙의 자애롭고 의로운 하나님이 아니며 그 하나님일 수도 없다. 나는 매우 위대한 몇몇 신학자들이 결정론적인 관점에 열성적이었다는 점을 인정하면서도 이렇게 말한다. 나는 그들이 이 점에 대해서는 완전히 틀렸다고 믿는다. 아우구스티누스의 예정 교리가 처음 등장했을 때부터 곧바로 저항을 촉발했다는 점을 주목해보라. 한 가지 비교적 사소한 요점은 하나님이 악을 "허용"한 것과 관련이 있다. 캐리의 글은 이 단어로 가득 차 있지만 나는 그가 그 단어를 쓸 자격이 있다고 생각하지 않는다. 칼뱅은 훨씬 더 직설적으로 말한다(오어드의 글에 나오는 인용문을 보라). 하나님이 모든 것을 결정한다면 하나님이 "허용하는" 것과 하나님이 원하는 것 —또는, (이렇게도 표현할 수 있듯이) 하나님이 의도하는 것 —을 구별하는 것은 의미가 없다. 논리적 일관성 외에는 어떤 제약도 받지 않는 하나님이 **의도적으로 모든 경우의 죄와 악이 정확히 실제 발생하는 대로 발생하도록 작정했고** 이 일이 일어나도록 **보장**하는 데 필요한 모든 조치를 취했다. 죄를 저지르는 사람들은 달리 행동할 어떤 실제적인 가능성조차 존재하지 않았음에도 그 죄에 대해 완전한 책임이 있고 유죄이다(그리고 어떤 이들은 그로 인해 영원히 지옥에서 고통을 받을 것이다). 반면에 이 드라마의 작가인 하나님은 자신이 일어나게 한 모든 악에 대한 어떤 죄책이나 책임에서도 전적으로 자유롭다. 만일 내 독자인 당신이 이를 스스로 우리 하나님의 자애롭고 의로운 본성에 관해 믿는 바와 양립할 수 있다고 생각한다면 나는 유감스럽게도 당신을 외면할 수밖에 없다. 여기 또 다른 요점이 있다. 이 추정에서 우리는 **하나님이 지상에서 일어나는 모든 일을 전적으로 기뻐하고 즐거워한다**고 가정해야 한다. 그렇지 않으면 하나님의 생각에는 내적인 모순이 존재하게 될 터인데, 그것은 생각할 수조차 없는 일이다. 그와 반대로 성경에는 하나님이 일어나는 몇몇 일들을 **전혀 기뻐하지 않는다**는 점을 분명하게 밝히는 구절이 아주 많다. 성경에서 이보다 더 분명한 사실을 떠올리기란 쉽지 않다!

이제 윌리엄 크레이그의 몰리나주의 관점을 살펴보자. 여기서 이 관점은 몰리나주의 —신의 중간 지식 이론—자체가 참일 경우에만 옳을 수 있다는 점이 중요하다. 내가 이 점을 언급하는 이유는 이 문제를 고찰해 온 기독교 철학자를 포함한 대다수 철학자가 이 이론이 옳지 않다고 생각하기 때문이다. 특히 그들은 이 관점에 따르면 하나님의 중간 지식의 핵심을 구성하는 명제인 진정한 "피조물의 자유에 대한 허위 조건 명제"

는 없다고 생각한다. 실제로는 결코 이루어지는 않는, 가능한 자유로운 선택에 관해서는 피조물이 그런 상황에서 **할 수도 있는** 일에 관한 진리는 존재하며 그(녀)가 **아마도 그렇게 할** 일에 대한 진리도 있겠지만 그(녀)가 **분명히 그렇게 할** 것이라고 진술하는 진리는 없다. 나는 여기서 이 논증을 더 진행하지는 않겠지만 이렇게 묻지 않을 수 없다. 하나님에게 주어진 "카드 패"라는 크레이그의 매혹적인 대본에서 **카드를 배부하는 주체는 누구, 또는 무엇인가?** 하나님이 자신에게 카드를 배부할 수는 없지만 이 일을 해야 할 다른 누군가가 있는 것으로 보이지도 않는다. (사실 창조 이전 상황에서는 하나님 외에 다른 누구도 존재하지 않는다.) 아마도 그 카드들이 하나님조차 그 결과를 예측할 수 없을 만큼 "지극히 무작위적"으로 되도록 완전히 섞일 수도 있을 것이다. 그렇게 될 수 있다면 하나님은 그냥 그 카드 한 벌에서 꺼내기만 하면 될 것이다. 그러나 나는 빌 크레이그로 하여금 우리를 위해 그 이야기의 내용을 채우도록 맡겨둘 수밖에 없다.

몰리나주의의 신봉자들은 자유 의지론의 자유 의지를 긍정하기 때문에 아우구스티누스의 결정론보다는 악의 문제를 다루기에 더 좋은 위치에 있다. 아담과 하와가 금지된 열매를 먹은 것은 하나님이 그들로 하여금 그렇게 해야 한다고 효과적으로 작정했기 때문이 아니라, 그들이 뱀의 유혹을 충분히 거절할 수 있었는데도 자유롭게 이런 행동 방침을 선택했기 때문이다. 그럼에도 불구하고 하나님은 발생하는 모든 일에 대해 매우 높은 수준의 통제를 유지한다. 하나님은 똑같은 상황 아래서 그들이 그 열매를 거절하는 역사를 더 선호했을 수도 있다. 그러나 자유의 허위 조건이 하나님께 만일 아담과 하와가 그 상황에 직면한다면 그들은 그 유혹에 굴복할 것이라고 하나님께 말해주기 때문에, 하나님은 그런 역사를 이용할 수 없다. 그러나 하나님은 그들이 죄를 지을 것을 다 알면서도 그들을 그 상황에 두었다. 그리고 지금껏 발생한 모든 죄와 악의 경우에도 마찬가지였다. 하나님은 의도적으로 자신이 활용할 수 있었던 모든 다른 가능성보다 이 전체 세상 역사(철학자들이 말하는 대로 이 "가능한 세상")를 선호하여 그것을 선택했고 그 역사가 그대로 실현되게 하는 데 필요한 모든 조치를 취했다. 우리는 하나님은 자신이 원할 수 있었던 모든 것을 얻을 수는 없었지만 정확히 자신이 계획한 것을 얻을 것이라고 절대적으로 확신할 수 있었다고 말할 수 있을 것이다.

이러한 견해의 한 가지 결과는 몰리나주의에서는 아우구스티누스주의에서와 마찬가지로 "허용"이라는 용어가 사실 하나님께 적용되기에는 어울리지 않는다는 것이다. 허용은 이 상황을 다루기에는 너무 약하다. 하나님은 **의도적으로** 이 특정한 세상 역사 및 그것이 포함하는 **죄와 악의 모든 경우를 선택했고 세상 역사가 그대로 이루어지게 하는 데 필요한 조치들을 취했다.** 하나님은 이 역사에 포함된 악한 사건들을 "의도하지 않았다"고 말하는 것은 곧 단어의 의미를 무리하게 확대하는 것이다. 하나님은 유대인 대학살, 허리케인 카트리나, 그 밖에 우리가 생각할 수 있는 다른 모든 끔찍한 악을 **실제로 구체적으로 의도했다.** 이를 부정하는 것은 곧 말장난하는 것이다.

이 견해의 또 다른 결과는 각각의 그리고 모든 악의 사례는 그 악이나 그 악만큼 나쁘거나 더 나쁜 몇몇 다른 악이 없이는 **심지어 하나님조차도 얻을 수 없었던** 더 큰 유익(또는 그와 동등하거나 더 큰 악의 방지)에 이르는 수단이라고 말하는 "더 큰 유익" 원칙을 인정할 수 밖에 없다는 것이다. 그렇지 않다면 왜 그 악이 하나님의 계획에 포함되었는가? 바로 이

지점에서 악의 철학적인 문제가 실제로 골치아파지기 시작한다. 확실히 우리 모두에게는 그 악에서 더 큰 어떤 유익도 나오는 것 같지 않은 악의 사례들이 수없이 많은 것으로 보이기 때문이다. 그렇다면 이런 악들은 오어드가 부르는 대로 "진정한 악"—모든 것을 고려할 때 이런 사건들이 결코 일어나지 않았더라면 더 좋았을 그런 악—의 사례로 보일 것이다. 그러나 더 큰 유익 원리는 하나님의 본질적인 선하심에서 나온 필연적인 결과로 여겨진다. 그 원칙이 침해당하면 하나님은 결국 선한 분이 아니다. 아니면 하나님이 없을지도 모른다.

이 맥락에서 몰리나주의 신봉자는 사실상 불가피하게 우리는 다양한 악들이 그 존재를 정당화하기에 충분할 만큼 좋은 결과를 가져올 것인지 판단할 적절한 위치에 있지 않다고 주장하게 된다. 나는 크레이그가 자신에게 "회의적 유신론자"라는 호칭을 적용하는지 여부는 모르지만 그의 글에는 스티븐 위크스트라가 자세히 설명한 것과 같은 종류의 회의적 유신론의 방향을 강하게 암시하는 내용이 많이 있다.[1] 그러니 이제 회의적 유신론에 대해 살펴보자.

1_ 지면상의 제약 때문에 나는 하나님이 기독교의 성장을 촉진하기 위해 많은 고난을 허용했을지도 모른다는 Craig의 주장에 대해 많은 말을 할 수는 없다. 이 주장은 물론 비그리스도인에게는 별로 인상적이지 않을 것이고 Craig도 그럴 것이라고 주장하지 않는다. 그러나 나는 그리스도인에게조차 이 주장이 필요한 일의 작은 부분만이라도 할 수 있는지 의심스럽다. 고난과 기독교 신앙 사이에 관련이 있을 수도 있지만 그 관계가 신뢰할 수 있게 기능하는 것으로 보이지는 않는다. 많은 고난이 기독교 복음이 알려지지 않은 시기와 장소에서 발생했다. 이런 고난이 직접 기독교 신앙 촉진으로 이어졌을 리가 없다. Craig는 기독교의 성장률이 정체 상태인 "관대한 서양"에 대해 말하지만 많은 유럽 국가가 제2차 세계대전 기간에 끔찍한 고통을 겪었지만(러시아가 특히 그랬다), 그 나라들에서 어떤 큰 신앙 부흥도 눈에 띄지 않았다. 반면 다른 곳에서 발생한 많은 재앙을 면한 미국에서는 아마도 그런 유럽 국가 중 어느 나라에서보다도 인구 중 적극적인 그리스도인 비율이 높을 것이다.

위크스트라의 글을 다루면서 나는 그가 윌리엄 로우가 제시한 유형의 악을 근거로 한 경험적 논증에 대한 회의적 유신론의 답변을 제시하는 두 번째 부분에 초점을 맞출 것이다.[2] 여기서 진행되고 있는 논의의 기본적인 개요는 아주 분명하다. 로우는 다음과 같이 주장했다.

1. 전능하고 전지한 존재가 그로 인해 어떤 더 큰 유익을 상실하거나, 똑같이 나쁘거나 더 나쁜 어떤 악을 허용하지 않으면서 막을 수도 있었을 극심한 고통의 사례들이 존재한다.
2. 전지하고 전적으로 선한 존재라면 그로 인해 어떤 더 큰 유익을 상실하거나, 똑같이 나쁘거나 더 나쁜 어떤 악을 허용하지 않고서는 그렇게 할 수 없는 경우가 아니라면 극심한 고통이 발생하는 것을 막을 것이다.
3. 전능하고 전지하며 전적으로 선한 존재는 존재하지 않는다.[3]

회의적 유신론자는 대개 위의 (2)를 받아들이므로 무신론적인 결론을 피하기 위해서는 (1)을 부정해야 한다. 그러나 우리에게 (1)이 참으로 **보이**

2_ 나는 Wykstra의 글의 결론 부분에 상당히 당황했다는 점을 인정하지 않을 수 없다. 확실히 그가 우리로 하여금 고려하기를 원하는 "확대주의적 유신론"은 예수 그리스도 및 그분을 통한 구원 등에 관한 기독교 신앙에 의해 확대된 유신론으로 이루어져 있다. 여기서 다루는 악의 문제의 형태는 Paul Draper가 전개한, 악을 근거로 한 확률론적 논증인 것으로 보인다. 그러나 우리는 Draper의 논증이 무엇인지 자세하게 들은 바 없으며, 회의적 유신론자가 거기에 어떻게 답변하는지는 더더욱 들은 바 없다. 그보다는 우리는 신자들이 자신의 신앙에 대한 이의에 답변할 수 없을 때 어떻게 대응해야 하는가에 관한 논의―그 자체로는 좋은 일이다―를 발견한다. Wykstra는 Draper의 논증의 경우에 거의 (최소한 일시적인) 패배를 인정하고 있는 것으로 보인다. 그는 이어서 이 상황에 직면해서 우리가 어떻게 대응해야 하는지에 대해 조언을 제공한다. 그러나 나는 내가 여기서 한 말이 참으로 Wykstra의 의도를 파악한 것인지 모르겠다.

3_ William Rowe, "The Problem of Evil and Some Varieties of Atheism," Daniel Howard-Snyder 편, *The Evidential Argument from Evil* (Bloomington: Indiana University Press, 1996), 2에 실린 글.

는 사례들이 있다는 점을 모두 인정할 것이다. 어떤 더 큰 유익으로 이어지지도 않는, 종종 극심한 고통의 형태를 띠는 진정한 악이 존재하는 것으로 보인다. 따라서 회의적 유신론자는 그것이 더 이상 하나님을 믿지 않을 타당한 이유가 되지 않도록 이 "보이는" 것의 증거력을 약화시킬 필요가 있다. 그렇게 하기 위한 하나의 수단으로서 위크스트라는 다음과 같이 제안한다.

> DISPRO: 만일 하나님과 같은 존재가 정말 존재한다면 우리의 지성이 우주에서 일어나는 사건들을 평가할 때 보고 파악하고 의도하는 것은 이런 존재의 지성이 보고 파악하고 의도하는 것보다 훨씬 적을 것이다.

나는 우리가 DISPRO(불균형)를 받아들이면 수월하게 상식의 범위 안에 머무르게 된다는 위크스트라의 말에 동의해야 한다고 믿는다. 무신론자들조차 이 원리의 합리성을 인정해야 한다. 문제는 '이 사실이 어떻게 (1)이 사실이라는 데 대해 우리가 갖고 있는 것으로 보이는 증거와 관련되는가?'다. 이 지점에서 회의적 유신론의 두 유형 간의 차이가 중요해진다. 그 두 유형은 **과격한**(maximalist) 회의적 유신론과 **온건한**(moderate) 회의적 유신론이라고 부를 수 있다. 그 둘의 차이점은 이 두 유형이 (1)을 뒷받침하는 것으로 보이는 경험의 증거력의 신뢰성을 떨어뜨리려 하는 정도와 관련이 있다. 과격주의자에게는 이 경험은 제대로 생각해보면 전혀 설명력이 없다. 반면 온건주의자는 이 경험은 어느 정도 제한된 힘을 갖고 있지만 특히 누군가가 이미 하나님에 대한 상당히 확고한 믿음이 있을 경우 이 힘은 합리적으로 저항할 수 있을 만큼 충분히 줄어든다고 생각한다. 위크스트라는 회의적 유신론에 대한 그의 최초의 탐구에서는 매우 분명하게 과격주의자였다.[4] 최근에 그는 좀 더 온건해졌을지도 모르지만 나는 이에 대해서는 자신이 없다. 내가 여기서 주장할 내용은 다음과 같다. (1) 회의적 유신론이 그 목표를 달성하려면 과격한 형태만이 충분할 것이다. (2) 과격한 형태는 사실 바로 위크스트라가 반대하는 의미에서 심각하게 회의적인 가설이다. 그것은 우리로 하여금 우리 모두가 대개 그것이 사실임을 알고 있다고 매우 편안하게 가정하는 어떤 것을 부정하게 한다.

온건한 회의적 유신론이 적절하지 않다는 점은 서로 독립적이지만 서로를 보강해주는 두 가지 이의를 통해 입증된다. 첫 번째 이의는 원래 리처드 스윈번이 지적했다.[5] 그는 선과 악에 대한 우리의 인식은 DISPRO가 보여주는 방식대로 제한적이지만, **이 원칙 자체는 세상이 우리가 보통 생각하는 것보다 더 좋거나 더 나쁜지 여부에 대해 아무것도 말해주지 않는다**고 지적한다. 우리에게는 정당화되지 않는다고 보이는 많은 악이나 모든 악을 실제로 정당화하는 유익이 있을지도 모르는데, 만일 그것이 사실이라면 (1)은 전혀 사실이 아닐 수도 있다. 그러나 우리가 그것을 정당화하는 유익을 인식할 수 있다고 생각한 많은 악들이 사실은 정당화되지 않는 경우도 있을 수 있다. 즉 그 악이 우리가 생각한 것보다 더 악하거나, 우리에게는 알려지지 않은 다른 나쁜 결과를 가져오거나,

---

4_ Stephen J. Wykstra, "The Humean Obstacle to Evidential Arguments form Suffering: On Avoiding the Evils of 'Appearance,'" *International Journal for the Philosophy of Religion* 16 (1984): 73-93 을 보라.

5_ Richard Swinburne, *Providence and the Problem of Evil* (Oxford: Oxford University Press, 1988), 27-28.

우리가 악을 정당화한다고 생각한 유익이 우리가 생각한 것보다 덜 가치 있는 것일 수도 있다. (현존하는 몇몇 신정론은 바로 이런 실수를 저지르고 있는 것이 거의 확실하다.) 이런 경우에는 심지어 우리의 가장 암울한 순간에조차 우리가 생각하는 것보다도 더 정당화되지 않는 악이 있을 수 있다. DISPRO는 우리에게 이런 대안들 중 어느 것이 옳은지에 대해 아무것도 말해주지 않으므로 (1)에 대한 증거의 힘을 유의미하게 약화시키지 않는다.

그러나 이런 고려 사항들을 무시하고 DISPRO가 실제로 한 방향으로만 작동된다고 가정하자. 그리고 악이 우리에게 정당화되지 않는다고 보이는 어떤 특정한 사례와 관련해서, 실제로 우리에게 알려지지는 않았지만 그 악을 정당화하는 어떤 유익이 존재할 가능성이 90퍼센트라고 가정하는 것이 합리적이라고 가정하자. 이제 드디어 회의적 유신론자가 유리한 입장에 있는 것처럼 보인다. 절대적 확실성을 얻을 수 없는, 확률에 기초한 논증에서는 9대 1로 내 입장이 옳을 확률이 높다는 것은 좋은 일이다. 유감스럽게도 이 추론은 이 상황의 중요한 특징, 즉 이 세상에 존재하는 외관상 정당화되지 않는 악의 수가 **매우 많다**는 점을 간과한 것이다. 로우 식의 악을 근거로 한 논증을 피하려는 욕구가 없다면 나는 우리 중 거의 모두 이 세상에는 진정한 악의 사례가 매우 많다는 오어드의 말에 자연스럽게 동의하는 경향이 있을 것이라고 믿는다. 그리고 이 사실은 상황을 근본적으로 바꾸어놓는다. 그런 각각의 경우에 대해 문제가 되는 악이 정당화될 확률이 90퍼센트라고 가정하면 그런 악이 25개 있을 경우 그 각각의 악이 모두 정당화될 확률은 겨우 7퍼센트로 줄어든다 (0.9^{25} —편집자주)! 그리고 하나님이 존재하려면 (2)를 고려할 때 **진정으로**

정당화되지 않는 악은 단 하나의 사례도 있을 수 없다. 개별적인 악이 정당화될 확률을 (개연성이 낮게) 훨씬 더 높게 설정하더라도 악의 사례들이 누적되면 그 모든 악들이 정당화될 확률은 크게 낮아질 것이다. 그리고 악의 사례들이 고갈될 것 같지도 않다! 온건한 형태의 회의적 유신론은 전혀 그 일을 해낼 수 없다.

따라서 목표를 성취하기 위해서는 회의적 유신론은 과격해야 한다. 회의적 유신론은 외관상 (1)을 뒷받침하는 경험은 증거력이 전혀 없다고 주장해야 한다. 그러나 그 주장이 어떻게 뒷받침될 수 있는가? 그 답은 간단하지만 과감하다. 즉 **우리는 DISPRO가 보여주는 제한에 비추어 어떤 특정한 사건이 전반적으로 좋은 결과를 가져올지 나쁜 결과를 가져올지 분간할 수 있는 능력이 전혀 없다고 가정해야 한다.** 그러나 우리는 도저히 이렇게 말할 수 없다. 우리 자신의 역량에 대한 정당화되지 않는 믿음만이 우리로 하여금 이 사실을 깨닫지 못하게 한다. 그리고 이것이 사실이라면 우리의 경험이 (1)을 뒷받침한다는 우리의 인상은 환상이다. 경험이 우리에게 (1)이 거짓이라고 말해주는 것이 아니라, (1)이 참인지 거짓인지에 대해 아무것도 말해주지 않는다. 그러나 그럴 경우 핵심적인 전제를 확인할 수 있는 아무런 합리적인 근거가 없기 때문에 로우의 논증 및 그것과 비슷한 모든 논증은 성립하지 않는다.

그러나 우리는 이 제안은 참으로 과감하다는 점을 인식할 필요가 있다. 유명한 과격론자인 마이클 버그만은 그의 논의에서 자기가 보기에는 모든 것을 감안할 때 테레사 수녀의 생애가 사담 후세인의 생애보다 더 나은 생애인지 더 못한 생애인지, 전반적인 세상의 유익에 더 크게 기여했는지 덜 기여했는지 **전혀 알지 못한다**는 점을 인정했다.[6] 확실히 테레사의 생애는 후세인의 생애보다 **도덕적으로** 우월하다. 그 점은 쉽게 알수 있다. 그러나 우리는 전체적으로 어떤 생애가 더 나은지에 대해 전혀 알지 못한다.

하지만 이는 우리의 일반적인 도덕적 추론과 충돌한다. 모든 상황에서는 아니지만 많은 경우에 우리가 무엇이 도덕적으로 옳은 일이라고 판단하는지는 어떤 행동이 우리가 알 수 있는 한 다른 대안보다 더 좋은 결과를 가져올 것인가에 의해 결정된다. 그렇게 판단할 때 우리는 대개 그리고 전체적으로 어떤 행동의 좋은 결과나 나쁜 결과에 대해 우리가 알수 있는 것이 그 행동의 실제 결과에 대한 상당히 신뢰할 만한 지표라고 가정한다. 그러나 확실히 그것이 절대로 옳은 지표는 아니다. 언제든 뜻밖의 전개가 있을 수 있다. 그러나 과격주의자의 관점에서는 **우리가 실제로는 끊임없이 하고 있는 이런 가정에 대한 어떤 근거도 없다.** 과격한 회의적 유신론은 사실은 매우 회의적인 가설이다. 그리고 그것은 우리가 테레사와 후세인 간의 비교 및 유사한 많은 비교들을 고려할 경우 믿기가 매우 어려운 가설이기도 하다.

회의적 유신론이 거부된다면 우리가 어떻게 로우의 논증을 반박할수 있는가? 내 대답은 간단하다. 로우의 전제 (2)가 거부되어야 한다. 전제 (2)─그리고 그보다 훨씬 강한 전제들─가 몇몇 기독교 사상가들에게 받아들여진 것은 사실이지만 그 전제를 거부하는 것이 특별히 과격한 조치는 아니다. 이 원칙은 존 힉, 오스틴 파러, 마이클 피터슨, 메릴린 애덤

6_ 나는 그가 두 차례에 걸쳐 그렇게 말했다고 들었다.

스, 제프리 조던, 제임스 스터바 같은 저명한 철학자들에게 거부당했다. 그리고 로우 식의 논증을 충족해야 할 필요와는 별도로 이를 거부하는 데는 타당한 이유가 있다. 만일 우리가 어떤 악이 그 결과로 더 큰 유익을 가져오지 않을 거라면 하나님이 그런 악을 모두 막을 것이라고 참으로 진지하게 믿는다면, 우리가 그런 악을 막거나 완화시키려는 동기가 상당히 약해질 것이다. 만일 내가 어떤 심각한 악한 사건이 발생하지 않도록 막는다면, 나는 실제로는 내가 개입하지 않는다면 하나님이 그 악의 결과로 가져올 더 큰 유익을 막게 될 것이다. 반대로 그 악에 그와 같은 좋은 결과가 없다면 하나님은 내가 어떤 일을 하든 하지 않든 그 악을 허용하지 않을 것이다. 따라서 실패하지 않는 대안은 아무 일도 하지 않는 것이다. 그러나 이는 성경에 계시된 우리에 대한 하나님의 의도에 완전히 반하기 때문에(선한 사마리아인을 고려해보라), 하나님은 그런 결과를 가져올 정책을 채택하지 않을 것이다. 그러나 이 논증에 대한 충분한 설명은 다른 곳에서 찾아야 한다.[7]

토머스 오어드의 "본질적 케노시스" 관점은 여러 면에서 고전적인 아

7_ 다음 문헌들을 보라. William Hasker, "The Necessity of Gratuitous Evil," *Faith and Philosophy* 9, no. 1 (1992): 23-44; Hasker, "Can God Permit 'Just Enough' Evil?," *Providence, Evil, and the Openness of God* (London: Routledge, 2004), 80-94에 실린 글; 그리고 Hasker, *The Triumph of God over Evil* (Downers Grove, IL: IVP Academic, 2008), 191-98. Stephen Maitzen, "Ordinary Morality Implies Atheism," *European Journal for Philosophy of Religion* 12 (2009): 17-26에 실린 글은 이 논증에 대한 무신론적인 관점을 제공한다. Maitzen은 (2)와 비슷한 원칙을 채택하는데, 그는 이 원칙이 유신론에 수반되는 것이라고 주장하면서 (신이 존재한다고 가정할 경우) 이 원칙과 일반적인 도덕성 간의 충돌을 지적하고 그의 논문 제목에 진술된 결론을 도출한다. 나는 유신론자들은 (2)를 부정하는 것이 이 갈등을 해결하는 보다 그럴듯한 방법임을 알게 될 것이라고 생각한다. 회의적 유신론에 대한 더 자세한 설명은 "The Skeptical Solution to the Problem of Evil," *Providence, Evil, and the Openness of God*, 43-57에 실린 내 글과 Hasker, "All Too Skeptical Theism," *International Journal for Philosophy of Religion* 68 (2010): 15-29를 보라.

우구스티누스 관점과 같은 하나님의 "전적인 통제"나 몰리나주의 관점과 같은 "거의 전적인 통제"를 긍정하는 관점들과 정반대의 극단에 서 있다. 이러한 관점들과 대조적으로 본질적 케노시스 관점은 우리가 사는 이 세상에서 벌어지는 일에 대한 하나님 편에서의 통제를 **거의 인정하지 않는다.** 나는 오어드가 열린 유신론자인 존 폴킹혼과 대화하기로 한 것이 우연이 아니라고 생각한다. 폴킹혼은 기독교 신학과 철학의 역사에서 출현한 다른 많은 인물보다 오어드의 입장이 지닌 몇몇 요소들에 더 공감하는데, 이에 비춰볼 때 그는 오어드와 마음이 통하는 대화 상대자다. 그러나 오어드에 따르면 폴킹혼은 충분히 깊이 들어가지 않는다. 그것이 우리가 탐구할 필요가 있는 내용이다.

나는 악의 문제에 대한 오어드의 해법에서 처음 네 가지 차원에는 대체로 동의한다. 나는 하나님이—아마도 자신의 악한 행동의 결과로 고통당하는 사람들에게는 덜 공감하는 식으로 고통당하는 모든 사람에게 똑같이 공감하지는 않겠지만—고통당하는 사람들에게 공감한다는 데 동의한다. 확실히 하나님은 악과 고통을 사용해서 우리에게 많은 것을 가르쳐준다. 확실히 하나님은 가능한 한 고통당하는 사람들을 치유해준다. 그리고 하나님은 우리를 불러서 악을 극복하는 일에 협력하게 한다. 오어드가 예상하듯이 난점들은 주로 그의 해법의 "주권" 차원과 관련해서 발생한다. 오어드의 해법은 사실상 하나님이 진정한 악을 막을 수 있는데도 그렇게 하지 않는 사례는 없다고 말하는 셈이다. 그렇다면 오어드의 정의에 따른 악의 문제, 즉 '왜 하나님이 진정한 악을 막지 않는가?'라는 문제는 남아 있지 않게 된다. 이 문제에 대한 답은 아주 간단하게 "하나님은 그런 악을 막을 수 없다"는 것이다. 그러나 이 대답을 내놓기 위해 오어드는 전통적인 모든 유형(칼뱅주의, 아르미니우스주의, 아퀴나스주의, 동방 정교 회 등)의 기독교 신학에서 말하는 것과 대조적으로 그가 하나님께 귀속시 키는 능력을 상당히 제한해야 한다. 이에 대응해서 나는 두 가지 질문을 제기한다. 첫째, 신의 능력에 대한 개념을 이렇게 수정하는 근거가 무엇 인가? 둘째, 오어드가 제시하는 것과 같은 제약에 비춰볼 때 하나님이 세 상에서 실제로 할 수 있는 일은 무엇인가?

첫 번째 질문에 대한 오어드의 대답은 다음의 말 속에 담겨 있다.

> 하나님의 사랑의 본성 때문에 하나님은 타자의 자유나 자발적 활동 또는 기 본적인 존재를 철회하거나, 뒤엎거나, 제공하는 데 실패할 수 없다. 하나님 이 사랑으로 타자에게 존재를 부여한다는 것은 그분이 세상에서 작동되는 법칙과 같은 규칙성—많은 이들이 "자연법칙"이라고 부르는 것—을 빼앗을 수 없음을 의미하기도 한다. 자기를 내어주는 사랑은 하나님의 영원한 본성 의 한 측면이며 하나님은 이 본성을 부인할 수 없다.

이것이 **본질적 케노시스**다. 오어드는 하나님의 "자기 제한"에 대해 말 하기를 거부한다. 이는 하나님이 제한받지 **않기로** 작정할 수도 있었고 따 라서 하나님이 결국 진정한 악을 막을 수도 있었을 것임을 의미하기 때 문이다. 그러나 우리는 **왜** "자기를 내어주는" 사랑이 하나님으로 하여금 자연 법칙을 뒤엎지 못하게 하는지 물어볼 수 있을 것이다. 오어드는 하 나님은 인간의 자유 의지를 빼앗아 갈 수 없다는 취지로 웨슬리의 말을 인용한다. 그러나 여기서 사랑에 균형 감각이 있어야 하지 않는가? 하나 님의 "사랑"이란 하나님이 바이러스—어느 모로 보나 전혀 살아 있지 않은 어떤 것 ─의 존재를 인간의 생명과 동등하게 소중히 여긴다는 것을 의미한다면 우리는 확실히 그런 사랑의 무차별적인 특성에 대해 의구심을 갖게 될 것이다! (우리는 그와 비슷한 선택을 한 부모를 용납하지 않을 것이다.) 우리는 사랑은 단지 그것이 무슨 일이든 자신이 하고 있던 일을 계속해서 하려는 맹목적인 결정이 아니라 합리적 선택이어야 한다고 말하고 싶다. "하나님이 모든 피조물을 사랑한다"는 말이 하나님은 그 창조세계의 부분들 사이의 가치를 구별할 수 없다는 의미일 필요는 없다(그리고 나는 그런 의미여서는 안 된다고 주장한다).

그러나 본질적 케노시스에 의해 부과된 한계를 고려할 때 하나님이 세상에서 벌어지는 일에 관해 실제로 무엇을 **할 수 있는가?** 이 질문이 내게는 중요해 보이지만 오어드는 이 질문에 대해 우리에게 분명한 답을 주지 않는다. 오어드는 하나님이 기적을 일으킬 수 있다고 말하지만, 그의 글에서 자신이 무엇을 기적으로 받아들이는지, 또는 이것이 자연 법칙의 불가침성과 어떻게 관련되는지 설명하지 않는다. 특히 오어드가 언급하는 하나님의 "부르심" 또는 하나님의 "인도"의 본질은 특히 문제가 있다. 이 부르심은 단지 (우리가 생각하기에) 인간의 천부적 자질의 일부인 "양심의 음성"일 뿐인가? 아니면 하나님은 어느 누구의 자유 의지도 뒤엎지 않고서 사람들로 하여금 하나님이 구체적으로 자기와 의사소통하지 않았다면 자기가 그런 특정한 생각과 감정을 갖지 않았을 것이라고 느끼게 할 수 있는가? 하나님이 이렇게 할 수 없다면 우리가 성경의 영감이라는 개념에 어떻게 진지한 의미를 부여할 수 있는지 알기 어렵다. 만일 하나님이 그렇게 할 수 있다면 그분은 에이미가 살해당하고 있을 때 행인으로 하여금 도와달라는 그 아이의 절규를 좀 더 심각하게 받아들이도록

"영감을 불어넣을" 수는 없었는가? 그러나 그럴 경우 이는 아마도 우리에게 떠오르는 생각을 지배하는 자연 법칙—그런 법칙이 존재한다고 가정한다면—의 "침해"를 수반했을 것이다. 하지만 오어드는 이 점에 대해 거의 설명해주지 않는다. 나는 어쨌든 그가 하나님의 능력에 대해 자신이 말한 바와 일치하는 그럴듯한 성경 해석을 내놓기 위해서는 아주 길고 가파른 언덕 길을 올라가야 할 것이라고 믿는다. 그러나 우리가 여기서 그 문제를 자세히 살펴볼 수는 없다.

이 답변에서 나는 하나님의 통제에 대한 최대주의 관점부터 최소주의 관점까지 다양한 대안들을 고찰했다. 나는 열린 유신론은 양 극단 사이에 멋지게 균형을 잡고 있는 "골디락스의 의자"(골디락스는 영국의 전래 동화인 "골디락스와 곰 세 마리"에 등장하는 소녀의 이름이다. 곰의 굴에 들어가 곰 가족이 끓인 뜨거운 수프, 차가운 수프, 적당히 따뜻한 수프 중에서 적당히 따뜻한 수프를 먹고 적당한 크기의 의자에 앉아 있다가 적당한 크기의 침대에서 잤다는 이야기에서 따온 말이다—편집자주)에 앉아 있다고 주장한다. 그러나 이 주장에 대해 우리가 합의에 도달할 가능성은 별로 없어 보인다.

9장
본질적 케노시스 관점의 답변

토머스 제이 오어드

나는 내 대화 상대자들이 악의 문제에 대해 제시한 답변들을 즐겁게 읽었다. 아래 글에서 나는 각각의 답변에 대한 내 생각을 짧게 제시할 것이다. 그러나 먼저 그들의 답변에 대해 전체적으로 평가하고자 한다.

나는 이 기고문들에서 신비에 호소하는 데 충격을 받았다. 나는 내 글에서 신비에 호소하지는 않았지만 모든 진리를 알 수는 없다는 점을 인정했다. 나는 동료 기고자들도 진리에 대한 이해가 제한적이라고 주장할 것이라고 확신한다. 우리 중 누구도 하나님이나 실재를 완전히 알아내지 못했다!

그러나 모든 진리를 알지 못한다고 인정하는 것은 내가 다른 기고문들에서 발견한 신비에 대한 호소와는 다르다. 그 글들을 읽어보니 다른 기고자들은 하나님이 악을 막는 중대한 문제에 대해 부분적인 해결책을 제시하면서 신비에 호소한다. 이와 대조적으로 나는 특히 하나님의 능력이라는 주제에 초점을 맞추면서 악의 문제에 대한 완전한 해법을 제시했다.

스티븐 위크스트라는 신비에 호소하는 학자의 가장 분명한 예다. 그는 끔찍한 고통이 발생하며 우리는 "유신론의 하나님으로 하여금 악을 허용할 필요가 있게 만드는 어떤 유익도 보지 못한다"고 인정한다. 그러나 그는 "인간은 하나님의 목적에 관해 많이 알거나 이해할 것이라고 기대하지 말아야 한다"고 주장한다. 위크스트라는 악의 문제는 "답변할 수 있는 영역을 넘어선다"(beyond answer)고 말하면서 명백히 신비에 호소한다.

필립 캐리에 따르면 고전적 관점은 "모든 특정한 악은 하나님이 막을 수도 있었지만 자유롭게 허용하기로 작정한 악이다"라고 말한다. 고전적 관점은 우리에게 악은 어쨌든 이해할 수 없는 방식으로 더 큰 유익을 증진한다고 가정하라고 요청한다. 악이 어떻게 더 큰 유익을 증진하는지는 우리에게 감춰져 있다. 그것은 신비다. 따라서 캐리는 "감추어짐은 우리의 고난의 의미에 있어서 본질적이다"라고 말한다.

윌리엄 레인 크레이그 역시 하나님은 자신이 막을 수도 있었던 악을 허용한다는 점을 인정한다. 크레이그는 "일어나는 모든 일은…하나님의 뜻이나 허용에 의해 발생하고 따라서 하나님의 섭리 아래 있다"고 말한다. 그는 하나님이 악을 허용하는 이유는 "시간의 속박을 받는 인간의 예지를 훨씬 초월한다"라고 주장한다. 크레이그는 "많은 악들이 우리에게 무의미하고 불필요해 보이지만" "우리는 판단할 위치에 있지 않다"고 말한다. 크레이그는 자기가 신비에 호소하지 않는다고 말하지만 나는 이 말과 그의 글에 있는 다른 많은 말들을 다른 의미로 해석할 수가 없다.

윌리엄 해스커는 악의 문제에 대한 해법을 제시할 때 신비에 가장 적게 호소한다. 그러나 해스커는 하나님이 악을 막을 **수도** 있고 아마도 드물게는 악을 막기 위해 개입한다고 믿는다. 그는 하나님이 자연적인 악을 허락하며 몇몇 피조물에게는 직접적인 통제를 받지 않고 행동할 자유를 허락한다고 생각한다. 해스커는 "피조물에 의한 자유의 오용을…막기 위해 하나님이 일상적으로 빈번하게 개입하면 창조 계획에서 의도된 인간의 삶의 구조를 훼손할 것이다"라고 주장한다. 이 모든 말은 해스커가 결국 신비에 호소한다는 것을 의미한다. "우리는 왜 하나님이 특정한 종류의 악을 허용하는지 **알지 못한다.**"

주의 깊은 독자라면 하나님이 악을 막는 이 중대한 문제에 대해서 내가 신비에 호소하지 않는다는 점을 발견할 것이다. 나는 하나님이 막을 수도 있는 악을 허용하거나 허락한다고 말하지 않는다. 나는 신의 숨겨짐이나 헤아릴 수 없음에 호소하지 않는다. 이 점이 내 글과 다른 기고자들의 글의 근본적인 차이다.

이 근본적인 차이와 그 함의를 예를 들어 설명해보자.

내가 아이다호주의 황야를 도보 여행하다가 메시지를 담은 쪽지가 들어있는 탄산음료 병을 발견했다고 가정해보자. 케냐의 나이로비에 사는 어떤 사람이 그 메시지를 썼다고 가정하자. 나는 그 메시지를 읽은 뒤 아마도 어떻게 그 병이 그토록 먼 거리―지구의 반 바퀴―를 이동하여 북미의 이 오지까지 오게 되었는지 궁금하게 여길 것이다.

우리가 이 병의 실제 이동 경로를 알지 못하는 다섯 사람에게 이 병이 어떻게 나이로비를 떠나 아이다호주까지 오게 되었는지 추측해보라고 요청했다고 가정하자. 그리고 우리가 이 다섯 사람이 추측해서 쓴 글을 읽고 어떤 설명이 가장 그럴듯한지 평가할 배심원단도 모았다고 가정하자.

배심원들은 다섯 가지 설명을 읽고 각각의 추측이 서로 다른 것을 발견했다고 가정하자. 한 사람은 이 병이 아프리카를 벗어나 북쪽으로 이동하여 이스라엘을 거쳐 마침내 프랑스 해변에 도착했을 거라고 추측했다. 또 다른 사람은 이 병이 북쪽으로 가다가 동쪽으로 방향을 바꿔 아시아 대륙을 거쳐 중국 동부 해안에 도착했을 거라고 추측했다. 다른 사람들은 이 병이 어떻게 나이로비를 떠나 바다로 가게 되었는지에 대해 각자 추측한 바를 제시했다. 게다가 이 다섯 사람은 어떻게 이 병이 북아메리카에 도착한 뒤 아이다호주까지 오게 되었는지에 대해서도 각자 다르게 추측했다. 요약하자면 배심원들은 병의 이동 경로와 메시지가 들어 있는 그 병을 옮긴 사람들에 대한 영리한 추측들을 읽었다.

그런데 이 배심원들이 어떤 놀라운 점을 발견했다고 가정하자. 즉 오직 한 사람만이 이 병이 어떻게 바다를 가로질러 북아메리카에 왔는지에 대한 설명을 제시했다. 다른 네 가지 설명은 이 병이 아이다호까지 오는 이 중요한 경로—지구의 큰 부분을 차지하는 바다를 가로지르는 경로—를 어떻게 통과했는지에 대한 설명을 완전히 빠뜨렸다. 병의 이동 경로에서 이 중대한 부분을 설명하지 않는다면 그 다섯 가지 설명 중 네 가지 설명의 전반적인 타당성은 심각하게 약화된다!

이제 이 병의 예를 이 책에 실린 글들에 적용해보자. 내 동료 기고자들은 하나님이 악을 허용하거나 허락한다고 주장한다. 그들은 악을 허용하는 것이 하나님의 완벽한 사랑과 신비롭게 조화된다고 생각한다. 그들은 하나님께 악을 일방적으로 막는 것을 가능케 하는 능력이 있다고 전제하기 때문에 이런 식으로 주장한다. 내 동료 기고자들은 모두 최소한 몇몇 상황에서는 완벽하게 자애로운 하나님이 악을 허용하는 이유가 우리에게 감춰져 있다고 주장한다.

내가 보기에는 자애로운 하나님이 진정한 악을 막지 않는 이유에 대한 타당한 대답을 제시하지 않는 것은 병이 나이로비에서 아이다호에 이르게 된 경위를 설명하면서 그 병이 어떻게 대양을 건넜는지에 대해서는 설명하지 않는 것과 마찬가지다. 그 병의 이동에 대한 그럴듯한 설명은 반드시 그 병이 지구의 큰 부분을 차지하는 바다를 어떻게 건넜는지 설명해야 한다. 마찬가지로 악의 문제에 대한 그럴듯한 대답은 자애로운 하나님이 진정한 악을 막지 않는 이유를 설명해야 한다. 나는 내 글이 이 핵심적인 문제를 설명하는 유일한 기고문이라고 생각한다.

이 답변의 나머지 부분에서 나는 다른 네 기고문에 대해 간단한 논평을 제시한다.

필립 캐리는 그가 고전적 관점이라고 부르는 신정론의 다양한 차원을 요약하는 난처한 책임을 떠맡았다. 나는 그의 묘사가 하나님이 악을 막지 않는 이유에 대해 그리스도인들이 제시해온 많은 다양한 이유에 대한 충실한 설명이라고 생각한다. 캐리는 심지어 악의 가능성에 대한 이유도 충실하게 설명한다. 물론 설명이 책 한 권 분량이었더라면 더 좋았겠지만 캐리는 글의 분량이라는 제약 조건하에서 그 일을 훌륭하게 해냈다.

내 글을 읽어본 이들은 내가 고전적 관점이 불만족스럽다고 생각한다는 사실에 놀라지 않을 것이다. 고전적 관점은 신비에 호소하며, 하나님이 막을 수도 있었던 악을 허용한다고 말하는 것 외에도 캐리의 글이 잘 묘사하고 있는 대로 문제가 많다. 고전적 관점은 개별적으로도, 전체적으로도 악의 문제에 대한 만족할 만한 해법을 제시하지 않는 복잡한 일련의 대답을 제시한다는 점이 문제다.

고전적 관점의 난해한 성격은 아우구스티누스가 고전적 관점을 설명하는 데서 잘 드러난다. 아우구스티누스에 따르면 악은 선한 것의 부패 또는 결핍이다. 악에 대한 이러한 설명은 성폭행, 살해, 또는 집단 학살 같은 사건들을 설명하기 어려울 때가 있다는 점을 주목하라. 이런 악들은 사건(event)이지 사물(thing)이 아니다. 고전적 관점이 현대인들에게 매우 혼란스럽게 보이는 주된 이유 중 하나는 그것이 전제로 삼는 형이상학이 우리가 살아가고 있으며 현재 이해하고 있는 삶을 잘 설명하지 못하기 때문이다.

이 점이 더 중요한데, 캐리가 바르게 지적하는 바와 같이 고전적 관점의 언어는 갈피를 잡을 수 없다. 이 관점의 지지자들은 캐리의 글에서 발견되는 것과 같은 혼란스러운 표현들을 사용한다. 그들은 "나쁜 좋은 것들", "악한 선" 등에 대해 이야기한다. 우리는 "모든 도덕적인 악은 일종의 사랑이다"라는 혼란스러운 관점을 발견한다.[1] 그리고 이와 비슷한 표현들이 많다. 이 점을 고려해볼 때 캐리가 종종 고전적 관점에서는 쉽게 혼란이 발생한다고 인정하는 것이 놀랍지 않다. 거기에는 수수께끼가 넘쳐난다!

고전적 관점에는 내가 불만족스럽게 여기는 몇 가지 다른 차원들도 있다. 그러나 그런 차원들 중 몇몇은 다른 글들에 대한 내 비평에서 등장하기 때문에 나는 여기서는 추가적인 비판을 삼갈 것이다.

나는 윌리엄 레인 크레이그의 설명이 몰리나주의의 핵심인 중간 지

1_ 나는 *The Nature of Love: A Theology* (St. Louis: Chalice, 2010), 3장에서 아우구스티누스의 사랑이라는 언어와 그 바탕에 깔린 형이상학에 대한 강력하고 더 자세한 비판을 제시한다.

식이라는 요소 외에는 고전적 관점의 대부분의 측면과 유의미하게 다르다고 생각하지 않는다. 크레이그는 악의 문제를 지적·확률론적·감정적 형태로 구별하는데, 이런 구분은 유용하다. 악의 문제를 이런 차원들을 통해서 다루는 것은 현대 철학자들의 전형적인 방법이자 크레이그의 글이 지닌 강점이다. 그러나 악의 문제에 대한 크레이그의 근본적인 답변은—신비에 관한 주장을 포함해서—고전적 입장과 별로 다르지 않다. 하나님이 왜 악을 막지 않고 허용하는가에 대해 크레이그에게는 타당한 답변이 없다.

내가—하나님이 허위 조건들을 안다는 데 의존하는—하나님의 중간 지식에 대한 몰리나주의의 설명에 설득되었더라면, 나는 크레이그의 제안에서 약간의 이점을 발견했을지도 모른다. 만일 중간 지식이 사실이라면 우리는 피조물의 자유에 관해 설명할 수 있고 신이 모든 것을 미리 안다고 인정할 수 있을 것이다. 그러나 나는 신의 예지에 대한 몰리나주의의 설명에 설득되지 않았다. 그래서 나는 악의 문제에 대한 크레이그의 답변이 고전적 관점의 여러 형태들에서 발견되는 내용에 많은 것을 더해 준다고 생각하지 않는다.

크레이그의 글에 나오는 다른 두 가지 요점은 특별히 주목할 만한 가치가 있어 보이는데 하나는 유익하지만 나머지 하나는 그렇지 않다. 크레이그는 윌리엄 해스커의 열린 유신론의 관점을 비판하면서 이렇게 말한다. "천재가 아니더라도 어떤 끔찍한 도덕적 악이나 자연적인 악이 곧 발생할 것이라는 점을 알 수 있으며, 인지적 한계가 있는 슈퍼맨이라면 흔히 그런 악을 방지하거나 중단시키지 않은 데 대한 책임이 있어 보일 것이다." 크레이그는 하나님은 특정한 악한 사건이 발생하리라는 것을 확실히 알 수는 없지만, 그 악을 막을 수 있는 능력이 있다고 말하는 열린 유신론의 형태를 비판하고 있다.

나는 이 비판에 대해서 크레이그의 의견에 동의한다. 열린 유신론이 완전한 예지를 부정하는 데에는 하나님이 영원 전부터 어떤 특정한 악한 사건이 발생할지 알고 있는 것은 아니라는 이점이 있다. 그러나 해스커가 말하는 형태의 열린 유신론 및 하나님은 악을 일방적으로 막을 수 있는 능력을 갖고 있다는 그 관점의 견해는 하나님은 악한 사건이 발생하기 전에 악을 예상해야 하며, 따라서 악한 사건이 발생하기 전에 그것을 막아야 한다는 크레이그의 비판을 받기 쉽다. 이것이 곧 개방적이고 관계적인 내 관점이 완전한 예지와 하나님이 일방적으로 악을 막을 수 있다는 것을 **모두** 부정하는 한 가지 이유다.

크레이그의 글에서 내가 특별히 무익하다고 생각하는 전반적인 요점은 하나님이 우리 또는 세상을 더 낫게 만들기 위해 악을 야기하거나 허용한다는 것이었다. 크레이그에 따르면 "자연적인 악과 도덕적인 악은 하나님이 사람들을 자신의 나라로 인도하기 위해 사용하는 수단의 일부다." 그리고 "극심한 고난을 견딘 나라들"에서 "복음주의 기독교가 가장 **빠른** 속도로 성장하고 있다."

나는 하나님이 고난을 사용할 수 있다는 데 동의한다. 그러나 크레이그가 생각하는 대로 하나님이 악을 야기하거나 허용한다면 그러한 고난을 사용하는 것은 문제가 있다. 만일 하나님이 이런 능력을 갖고 있다면 우리는 하나님이 하나님 나라와 기독교의 성장에 대해 충분히 관심을 갖고 있는지 마땅히 의심을 품어야 한다. 좀 더 많은 관심을 갖고 있고 일방적으로 악을 야기하거나 허락할 수 있는 능력이 있는 하나님이라면 악을 더 **많이** 야기하거나 허용해야 한다. 악이라는 수단을 통한 구원의 목적이 정당화된다면 하나님은 세상을 더 악한 곳으로 만들어야 한다!

이와 대조적으로 내가 제안하는 신관은 하나님이 미리 알지 못했고 막을 수 없었던 악을 **사용한다**고 말한다. 내 관점은 하나님은 애초에 자신이 원하지 않았던 진정한 악에서 선을 짜내기 위해 노력한다는 점을 긍정하면서도 언제나 악에 반대한다는 주장을 더 잘 뒷받침한다.

이제 스티븐 위크스트라의 글을 살펴보자. 악의 문제에 대한 본질적 케노시스 관점의 내 해법이 아마도 이 책에서 가장 새롭고 가장 익숙하지 않은 제안일 것이라는 점을 감안하면 몇몇 독자는 캐리가 설명하는 더 오래된 고전적인 관점이 내 관점과 가장 다를 것이라고 예상할지도 모른다. 그 두 관점의 내용 면에서는 이런 생각이 옳을지도 모른다. 그러나 위크스트라가 제시하는 회의적 유신론 관점이 실제로는 내 관점과 가장 다를 것이다.

회의적 유신론은 본질적으로 어떤 특정한 신정론을 제시하려는 기획을 포기한다. 나는 악의 문제에 대한 완전한 해법을 제안하는 반면 위크스트라는 부분적인 해법조차 시도하지 않는다. 비록 나는 내가 모든 것을 알지는 못한다고 주장하기 때문에 위크스트라가 내게 "미친듯이" 그렇게 주장한다는 딱지를 붙이기 않기를 바라지만, 아마도 내가 완전한 해법을 시도하는 것이 그에게는 오만하게 느껴질 것이다. 그러나 나는 오만하다는 비판을 받기 쉬운 악의 문제에 대한 해법이 아무런 해법도 제안하지 않는 것보다 낫다고 생각한다.

위크스트라는 윌리엄 로우의 논증과 니콜라스 월터스토프의 이야기를 다루는 것으로 그의 글을 시작한다. 나는 위크스트라의 글을 읽기 시작했을 때 그가 진정한 악을 명확하게 설명해주기를 원했다. 다른 기고자들은 다양한 방식으로 어떤 더 큰 유익이나 전반적인 계획 논증에 호소하는데, 이는 본질적으로 우리가 경험하는 고통과 괴로움이 하나님이 그런 일들을 막기 위해 개입할 경우 발생하게 될 수준보다 더 큰 유익이나 더 적은 악에 기여한다는 의미다. 여러 지점에서 위크스트라는 무의미한 악을 언급한다. 그리고 그가 때때로 묘사하는 악은 끔찍하다.

그러나 나는 위크스트라의 글을 읽기 시작한 지 오래지 않아 그가 언급하는 끔찍한 악들은 그가 보기에는 인간적 관점에서만 무의미하다는 것을 발견했다. "이 세상에서 우리는 그 고통에 대해서 우리가 어떤 유익도 **보지 못하기** 때문에 유신론의 하나님이 그 사건을 허용할 필요가 없는 끔찍한 고통들이 발생하는 것을 발견한다."

이 인용문에서 "우리가…본다"는 부분을 주목하라. 위크스트라의 관점에 따르면 어떤 끔찍한 고통도 그것이 없었을 경우보다 세상을 더 나쁘게 만든다는 의미에서 진정으로 악하지는 않다. 끔찍한 고통은 하나님의 관점에서가 아니라 우리의 관점에서만 무의미할 뿐이다. 이런 말들은 다음과 같은 논증을 요약해준다. "인간은 하나님의 목적에 관해 많이 알거나 이해할 것이라고 기대하지 말아야 한다."

위크스트라의 글에는 많은 문제가 있다. 나는 그중 네 가지 주제를 다룰 것이다.

첫째, 위크스트라는 신정론이 아닌 변호를 제시하고 있다. 그의 변호는 하나님에 대한 믿음으로 **시작한다.** 처음부터 하나님에 대한 믿음을 가정하면 '악의 문제가 하나님의 존재에 대한 믿음에 도전해야 하는가?'라는 핵심적인 문제가 약화된다. 미리 정해진 대답을 갖고 있는 사람들은 이러한 도전을 심각하게 받아들일 가능성이 낮다. 그것은 적어도 하나님의 존재를 긍정할지 여부를 결정한다는 측면에서는 사실 문제가 되지 않는다. 하나님이 존재하지 **않을** 수도 있는 이유에 관한 한 회의적 유신론자는 미리 결정된 대답을 주장한 다음 그 대답이 그 도전을 만족시키지 못하면 신비에 호소한다.

둘째, 유신론이 옳다는 위크스트라의 사전 결정은 유신론의 **다양한 형태**, 심지어 그리스도인들 사이의 다양한 형태도 설명하지 못한다. 기독교적 유신론의 몇몇 형태는 다른 형태들보다 더 그럴듯하다. 내가 보기에는 그것이 이 책을 기획한 주된 이유 중 하나다. 악의 문제는 우리가 기독교 신학의 더 나은 형태를 더 나쁜 형태와 구별하도록 우리에게 도움을 줄 수 있고, 도움을 줘야 한다.

셋째, 예수 그리스도가 악의 문제에 대한 이론적 설명을 제시하지는 않지만, 대다수 그리스도인들은 예수 그리스도 안에서 나타난 하나님의 계시가 우리가 하나님의 목적을 어느 정도까지는 이해하도록 우리에게 도움을 준다고 믿는다. 예수는 확고하고, 포괄적이고, 완벽한 하나님의 사랑에 대한 심오한 증거를 제시한다. 우리가 예수 안에서 보는 능력에 대한 묘사는 종 됨, 고난, 협력, 겸손, 자기를 내어줌, 타인에 대한 권한 부여를 지향하는 강한 경향이 있다. 내 표현을 사용하자면 예수의 케노시스는 통제하지 않는 하나님의 사랑을 가리킨다. 나는 예수가 방관하면서 자신이 막을 수 있는 진정한 악을 허용한다고 상상할 수 없기 때문에 하나님이 그렇게 하리라고 상상할 수 없다. 내가 보기에 그리스도 중심적 관점은 우리가 하나님은 가능하면 진정한 악을 막을 것이라고 생각하도록 하나님에 대해 우리에게 충분히 말해준다.

마지막으로, 위크스트라는 자신이 하나님의 목적에 대해 아주 조금밖에 알지 못한다고 주장한다. 그러나 그는 **확실히** 하나님이 존재한다고 주장하는 데 충분한 지식을 갖고 있다. 나는 이 주장에는 문제가 있다고 생각한다. 나는 하나님의 사랑과 능력에 관해 이야기함으로써 이 점을 설명할 것이다.

나는 악의 문제는 유신론자들이 하나님의 존재를 단언하는 많은 이유들과 분리될 수 없는 두 가지 신적 속성과 관련이 있다고 생각한다. 그 두 속성은 하나님의 사랑과 능력이다. 예를 들어 만일 위크스트라가 (성경이나 다른 곳에서 발견되는) 신적 계시는 하나님이 존재한다고 단언할 적절한 이유를 제공한다고 믿는다면 그러한 계시 활동은 아마도 신적 사랑에 의해 동기가 부여되고 모종의 신적 능력으로 이루어질 가능성이 높아 보인다. 사실—내가 말할 수 있는 한—그리스도인들이 제시하는 하나님을 믿는 모든 주된 이유들은 직접적으로나 간접적으로 하나님의 사랑 및 능력과 관련이 있다. 따라서 나는 하나님의 사랑과 능력에 관련이 있는 다른 논증들은 긍정하면서도, 하나님의 능력과 사랑에 직접적으로 관련이 있는 악의 문제 논증의 핵심 주제들에 대해 회의적이어야 할 타당한 근거를 찾을 수 없다.

나는 윌리엄 해스커의 글에 대한 논평으로 내 동료들의 기고문에 대한 답변을 마무리하려 한다. 나는 해스커의 관점이 나 자신의 관점과 가장 동질적이라는 사실에 놀라지 않았다. 우리는 둘 다 악의 문제가 하나님을 믿지 않는 강력한 이유를 제공할 수 있다고 생각한다. 따라서 우리는 둘 다 그 점을 심각하게 받아들이고 완전한 신정론을 추구한다. 우리는 둘 다 악의 문제에 대한 최선의 해법에 대한 논란의 여지가 없는 증거가 없다고 해서 유신론자가 해법을 추구하기를 단념해서는 안 된다고 생각한다. 우리는 둘 다 섭리 일반과 특히 악의 문제를 논의할 때 과학이 관여할 필요가 있다고 생각한다. 해스커는 자신의 견해를 단순히 "열린 유신론"이라고 부르지만, 그와 나는 둘 다 개방적이고 관계적인 신학의 형태를 긍정한다. 나는 해스커의 글에서 강조되거나 글머리 기호가 표시된 거의 모든 점들에 동의한다. 그러나 신적 능력에 대한 내 관점이 다르다는 점을 고려해서 나는 몇 가지 사항을 해스커가 해석하려는 방식과 다르게 해석하고자 한다.

해스커의 신정론과 내 신정론의 주된 차이는 신적 능력에 대한 우리의 관점이 다르다는 것이다. 그는 하나님이 본질적으로 피조물에 개입하고 피조물을 통제할 수 있는 능력을 갖고 있다고 믿기 때문에 우리는 해스커의 글에서 하나님이 악을 "허락" 또는 "허용"하는 것에 대한 여러 언급을 발견한다. 하나님은 그렇게 하기로 결심한다면 "자신의 창조세계를 다스리고" "간섭"할 수도 있다. 물론 이러한 언어는 악의 문제를 극복할 수 없는 것으로 만드는데, 따라서 그는 결국 신비에 호소한다.

해스커는 그가 "창조자의 특별한 행동"이라고 부르는 것의 가능성을 긍정한다. 그가 사용하는 이 어구에서 특별한 행동은 하나님이 개입해서 피조물의 자율 또는 자유를 뒤엎는 것과 관련될 수 있다. 그러나 해스커는 "자유의 오용을 막기 위해 일상적으로 빈번하게 개입하면 창조 계획에서 의도된 인간의 삶과 공동체의 구조를 훼손할 것이다"라고 주장한다. 따라서 그는 "그러한 개입이 발생할 것으로 기대하지 말아야 한다"라고 말한다. 그는 또한 악을 방지하기 위한 "좀 더 빈번한 신적 개입"에 대해 말한다. 이는 해스커가 하나님이 바람직한 결과를 가져오기 위해 피조물이나 사건들을 통제한다는 의미에서 이따금 신적 개입이 발생한다고 생각한다는 것을 암시한다. 아마도 그가 염두에 둔 기적들은 예수의 부활과 같은 사건들일 것이다.

간헐적인 개입을 긍정하면 해스커의 제안에서 심각한 문제가 일어난다. 그 기고문의 많은 부분에서 그는 하나님이 자유 의지, 불확정성, 구조, 피조물의 책임 등을 가능하게 만드는 특정한 특징들을 지닌 특정한 종류의 세상을 창조하기로 작정했다고 주장한다. 그러나 만일 하나님이 이따금 어떤 문제를 바로잡기 위해 개입한다면, 우리는 왜 하나님이 더 많은 문제를 바로잡기 위해 더 많이 개입하지 않는지가 궁금하다. 하나님이 이따금 개입한다면 우리는 하나님이 막지 않은 극악무도한 악을 지적하며 이렇게 말하지 않을 수 없다. "그 참상은 하나님이 개입할 만한 것이 아니었으니 명백히 진정으로 악한 것이 아니었다."

해스커가 말하는 "전체적인 창조 계획" 신정론에서는 세상의 특정한 모든 참상이 여하튼 하나님이 창조세계를 꼼꼼하게 통제하는 데 필요하다고 주장하지 않는다. 해스커는 하나님이 계속적인 통제를 필요로 하는 세상을 창조했다고 생각하지 않는다. 그것이 개방적이고 관계적인 대다수 신학의 좋은 점이다. 그러나 해스커의 열린 유신론 형태에 따르면 하나님이 허락한 참상은 모든 것을 고려할 때 확실히 세상을 가능할 수 있었던 경우보다 더 나쁘게 만든다는 의미에서의 **진정한** 악이 아니다. 대신 하나님이 몇몇 참상을 허락하는 이유는 그것을 막으면 여하튼 세상의 과정이 혼란에 빠지거나 존재의 구조에 대한 우리의 신뢰가 훼손되기 때문이다. 하나님이 몇몇 참상을 허락하는 것은 명백히 그것을 방지하는 것이 전반적으로 더 나쁠 것이기 때문이다.

나는 해스커가 말하는 "전체적인 창조 계획" 신정론이 존 폴킹혼 등이 옹호하는 자유 과정(free process) 변호와 매우 유사하다고 생각한다.[2] 자유 과정 변호의 일반적인 형태는 하나님이 자발적으로 다양한 과정, 조건, 구조를 지닌 역동적인 우주를 창조했다고 말한다. 하나님이 창조한 우주는 피조물의 자유와 불확정성, 자발적 활동 그리고 어느 정도의 자연 발생의 가능성을 포함했다. 새로움과 규칙성을 모두 갖고 있는 이 과정들은 기쁨과 고통, 건강과 괴로움, 선과 악을 허용한다. 해스커는 아마 이 주장에 동의할 것이다.

나는 자유 과정 관점을 긍정하지만 내 관점은 중요한 면에서 그것과 다르다. 폴킹혼이 말하는 형태의 자유 과정 관점은 하나님의 주권적인 의지에서 출발한다. 그 관점은 하나님이 창조세계와 관련해서 자발적으로 자기를 제한하고 자발적으로 자발적 활동, 자유 의지, 자기 조직화 등을 부여한다고 말한다. 자발적인 자기 제한 신정론은 '하나님이 왜 이따금 진정한 악을 막기 위해 사랑의 이름으로 자기를 제한하지 않게 되는가?' 라는 질문에 잘 답변할 수 없다. 자발적인 자기 제한 신정론은 악의 문제를 풀지 못한다.

악을 막기 위한 하나님의 개입과 능력에 대한 해스커의 진술은 하나님이 주권적으로 상대적 자율성을 소유한 피조물이 있는 세상을 창조하기로 작정했다고 가정한다. 해스커는 또한 적어도 하나님이 세상을 창조할 때, 그리고 아마도 그 이후에도 하나님의 뜻이 논리적으로 하나님의

2_ 자유 과정 변호에 대한 훌륭한 개관은 Garry DeWeese, "Natural Evil: A 'Free Process' Defense," *God and Evil: The Case for God in a World Filled with Pain*, Chad Meister and James K. Dew Jr. 편 (Downers Grove, IL: IVP Academic, 2013), 53-64에 실린 글을 보라.

본성에 선행한다고 가정하는 것으로 보인다. 그의 견해에서는 하나님이 피조물의 자율성을 철회하거나 뒤엎거나 제공하지 않을 수도 있다. 하나님의 제한은 하나님의 본성에 본질적인 것이 아니라 자발적이다. 따라서 그는 하나님이 악을 허용하는 이유에 대해 잘 대답할 수 없기 때문에 그의 전체적인 창조 계획 신정론은 악의 문제를 해결하지 못한다.

해스커의 글의 결론은 그의 제안에서 가장 만족스럽지 않은 부분이다. 거기서 해스커는 하나님이 왜 특정한 악의 사례를 막기 위해 더 많은 일을 하지 않는지에 관해 신비에 호소한다. 그는 이렇게 쓴다. "우리는 좀 더 빈번한 신적 개입의 결과가 어떠했을지에 대한 통찰력을 별로 갖고 있지 않다." 그리고 이렇게 계속한다. "우리는 흔히 왜 하나님이 특정한 종류의 악을 허용하는지 알지 못한다." 해스커는 신비에 호소하지 않는 논증을 하려면 "각각의 개별적인 악의 사례가 더 큰 유익, 혹은 동등하거나 더 큰 악의 방지로 이어져야 한다는 요건이 필요할 것이다"라고 말한다. 그러나 해스커는 각각의 악의 사례는 설명하지 못한다. 그러므로 그는 우리가 "하나님이 우리와 가장 직접적으로 관련된 악을 경감시키기 위해 더 많은 일을 해 주기를" 원한다.

본질적 케노시스의 하나님은 이와 대조적으로 일반적인 악에 대해서나 특정한 악의 어떤 사례에 대해서도 잘못이 없다. 본질적 케노시스의 하나님은 악을 허락하거나 허용하지 않고—이 책의 다른 모든 기고자들은 하나님이 악을 허락하거나 허용한다고 생각한다—악의 모든 사례를 막기 위해 노력한다. 그러나 하나님의 본성은 자기를 내어주고 타인에게 능력을 부여하는 사랑이기 때문에 하나님은 악을 일방적으로 방지할 수 없다.

따라서 해스커의 제안과 내 제안의 차이는 내 글을 다른 기고문들과도 근본적으로 다르게 만드는 결정적인 요점이다. 내 대화 상대자들은 모두 하나님께 통제력이 있다고 전제한다. 이와 대조적으로 나는 하나님의 사랑은 본질적으로 통제하지 않는다고 생각한다. 이 이유로 나는 악의 문제에 대해 신비에 호소하지 않는 해법을 제시할 수 있는 반면, 내 대화 상대자들은 그럴 수 없다.[3]

3_ 하나님의 통제하지 않는 사랑이 악의 문제를 해결하는 데 있어서 무엇을 수반하는지에 대한 더 충분한 설명은 Thomas Jay Oord, *The Uncontrolling Love of God: An Open and Relational Account of Providence* (Downers Grove, IL: IVP Academic, 2015)를 보라.

10장
회의적 유신론의 답변

스티븐 위크스트라

내 동료 기고자들은 우리로 하여금 하나님이 이 세상의 악을 더 많이 막지 않는 이유를 깨닫도록 건설적으로 도움을 주는 것을 목표로 하는 네 가지 신정론─나는 그것들을 네 가지 설명 모델이라고 부를 것이다─을 제시한다. 내 글은 분석철학자들로부터의 최근의 몇몇 예리한 무신론 논증을 막는 것만을 목표로 하며, 내 변호 모델은 대체로 하나님이 존재한다면 우리는 하나님이 이 세상의 악을 더 많이 막지 않는 데 대한 그분의 목적을 완전하게 또는 자세하게 알기를 **기대**하지 말아야 한다고 말한다. 확실히 여기에는 차이가 있다. 그렇지만 다른 기고자들의 모델이 그들의 좀 더 야심적인 목표에 기여하고 내 모델도 여하튼 변호에 기여할 수 있지 않겠는가?

이러한 상생 관계는 그들의 모델이 단지 **부분적인** 설명을 제공할 경우─그래서 내 모델이 지켜내야 할 큰 공백을 남겨둘 경우─에만 가능할 것이다. 따라서 여기서 내 답변은 공백을 찾아내려는 최초의 시도로서 특히 하나의 신정론 모델을 통해 다룰 필요가 있는 것으로 간주되는 문제들을 형성하는 가정들에 초점을 맞춘다. 어떤 모델이 그 가정들을 통해서 특정한 질문들을 지워버릴 때 공백이 발생한다. 그럴 경우에는 당연히 그 질문에 대한 답변이 없다는 점이 가려질 수도 있다.

캐리의 고전적 유신론 모델에 대한 답변

필립 캐리의 글은 우리 모두에게 우리가 너무도 자주 풍자만화로 취급하는 초기 기독교 사상가들을 자주 다시 연구해야 할 필요성을 깨닫게 한다. 분석철학에서 어떤 설명도 아우구스티누스, 안셀무스, 아퀴나스 3인방이 제시하는 악의 **본질**에 대한 분석에 필적하지 못한다. 나는 그의 고전적 유신론자 명단에 장 칼뱅이 포함되어 있는 것도 반갑다. 칼뱅과 그 이후의 개혁신학은 캐리의 모델에 의해 수용된 "꼼꼼한 섭리"를 강조했으며, 그 모델은 "숨겨진 이유"라는 단락에서 회의적 유신론과 명백한 유사성을 갖고 있다. 이 유사성은 우리가 작은 외견상의 차이 하나를 해결할 수 있다면 더 커질 것이다. 그리고 그 단락은 더 길어질 것이다.

그 차이는 캐리와 내가 모두 받아들이는, 논란이 많은 더 큰 유익 원리와 관계가 있다. 이 원리는 대략적으로 표현하자면 하나님은 진정한 악을 허용할 때마다 모종의 더 크거나 더 중요한 유익과 관련된 충분히 "정당화하는 이유" 때문에 그렇게 한다고 말한다.[1] 그러나 우리는 그 원리의 세부 내용에서 의견을 달리한다.

어떤 선한 인격체인 P(하나님, 선한 천사, 선한 어머니 등)가 어떤 긍정적

---

[1] 간단히 표현하기 위해 나는 여기서 "더 큰 유익"에 "더 나쁜 악을 방지하는 일"을 포함시킨다.

인 유익인 G를 위해서 어떤 심각하게 "부정적인" 사건인 E가 일어나도록 야기하거나 허용하도록 행동하는 경우를 고려해보자. G가 규범적으로 말해서 P의 행동을 **정당화하는** 충분한 이유를 제공할 때 어떤 **필요** 조건이 충족되는가? 내 견해로는 그중 하나는 "다른 방법은 없다"(No-Other-Way)는 조건이다.

> G는 P가 E 또는 그와 동등하게 부정적인 대략적인 범위에 들어가는 어떤 것을 허용하는 행동 외에는 G를 충분히 확보하거나 증진할 수 있는 **다른 방법이 없을** 경우에만 E가 발생하도록 허용하는 행동을 정당화하기에 충분한 이유다.[2]

내게는 이런 식의 "다른 방법은 없다"는 조건이 어떤 유익이 어떤 악을 허용하는 것을 충분히 정당화하는 한 가지 이유의 본질적인 부분으로 보인다. 만일 어떤 의사가 당신의 두 다리를 절단함으로써 당신의 생명을 구하는 더 큰 유익을 달성했지만 당신에게 단순히 항생제를 줌으로써 이 일을 똑같이 잘 해낼 수 있었으리라는 사실을 알고 있었다면, 당신은 그 의사에게 두 다리를 절단하는 것을 충분히 **정당화하는 이유**가 있었다고 말하지 않을 것이다. 오히려 당신은 그 의사가 처벌되기를 원할 것이다.

그러나 캐리의 모델은 "다른 방법은 없다"는 조건이 없어도 된다고

2_ 여기서 "대략적인 범위"는 경계가 불명확할 수도 있다. "다른 방법은 없다"는 조건을 충분히 적절하게 형성하려면 본질적으로 어떤 모호한 경계를 허용할 필요가 있을 것이다. 이 점에 대해서는 Peter van Inwagen, *The Problem of Evil* (Oxford: Oxford University Press, 2006)의 Lecture 6을 보라.

암시하는 것으로 보인다. 그는 하나님이 "특정한 악에서 어떤 더 큰 유익을 가져올" 것이라는 사실이 "하나님이 이런 유익을 위해 이런 악을 허용해야만 한다"는 뜻은 아니라고 주장한다. 그는 심지어 하나님이 우리에게 "자유 의지"를 주기 위해 반드시 죄를 허용할 필요도 없었다고 주장한다. 즉 하나님은 구속 받은 사람들이 하늘에서 누릴 "영광스러운 완벽한 자유"를 처음부터 우리에게 줌으로써 이러한 선을 충분히 얻을 수도 있었다.[3] 따라서 캐리는 "다른 방법은 없다"는 조건을 부정하는 것으로 보인다.[4]

나는 이것이 무의식적으로 초점을 옮긴 결과일 수도 있기 때문에 "보인다"라고 말한다. 캐리는 메릴린 애덤스의 중요한 책을 인용하면서 자신의 모델이 부당한 악의 희생자들에 대한 그리고 그들을 위한 보상적이고 구속적인 장기적인 미래의 유익을 강조하기를 원한다.[5] 그러한 유익에 대해 이 모델은 대략 다음과 같이 설명한다. 만일 하나님이 희생자들이 당한 악으로부터 그들을 위한 더 큰 유익을 가져올 방법을 알지 못했더라면 하나님은 그 악을 허용하려고 하지 않았을 것이다. 그러나 그렇다고 해서 하나님이 (마치 그 희생자들을 더 나아지게 하려고 그 악을 원한 것처럼)

3_ 하나님이 아담과 같은 피조물들을 바람직한 "영광스러운 완벽한 자유"에 이르게 하기 위해서는—내가 보기에는 그럴듯하지 않아 보이지만—하나님의 자비와 은혜에 대한 그들의 직접적인 경험이 필요하다면 Cary의 논증은 실패한다.

4_ Cary는 그의 글의 뒷부분에서 그의 모델 안의 "더 아름다운 이야기" 부분에 "다른 방법은 없다"는 측면이 다소 있음을 인정한다. 그러나 그는 그 측면을 특정한 "일반적인 종류"의 악에만 적용되는 단순한 "개념상의 진리"로 한정하고 그 결과 하나님께 특정한 끔찍한 악을 허용하도록 동기를 부여하는 근거에 속하는, 유익에 관한 필요조건으로서의 그 측면의 역할을 놓고 씨름하지 않는다.

5_ 이 점에 대한 훌륭한 요약은 Marilyn Adams, "Ignorance, Instrumentality, Compensation, and the Problem of Evil," *Sophia* 52, no. 1 (2013): 7-26을 보라.

그런 유익을 위해 그 악을 허용했다는 의미는 아니다. 이제 조금만 더 생각해 보면 그러한 보상적이고 구속적인 역할을 하는 유익이 반드시 "다른 방법은 없다"는 조건을 충족시키지는 **않는다**는 점을 알 수 있다. 따라서 단지 그 유익에만 초점을 맞추면 이 조건이 시야에서 사라질 수 있다.

여기서 하나의 비유가 도움이 될 것이다. 고속도로 휴게소에 곰 인형 "위니"를 놔두고 온 것을 깨달은 어린 남자 아이와 휴게소로 되돌아가자는 아이의 간절한 애원에도 불구하고 목적지를 향해 운전을 계속하는 한 어머니를 상상해보자. 그리고 그 어머니는 그렇게 선택할 때 다음과 같은 두 가지를 생각했다고 상상해보자. 첫째, 그녀는 자신의 연로한 부친이 최근에 받은 조직 검사의 결과를 들을 수 있도록 그를 병원 예약 시간에 늦지 않게 모셔다드리기를 원한다. 둘째, 그녀는 아들에게 병원 선물 가게에서 "새 위니"를 사줄 계획이지만 아들에게 물건보다 사람이 더 중요하며 물건을 더 잘 챙길 필요가 있다는 점도 알려주려 한다. 그녀가 아들에 대해 가진 목표가 중요한 회복적·구속적 역할을 하지만 만일 우리가 그런 목표에만 초점을 맞춘다면 우리는 그녀가 **반드시** 목적지를 향해 운전을 계속해야 할 아무런 이유도 발견할 수 없다. 그러나 그녀가 오래된 위니 인형을 그냥 내버려두도록 **동기를 부여한** 근거에서 핵심적인 역할을 하는 것은 그녀의 아버지를 위해 의도된 유익인데, 잘 생각해보면 이 유익이 이런 역할을 하려면 그녀에게 더 적은 비용으로 그 목적을 충분히 성취할 수 있는 다른 방법이 없어야 한다는 것을 알 수 있다. 그러므로 여기서 나는 캐리의 모델은—다초점 안경처럼—좀 더 이중적인 초점을 가질 필요가 있다고 생각한다.[6] 동기를 부여하는 유익에 본질적인 "다른 방법은 없다"는 조건을 보지 못하고 회복적인 유익에만 초점을 맞추면 우리의 가장 어려운 문제―"하나님이 전능하다면 그분은 비용이 덜 드는 다른 방법으로 그 일을 할 수 없었을까?"―가 지워지고 그로 인해 고전적-유신론적 답변의 큰 허점이 눈에 보이지 않게 될 것이다.

해스커의 열린 유신론 모델에 대한 답변

해스커의 열린 유신론은 모든 유신론자에게 인간의 고통이―진화 과학이 현재 우리에게 접근을 허용하는 발전상의 유익을 포함하여―하나님의 우주의 다양한 큰 유익들과 연결되는 다양한 방식에 대한 귀중한 큰 그림을 보여준다. 그런 과학들은 또한 하나님의 **시간 안**에서의 존재에 대한 열린 유신론의 강조점과도 들어맞는다. 즉 하나님에게는―우리에게와 마찬가지로―과거만이 고정되고 지나간 것이며 미래는 아직 오지 않았고 고정되지 않았다. 이는 부분적으로 미래는 우리가 실제로 선택할 때까지는 "고정"되어 있지 않은 우리의 미래의 선택에 달려 있기 때문이다. **목적지는 신적으로 보장되어 있을지 모르지만 거기에 이르는 정확한 경로는 그렇지 않다.**

해스커가 말하는 형태의 열린 유신론에서는 그 경로가 하나님의 계

6_ 이런 점들을 구별하는 문제에 대한 더 자세한 내용은 Alvin Plantinga "Superlapsarianism, or 'O Felix Culpa,'" *Christian Faith and the Problem of Evil*, Peter van Inwagen 편(Grand Rapids: Eerdmans, 2004)에 수록된 글의 마지막 부분에 나오는 Adams에 대한 논의를 보라.

획(initiative)에 대한 우리의 지속적인 자유로운 반응을 통해 형성되는데, 그 계획에서 하나님은 우리의 삶 속에서 위험을 무릅쓰는 참여자다.

> 하나님이 자유로운 의사 결정을 하는 자신의 피조물과 관련된 어떤 특정한 상황을 일으키기로 작정할 때, 하나님조차도 그 피조물들이 어떻게 반응할지 확실하게 알지는 못한다. 그들이 하나님이 자기들에게 의도하고 바라는 대로 반응하지 않을 진정한 가능성이 있다. (물론 성경에는 이런 일이 가능할 뿐만 아니라 실제로 종종 일어나고 있음을 암시하는 구절이 많이 있다.)

해스커가 여기서 사용한 "할 때"(When)라는 단어에서 나는 열린 유신론자들에 대한 핵심적인 질문을 발견한다. 하나님은 얼마나 자주 그런 결정을 **하는가?** 아주 드물게 세상 역사의 핵심적인 전환점에서만 그런 결정을 하는가? 아니면 우리 각자에게 매일 숨겨진 방식으로 자주 그런 결정을 하는가? 아니면 그 둘 사이의 중간인가?

나는 해스커의 모델을 "매일"이라는 대안을 받아들이는 것으로 해석했다. 그렇게 읽으면 그의 모델은 하나님을 임마누엘, 즉 우리와 함께 계시는 하나님으로 보는 성경의 관점을 강조한다. 또는 더 낫게 말하자면 하나님은 **그곳에서 우리와 함께 계시는** 하나님이다. 여기서 "그곳"에는 급류를 타고 내려가는 신나는 맑은 날들과 하나님이 그곳에서 우리와 함께 계시지 않으면 우리가 노도 없이 시야가 흐린 개울을 거슬러 올라가는 것 같은 난처한 상황에 직면하는 암담한 날들이 다 포함된다. 이것이 해스커의 모델의 일부라면 나는 그 부분을 이 모델의 가장 소중한 부분, 즉 그 모델의 MVP로 지목한다.

그러나 이 MVP가 열린 유신론에는 **유일하게** 신정론에 대한 "일반 정책" 접근법을 허용하는 —사실은 요구하는 — 독특한 장점이 있다는 해스커의 매력적인 명제와 양립할 수 있는가? 내가 이해한 바로는 일반 정책을 근거로 하는 설명은 하나님이 특정한 유익을 확보하거나 증진하기 위해 몇몇 "일반 정책"을 따른다는 관점에서 하나님이 몇몇 종류의 악을 허용하는 것을 설명하는 반면, "구체적 유익"을 근거로 하는 설명은 하나님이 어떤 **특정한** 악으로 인해 달성되는 몇몇 구체적인 유익에 호소함으로써 그 특정한 악을 허용하는 것을 설명한다. 해스커의 명제는 열린 유신론에서는, 그리고 오직 열린 유신론에서만, "신정론은 하나님이 특정한 경우의 악을 허용함으로써 가져오는 유익한 결과에 **호소할 필요가 전혀 없다.** 만일 논의 대상인 악이 그 자체로 지혜롭고 선한 일반 정책의 결과라면 그것은 신정론이 다루는 문제에 대한 충분한 답변이다"라는 것이다.

열린 유신론은 구체적 유익 신정론과 어울리지 않는다. "많은 경우에 하나님은 특정한 행동 방침의 결과가 어떻게 될지 확실하게 알 수 없으므로, 하나님이 몇몇 악을 허용하는 것에 대한 정당화를 논리적으로 알려질 수 없는 어떤 요소에 의존하게 할 수 없기" 때문이다.

나는 모든 종류의 사건을 설명할 때 일반 정책을 토대로 한 설명은 원칙적으로 그 종류에 속하는 각 사건에 대한 어떤 구체적 이익을 토대로 한 설명도 불필요거나 쓸모없게 할 수 있다는 해스커의 통찰에서 진정한 가능성을 발견한다. 그러나 내게는 그러한 통찰에는 일반적인 것과 구체적인 것의 구별 및 열린 유신론 그 자체에 대한 중요한 새로운 문제들이 잠복해 있는 것으로 보인다.

열린 유신론에 대해 (적어도 내게는) 새로운 의문은, '어떤 가상적 상황에서 내가 미래에 어떻게 선택할지에 대한 확실한 지식이 없는 하나님이 여전히 내가 자발적으로 반대 방향이 아닌 어떤 방향으로 (가령 하나님이 원하는 방향으로) 나아가기로 결정할 "객관적인 가능성"에 대해 어느 정도 확률적 감각을 갖고 있는가?'라는 것이다. 이에 대해 나는 지각 있는 열린 유신론 옹호자라면 그렇다는 입장을 내놓기를 원할 것이라고 생각한다. 자유로운 선택은 그럼에도 불구하고 분명히 한 사람의 과거의 습관적 행동, 성품, 회개하고 변화를 위해 하나님의 도움을 구하는 방향으로 움직인 것에 의해 **좌우되기** 때문이다.

구별 그 자체에 대해서 새로운 질문은 '몇몇 신적인 결정에 대한 구체적 유익의 근거 및 설명도 모종의 의사 결정 이론적인 의미에서 해석될 필요가 있는지' 여부다. 예를 들어 하나님이 당신이 잘 반응한다면 교훈이 될 수 있는 회개를 통해 당신 자신과 다른 사람들에게 닥칠 큰 피해를 피하게 될 것임을 알고서 당신의 삶 속에 어떤 위기 상황을 가져오기로 결정했다고 가정하자. 그러나 하나님께는 실망스럽게도 당신이 그 대신 고집불통으로 완고하게 반응하는 쪽을 택해서 죄에 더 깊이 **빠지고** 매우 해로운 결과를 초래했다고 가정하자. 하나님이 **왜** 그 위기 상황을 가져왔는지에 대한 자세한 "신정론적" 설명이 구체적 유익을 토대로 한 설명으로 간주되겠는가?

이 경우에는 기대했던 구체적 유익이 실현되지 않았기 때문에 열린 유신론 옹호자는 그렇지 않다고 대답할지도 모른다. 그러나 나는 해스커의 모델에서 옳은 대답은 '그렇다'라고 생각한다. 만일 열린 유신론이 참이라면 하나님의 결정은—의사 결정 이론의 용어를 사용하자면—"불확실성하에서의 결정"이거나 "위험하에서의 결정"일 것이고, 이러한 신적인 결정은 본질적으로 불확실한 성격을 지닌 구체적 유익―"**위크스트라로 하여금 올바른 길로 들어서게 할 가능성을 최고로 만드는**", 이 위기 상황을 가져오는 것과 같은 유익―에 의해 동기가 부여될 것이기 때문이다. 그렇다면 하나님이 **그곳에서 우리와 함께 계신다**는 열린 유신론의 모든 모델은 구체적 유익 신정론을 필요로 할 것이다. 그런 모델에서는 하나님의 매일의 결정과 감독은 하나님이 가져오기로 결정하는 상황에 우리가 잘 반응하거나 잘못 반응할 객관적 가능성에 대한 하나님의 미세하게 조정된 **상황** 감각을 반영하기 때문이다. 그렇다면 하나님의 결정에 대해 완전히 적절한 신정론은 위험하지만 무모하지는 않은 요청의 근거가 된 그러한 **구체적인** 상황 요인―그처럼 구체적이지만 객관적으로는 "불확실한" 유익과 위험―에 관한 질문들에 답변할 필요가 있을 것이다.

우리 유한한 인간은 종종 그런 구체적인 사항을 알 수 없을 것이기 때문에 나는 해스커의 모델을 회의적 유신론의 동맹군으로 여긴다. 해스커가 **오직** 신정론에 대해 일반 정책 접근법만 받아들이기로 결심한다면 그의 모델은 덜 친화적인 모델이 될 것이다. 그러나 그럴 경우 그는―내가 그의 글을 해석한 바에 따르면―그의 현재 모델의 MVP인 그곳에서 우리와 함께 계시는 임마누엘 하나님도 포기하게 될 것이다.

크레이그의 몰리나주의 모델에 대한 답변

고전적 유신론의 한 형태인 크레이그의 몰리나주의 모델은 회의적 유신론과 잘 어울린다. 크레이그도 해스커와 마찬가지로 하나님이 심오한 도덕적 자유를 타고난 피조물—인간과 천사—을 포함하는 우주를 갖기 위해 많은 악을 허용한다고 본다. 크레이그의 모델은 해스커의 모델과 달리—하나님이 그것을 통해서 **"피조물의 자유에 관한 허위 조건"**에 대한 영원한 지식을 갖게 되는—**과도한** 전지성이라는 속성을 하나님께 부여함으로써 하나님을 위험을 무릅쓰지 않으면서 이러한 자유를 확보하는 존재로 간주한다. 그러한 속성을 통해 하나님은 "피조물의 자유에 관한 허위 조건"에 대한 영원한 지식을 소유한다.

허위 조건이 무엇인지 이해하기 위해 당신이 어제 오후 12시 14분에 버거킹에서 누가 떨어뜨린 20달러 짜리 지폐를 발견했을 때 내린 자유로운 선택을 생각해보라.

당신은 내 말을 가로막으며 이렇게 말한다. "잠깐만요. 난 어제 버거킹에 가지 않았는데요."

맞다! 그 일은 **실제로는** 일어나지 않았으므로 그것을 허위 조건 상황이라고 부르기로 하자. 그래도 그 사건은 **발생할 수도 있었다.** 어쨌든 하나님은 그 일이 일어나게 해서 당신이 그 지폐의 정당한 주인을 찾는 대신 그것을 몰래 가져갈지 여부에 대해 자유롭게 선택해야 하는 상황에 처하게 **할 수도 있었다.** 여기서 몰리나주의의 첫 번째 주장은 다음과 같다. 하나님은 어제 오후 12시 14분에 그 상황이 발생**했더라면** 당신이 자유롭게 어떤 선택을 **했을지** 확실히 안다.

그러나 그것은 준비운동에 불과하다. 몰리나주의 신봉자는 하나님은 만일 하나님이 앞으로 1년 뒤 또는 다른 어떤 미래 시점에 그 상황―좀 더 정확하게 말하자면 그 상황에 대해 가능한 모든 변이―을 가져온다면 당신이 자유롭게 어떤 선택을 할지도 알고 있다고 말한다. 게다가 하나님은 내 쌍둥이 형제인 아트스키에 대해서도 같은 것들을 다 알고 있다. 물론 아트스키는 실제로는 존재하지 않는다. 내 어머니의 난자는 그런 식으로 세포분열하지 않았다. 그러나 그런 사람이 형이상학적으로 **있을 수 있는** 것으로 보인다. 즉 하나님은 그 난자가 그렇게 세포분열되게 **할 수도 있었을** 것으로 보인다. 만일 그렇다면 몰리나주의는 하나님이 아트스키가 **자신이** 처하게 될 수도 있는 가능한 모든 상황에서 자유롭게 어떤 선택을 할지에 대한 초월적 지식(hyperknowledge)을 갖고 있다고 말한다.

이 모델은 하나님이 사안들에 대한 영원한 초월적 지식을 바탕으로 영원 전에―시간 그 자체가 존재하기 전에―어제 버거킹에서의 그 상황을 실제 상황으로 만들지 않기로 작정했다고 말한다. 그리고 이와 유사하게 아트스키의 자유로운 선택에 대한 초월적 지식을 바탕으로 하나님은 아트스키가 우리의 실제 세상에 태어나지 않도록 작정했다.

내가 여기서 몰리나주의에 대해 이해한 내용을 자세히 말한 이유는 그 이해가 내가 크레이그의 글에 대해 갖고 있는 한 가지 거리낌―그가 몰리나주의를 전개해서 악을 근거로 한 **확률론적** 논증에 맞서는 것―과 중요한 관계가 있기 때문이다. 크레이그는 몰리나주의가 "하나님이 존재할 **경우** 이해할 수 없는 악이 존재할 확률을 높이는 경향이 있는" 일련의 교리들을 제시함으로써 도움을 준다고 생각한다. 즉 몰리나주의는 유신론을 **조건으로 한**, 이해할 수 없는 악의 확률을 높인다. 만일 몰리나주의가 이 조건부 확률을 높인다면 나는 몰리나주의가 도움이 될 것이라는 데 동의한다. 몰리나주의는 유신론적 가설 그 자체가 많은 악이 우리가 알 수 있는 어떤 목적에도 기여하지 않을 것이라고 "예측"한다는 점을 보여주는 데 도움이 될 것이기 때문이다. 그러나 몰리나주의가 참일 경우 이해할 수 없는 악의 확률이 높아지고 유신론이 참일 경우 몰리나주의가 참일 확률이 높아진다는 것이 **모두** 사실일 경우에만 몰리나주의가 그러한 도움을 줄 수 있을 것이다. 나는 첫 번째 경우는 인정하지만 두 번째 경우에는 동의하지 않는다. 확실히 나는 아트스키라는 쌍둥이 형제가 존재하는 세상을 "상상할" 수 있다. 나는 또한 피터 팬, 웬디, 팅커벨이 존재하는 가공의 세상인 네버랜드도 상상할 수 있다. 그러나 설사 그런 세상이 "가능"하더라도 나는 하나님께 그런 세상 "안에 있는" 허위 조건 피조물들이 자유롭게 어떤 선택을 할지에 대한 초월적 지식이 있다고 생각해야 할 이유를 알 수 없다. 그런 것들은 그것들에 대해 하나님이 알아야 할 **사실들**이 존재할 만큼 충분히 실재적이지 않기 때문이다. 따라서 나는 유신론이나 기독교적인 유신론이 참일 경우 몰리나주의가 참일 개연성이 높다고 생각하지 않으며, 사실은 몰리나주의가 거짓일 가능성이 높다고 생각한다. 그래도 나는 크레이그가 몰리나주의를 회의적 유신론의 친구로 간주하는 것을 기쁘게 생각한다. 회의적 유신론은 얻을 수 있는 모든 친구를 필요로 한다.

오어드의 본질적 케노시스 모델에 대한 답변

악의 문제에 대한 토머스 오어드의 "완전한 해법"은 질문을 변경함으로써 시작한다. 즉 그는 "하나님이 왜 악을 **허용하는가**?"라는 질문은 "하나님이 왜 악을 **막지 않는가**?"라는 질문으로 바뀌어야 한다고 말한다. 나는 이 말을 이해한다. 엘비스 프레슬리가 히틀러의 1940년 프랑스 침공을 허용했다는 말은 거짓이다. 당시 유치원에 다녔던 엘비스에게는 히틀러를 막을 **능력**이 전혀 **없었기** 때문이다. 마찬가지로 오어드는 하나님이 이 세상의 진정한 악을 **허용한다**는 말이 거짓이라고 말하기 원한다. 그의 모델에서는 하나님께 그런 악을 막을 **능력**이 전혀 **없기** 때문이다.

이 모델에서는 이는 물론 하나님께 엘비스처럼 능력이나 지식이 모자라기 때문이 아니다. 그것은 하나님이 "본질적으로 케노시스적"이기 때문이다. 즉 세 개의 변을 갖는 것이 삼각형의 본질이듯이 하나님의 본질적인 본성은 모든 피조물을 향한 **통제하지 않는** 사랑을 통한 자기 제한이기 때문이다. 하나의 재미있는 비유로서 우리는 어떻게 좋은 부모가 이제 성인이 된 아들이나 딸을 "자유롭게 해주고" 그들에게 자기 일을 스스로 처리할 완전한 공간을 허락하는지 생각해볼 수 있을 것이다. 부모들은 이를 어렵게 생각하지만, 그것은 하나님께는 피조물에게 말하자면 하나님이 — 그 종류에 따라 — 그들 각자에게 주신 본성 및 자유로운 활동에 일치하게 "자기의 일을 스스로 처리할" 존재론적 공간을 주는, 통제하지 않는 방식으로 사랑하는 그분의 본질적인 본성에서 비롯된다.

오어드의 전략을 보다 깊이 들여다보고 몇 가지 우려를 제기하기 위해 이를 일반 정책 신정론에 대한 해스커의 통찰과 연결해보자. 오어드의 모델은 실제로는 하나님께 결코 일방적으로 간섭하지 않는 일반 정책이라는 속성을 부여함으로써 악을 설명하기 때문이다. 더욱이 오어드의 모델에서 이것을 현명한 정책이 되게 하는 요소는 그것이 전체적인 특정한 유익에 기여한다는 점이다. 결국 무언가를 사랑한다는 것은 그것을 위해 최선을 바라고 추구하는 것이며, 오어드의 말을 빌리자면 결코 개입하지 않는 것은 모든 피조물의 "전반적인 행복을 증진시키려는" 하나님의 총체적인 "추구"의 일부다. 해스커는 어떤 **종류**의 사건들에 대한 일반 정책에 바탕을 둔 설명은 그 종류 안에 있는 특정한 사건들에 대한 구체적 유익에 바탕을 둔 설명 추구를 무의미하게 만든다는 점을 강조했다. 이는 우리에게 오어드의 설명 전략의 핵심적인 특징을 알도록 도와준다. 그의 모델에서는 아홉 살짜리 소녀—그 아이를 캐리라고 부르자—를 유린하는 인간 포식자를 하나님이 막지 않는 것은 매가 토끼를 잡아먹는 것을 하나님이 막지 않는 것과 똑같은 방식으로 설명되기 때문이다. 하나님은 그분의 본질적인 본성으로 인해 일방적으로 개입할 수 없다. 그래서 오어드의 모델에서는 아홉 살짜리 캐리의 죽음과 같은 비극에 대해 "주님은 왜 이 일을 막지 않으셨나요?"라고 묻는 것은 무의미하다. 이 모델은 그런 질문을 없애버림으로써 그런 질문에 "대답한다."

내가 우려하는 것은 이 모델이 너무 많은 것을 너무 빨리 없애버린다는 점이다. 내가 보기에는 오어드의 핵심적인 통찰은 우리의 우주와 같이 좋은 것들을 갖고 있는 우주를 사랑으로 창조하는 하나님은—**어떤** 면에서는 그리고 **어느** 정도는—그런 것들에게 자신의 일을 스스로 하도록 허용하기 위해 본질적으로 "자기를 제한"해야 한다는 것이다. 그러나 여기서 핵심적인 질문은 '하나님의 본질이 어떻게—그리고 얼마나 많이—하나님을 자제하도록 제약하는가?'라는 질문이어야 한다. 오어드의 모델은 하나님이 **완전히** 자제해야 한다고 제안한다. 극단적 견해는 어떤 매력적인 단순성을 갖고 있지만 우리는 하나님의 "본질적인 본성"에서 그렇게 투박한 신적 정책을 요구하는 어떤 것을 볼 수 있는가?

나는 보다 미묘한 정책이 오어드와 성경이 긍정하는 다른 내용들과 더 잘 어울린다고 생각한다. 오어드는 캐리나 해스커와 마찬가지로 피조물 안에서 복잡성과 가치의 등급이 있다고 생각한다. 만일 하나님의 정책이 사물들의 가치에 맞춰 조율된다면 하나님은—그분의 본질적인 본성 때문에—**때때로** 간섭해야 할 수도 있지 않겠는가? 하나님은 양성자보다 사람을 더 귀하게 여기기 때문에 **때때로** 어떤 아버지의 시냅스 연결에 양자 자극(quantum nudge)을 주어서 그에게 그의 딸로 하여금 여느 때처럼 걸어서 귀가하도록 내버려두는 대신, 가서 딸을 학교에서 데려오고 싶은 설명할 수 없는 충동을 일으킬 수도 있지 않겠는가? 하나님이 **언제나** 이런 식으로 범죄자들을 방해할 수 없다고 가정하는 것에도 장점이 있지만, 이성—또는 우리 자신의 경험—이 하나님의 본질적인 본성은 하나님이 **결코** 그런 일을 할 수 **없다**고 우리에게 말해주는가?

나는 그렇지 않다고 생각한다. 캐리나 해스커와 마찬가지로 나는 하나님이 훨씬 더 적극적으로 사건들을 형성한다고 생각한다. 확실히 이는 내가—욥처럼—종종 하나님이 충분히, 또는 반드시 그래야 할 때 적극적으로 나서지 않는다고 불평한다는 뜻이다. 그러나—법칙과 같으면서도 섭리를 통해 움직이는 우주를 운행해본 적이 없는—내가 정말로 얼마나 많이, 또는 언제 그렇게 해야 한다고 판단할 만한 인식론적인 위치에 있는가?[7]

크레이그에 대한 반론: 도외시된 개혁주의 협력 모델

장 칼뱅과 개혁신학을 얕보는 크레이그의 몇 가지 여담은 내게 나 자신
이 속한 전통을 재발견하도록 도움을 주었다. 하나님을 "피조물의 자유
로운 결정을 통해 자신의 궁극적인 목적을 성취하는" 분으로 보는 몰리
나주의 신봉자들 및 열린 유신론 신봉자들과 달리 크레이그는 개혁주의
신학자들이 "자유 의지를 지닌 자유로운 피조물"은 그것을 만들기 위해
수고할 가치가 없을 것이라는 점을 미리 아시고서 그 대신 "자신이 일어
나는 모든 일을 직접 결정하는 세상을 실현시키기로" 작정하는 하나님을
선호한다고 농담한다. 그는 몰리나주의 신봉자들과 열린 유신론 신봉자
들이 보는 바와 같이 하나님은 "하나님의 직접적인 뜻과 허용적인 뜻의
차이에 대해 말하는 것이 무의미해지는 개혁신학의 모든 것을 결정하는
하나님"과 대조적으로 하나님은 "우리가 관여하고 있는 죄 및 고통과의
싸움이라는 동일한 싸움에 관여한다"라고 덧붙인다.[8]

7_ 여기서 결정적으로 중요한 점은 Peter van Inwagen이 "The Problem of Evil, the Problem of
   Air, and the Problem of Silence," *The Evidential Argument form Evil*, Daniel Howard-Snyder 역
   (Bloomington: Indiana University Press, 1996), 151-74에 게재된 글의 마지막 부분에서 개
   진한 양식-회의적(modal-skeptic) 고려 사항들이다. '우리(또는 예수)라면 개입할 만한 때
   왜 하나님이 개입하지 않는가?'라는 까다로운 문제들에 대해서는 나의 "Beyond the Impasse:
   Contemporary Moral Theory and the Crisis of Skeptical Theism," *Ethics and the Problem of Evil*,
   James Sterba 편(Bloomington: Indiana University Press, 근간)에 실린 글을 보라.
8_ Craig와 대조적으로 Oord는 칼뱅이 이 점에서는 옳다고 말한다. 그러나 그는 그러고 난 뒤에

칼뱅은 실제로 성경에서 사건 형성에 있어서 우리가 쉽게 상상하는 것보다 더 적극적인 하나님을 발견한다. 요셉을 죽이기 위해 그를 잔인하게 구덩이에 던져 넣는 요셉의 형들에 대한 성경의 내러티브에서 칼뱅은 단지 그들의 악한 행동들을 "허용"하기만 하는 것이 아니라 적극적이고 직접적이며 의도적으로 이러한 행동들을 형성하는 하나님을 발견한다. 요셉이 먼 훗날 형들에게 말한 것처럼 "당신들은 나를 해하려 하였으나 하나님은 그것을 선으로 바꾸셨다"(창 50:20). 허용적인 뜻과 직접적인 뜻의 구별을 반대하는 칼뱅의 논증은 반감을 갖게 할 수도 있지만 칼뱅을 진지하게 연구해보면 이 논증이 자기 시대의 에피쿠로스 학파와 자유사상가들에 의한 이 구별의 남용을 겨냥한 것임을 보여준다. 이 논증의 이면을 살펴보면 우리는 칼뱅이—닐 주디시의 표현대로 "엄청난 미묘함과 직관적인 감수성"을 갖고—토마스 아퀴나스가 개척한 독특한 **협력** (concursus)의 형이상학을 일신한 "칼뱅주의적 아퀴나스주의"를 구축하는 모습을 발견한다.[9]

이 모델을 개혁주의 협력 모델이라고 부르기로 하자. 나는 이 모델에서 칼뱅이 ("의지"를 부여받은 인간이 선택할 수 있는 능력을 포함하여) 창조된 존재들의 피조물로서의 인과 관계상의 능력을 완전히 긍정하는 것을 발견하고 흥분했다. 이 모델이 주장하는 바—그 모델의 핵심적 통찰—는 우리의 우주에서 **모든** 자연적 사건/행동을 가져오는 데 있어서 창조자

칼뱅의 요점에서 칼뱅과 정확히 반대되는 결론을 도출한다!

9_Neal Judisch, "Calvinian Thomism: Providence, Conservation and Concurrence in the Thought of John Calvin," *Called to Communion*, 2009년 3월 13일, www.calledtocommunion.com/2009/03/calvinian-thomism-providence-conservation-concurrence-in-the-thought-of-john-calvin/.

의 창조자로서의 인과 관계상의 역할이 피조물이 부여받은 능력과 **협력하여** "**함께 작용**"하거나 행동하는 독특한 형이상학적 관계가 있다는 것이다. 그러나 이 모델에서는 피조물의 인과 관계상의 역할과 동기는 여전히 하나님의 그것들과 다르다. 하나님의 창조자로서의 인과 관계상의 역할은 (가령) 요셉의 형들이 먼저 잔인하게 요셉을 구덩이 안에서 죽도록 내버려두기로 하고 그 후에도 마음이 조금만 풀리게 하는 결정을 "가져온다." 그러나 이 모델에서는 하나님의 인과 관계상의 역할이 있다고 해서 이 행동이 100 퍼센트 **그들의** 행동이 아닌 것으로 되지는 않는다. 그것은 또한 하나님이 그들의 악행에 놀라지 않았음을 의미하지도 않는다. 따라서 개혁주의 협력 모델은 개혁신학이 하나님을 모든 사건과 행동에서 적극적으로 주권을 가지면서도 여전히 —인간의 의지를 포함한— "이차적인 원인들"에도 적절한 몫을 부여하는 분으로 볼 수 있게 해준다. 이 모델은 또한 칼뱅주의자들이 —몰리나주의 옹호자 및 열린 유신론 옹호자와 더불어— 하나님을 불의, 죄, 고통과 맞선 싸움에 충분히 관여하는 분으로 볼 수 있게 해 준다.[10] 따라서 나는 개혁주의 협력 모델을 더 깊이 탐구할 가치가 있는데도 도외시된, 건설적인 모델로 추천한다.[11] 크레이그는 칼뱅에 대한 자신의 언급이 해가 되게 하려고 했을지 모르지만, 하나님은 그것이 칼뱅에게 (그리고 내게) 유익이 되게 했다.

10_ 이에 관해서는 Nicholas Wolterstorff, "The Wounds of God: Calvin's Theology of Social Justice," *The Reformed Journal* 37, no. 6 (June 1987): 14-22를 보라.

11_ 개혁주의 협력 모델을 역사 및 현재의 분석 철학과 풍성하게 연결해주는 출발점은 Luke Van Horn, "On Incorporating Middle Knowledge into Calvinism: A Theological/Metaphysical Muddle," *Journal of the Evangelical Theological Society* 55, no. 4 (2012): 807-27을 보라.

회의적 유신론에 대한 재고

어려운 무신론적 논증을 차단하고자 하는 회의적 유신론은 큰 그림을 보여주는 대답의 필요성을 소홀히 취급하기 십상이다. 나는 이 필요성을 다루는 동료 기고자들의 모델을 존중한다. 그러나 그런 어려운 논증들은 우리가 큰 그림을 보여주는 모델들이 때때로 은폐하는 문제들―과 공백들―을 알도록 도움을 줄 수도 있다. 그리고 이러한 문제들과 공백들은 믿음의 삶 그 자체에서 발생한다. 월터스토프의 『나는 사랑하는 사람을 잃었습니다』에는 다음과 같은 구절이 나온다.

> 믿음은 오래 견딘다. 그러나 하나님께 대한 내 말은 불편하고 당황스럽게 바뀌었다. 그것은 과녁에서 벗어났고 제한이 있다. 나는 내 아들 에릭을 되돌려달라고 요청하고 싶다. 그러나 그럴 수 없다. 그래서 나는 다른 것을 구한다. 나는 하나님께 내 가족을 보호해달라고 요청하고 싶다. 그러나 나는 에릭을 보호해달라고 요청했다.

물론 나는 당신이 하나님께 그들을 보호해달라고 요청해야 한다고 말하고 싶다. 그것은 우리 주님이 우리에게 가르쳐주신 기도에도 들어 있다. "우리를 악에서 구하시옵소서"라고 말이다. 그러나 만일 하나님이 적극적으로 그렇게 **한다면**, 하나님이 그렇게 하지 않는 것처럼 **보일** 때에는 틀림없이 어떤 **특정한** 이유가 있지 않겠는가? 그래서 우리는 이렇게 부르짖는다. "하나님, 주님은 왜 이 경우에는 그렇게 하지 않았습니까?"[12]

그러나 만일 믿음이 이 부르짖음을 허용한다면 그 부르짖음은 다른 모든 특정한 상황들로 퍼져나가야 한다. 월터스토프의 탄식은 바로 그렇게 퍼져나간다.

> 오, 하나님, 주님이 우리에게 이 모든 극심한 고통을 허락할 때 믿음이 어떻게 견딜 수 있습니까? 주님은 피의 강이 흐르게 하시고 고통의 산이 쌓이게 하시고 흐느낌이 인간의 노래가 되게 하셨습니다. 그 모든 일을 우리가 볼 수 있도록 손가락 하나라도 까딱하지 않고서 말입니다. 주님은 사랑의 끈이 고통스럽게 끊어지게 하셨습니다. 주님이 우리를 버리지 않으셨다면 직접 설명해보십시오.[13]

따라서 그곳에서 우리와 함께 계시는 임마누엘 하나님께 매달리는 일은 다음과 같은 대가를 요구한다. 즉 우리가 애통하는 자의 입장에 있을 때 내게만 일어나는 것 같은 가장 어려운 이 모든 질문들이 한꺼번에 밀려온다. 하나님이 우리와 함께 앉아 계실 때 우리는 하나님께 질문한다. 그리고 그분의 침묵 속에서 새로운 질문들이 밀려온다. 동료 기고자들의 모델들이 아무런 공백도 남겨놓지 않는 것처럼 보이는 것은 그들이 너무나 많은 실제적인 질문들을 억압했기 때문일지도 모른다. 그리고 여러 모델들에 대한 이러한 대화를 통해서 우리는 이렇게 회의적 유신론의 영적인

12_Nicholas Wolterstorff, *Lament for a Son* (Grand Rapids: Eerdmans, 1987), 70.

13_Ibid,. 80.

역할, 즉 우리가 그 속에서 모든 모델을 넘어서는 하나님의 임재를 느낄 수도 있는 그 고요함을 향해 나아가도록 돕는 역할을 일별한다.[14]

14_ 훨씬 확대된 형태의 이 글에 대해 격의 없이 유용한 의견을 말해준 Nick Wolterstroff와 Kelly James Clark에게 감사한다.

인명 색인

주제 색인

신정론 논쟁

기독교 신앙과 악의 문제에 관한 다섯 가지 관점

Copyright ⓒ 새물결플러스 2020

1쇄 발행 2020년 6월 8일

지은이 필립 캐리, 윌리엄 레인 크레이그, 윌리엄 해스커, 토머스
제이 오어드, 스티븐 위크스트라
옮긴이 이용중
펴낸이 김요한
펴낸곳 새물결플러스

편 집 왕희광 정인철 노재현 한바울 정혜인
이형일 서종원 나유영 노동래 최호연
디자인 윤민주 황진주 박인미 이지윤
마케팅 박성민 이원혁
총 무 김명화 이성순
영 상 최정호 조용석 곽상원
아카데미 차상희

홈페이지 www.holywaveplus.com
이메일 hwpbooks@hwpbooks.com
출판등록 2008년 8월 21일 제2008-24호
주 소 (우) 04118 서울시 마포구 마포대로19길 33
전 화 02) 2652-3161
팩 스 02) 2652-3191

ISBN 979-11-6129-158-1 93230

책값은 뒤표지에 있습니다.

이 도서의 국립중앙도서관 출판예정도서목록(CIP)은 서지정보유통지원시스
템 홈페이지(seoji.nl.go.kr)와 국가자료공동목록시스템(nl.go.kr/kolisnet)
에서 이용하실 수 있습니다. CIP2020021736